"十四五"国家重点出版物出版规划项目

辉煌交通

丛书主编 ◎ 欧国立

建党百年

看中国交通运输发展

公路篇

孙启鹏 主 编

韩晓宇 等编写

100

中国财经出版传媒集团

经济科学出版社

Economic Science Press

图书在版编目（CIP）数据

建党百年看中国交通运输发展．公路篇/孙启鹏主编；
韩晓宇等编写．—北京：经济科学出版社，2021.5（2022.1 重印）
（辉煌交通）
ISBN 978 - 7 - 5218 - 2563 - 3

Ⅰ.①建⋯　Ⅱ.①孙⋯②韩⋯　Ⅲ.①公路运输 - 交通
运输史 - 中国　Ⅳ.①F512.9

中国版本图书馆 CIP 数据核字（2021）第 096739 号

责任编辑：杨　洋　程　铭
责任校对：郑淑艳
版式设计：陈宇琰
责任印制：范　艳　张佳裕

辉煌交通
建党百年看中国交通运输发展
公路篇
孙启鹏　主　编
韩晓宇　等编写
经济科学出版社出版、发行　新华书店经销
社址：北京市海淀区阜成路甲 28 号　邮编：100142
总编部电话：010 - 88191217　发行部电话：010 - 88191522
网址：www. esp. com. cn
电子邮箱：esp@ esp. com. cn
天猫网店：经济科学出版社旗舰店
网址：http：//jjkxcbs. tmall. com
北京季蜂印刷有限公司印装
710 × 1000　16 开　20.25 印张　270000 字
2021 年 8 月第 1 版　2022 年 1 月第 3 次印刷
ISBN 978 - 7 - 5218 - 2563 - 3　定价：95.00 元
（图书出现印装问题，本社负责调换。电话：010 - 88191510）
（版权所有　侵权必究　打击盗版　举报热线：010 - 88191661
QQ：2242791300　营销中心电话：010 - 88191537
电子邮箱：dbts@ esp. com. cn）

辉煌交通
建党百年看中国交通运输发展丛书编委会

顾问委员会："老交通"智库老部长顾问团

编委会主任：王稼琼

编委会成员（按姓氏拼音首字母为序）：

胡　凯　李　刚　李晓津　李忠奎

李　彤　欧国立　孙启鹏　吴洪洋

王明志　吴文化　向爱兵　徐　婧

余思勤　张　力

丛书主编：欧国立

公路篇

主　　编：孙启鹏

参与编写人员：韩晓宇　朱文英　李祯琪　李卫东

陈文强　武冰玉

总序

　　2017 年 10 月 31 日，习近平总书记带领中共中央政治局常委专程赴浙江嘉兴瞻仰南湖红船。抚今追昔，习近平总书记感慨："小小红船承载千钧，播下了中国革命的火种，开启了中国共产党的跨世纪航程。"① 中国共产党，就是从这小小交通工具出发，驶过百年光辉征程，阔步走向中华民族伟大复兴的。从建党开始，交通就与党和国家的命运紧紧联系在了一起。百年来，中国共产党始终围绕中华民族复兴和中国人民幸福发展交通运输事业，实现了中国交通运输的历史性跨越，有力支撑了中华民族从站起来、富起来向强起来的伟大飞跃。

　　一、新民主主义革命时期：从不自主到自主——中国共产党领导人民夺回交通权，实现人民交通为人民

　　2019 年 1 月 17 日，习近平总书记在天津港码头考察时强调，经济要发展，国家要强大，交通特别是海运首先要强起来②。这一重要论断思想深刻、内涵丰富，是对交通与强国关系的历史性总结和规律性认识。交通是强国之基、兴国之要。近代，中华民族的耻辱始于海上，海上交通权的丧失加快了清政府丧权辱国的速度。晚清的政界、学界已普遍认识到，"凡一国之盛衰，在于制海权之得失""能主管海上贸易，即能主管世界之富源"。自第一次鸦片战争始，西方列强凭借坚船利炮，从海上打开了中国国门，强迫签署了一

---

① 《习近平：铭记党的奋斗历程时刻不忘初心　担当党的崇高使命矢志永远奋斗》，人民网，2017 年 11 月 1 日。
② 《习近平：稳扎稳打勇于担当敢于创新善作善成　推动京津冀协同发展取得新的更大进展》，人民网，2019 年 1 月 19 日。

系列不平等条约，我国的重要港口经营权、江海运输权、铁路修筑权悉被列强所扼，以图疯狂掠夺。1842 年中英《南京条约》约定了五口通商；1858 年《天津条约》约定增开十处通商口岸，外国商船和军舰可以在长江口岸自由航行。1885 年《中法新约》明确中国以后修铁路要找法国人商办。清政府虽开展洋务运动兴办轮船招商局、铁路等实业，然其腐朽至极，已无法阻止国势日衰。1910 年爆发的保路运动，导火索就是反对清政府将川汉、粤汉铁路名为收归"国有"、实则拱手让与列强的卖国行径，由此也成为辛亥革命的前奏。民国时期，当选大总统的袁世凯在 1912 年宣布"统一路政"，把各省已经建成和正在兴建的铁路全部收归国有，用以抵借外债，形成了帝国主义掠夺中国铁路路权的第二次高潮，4 年间列强夺得路权多达 13000 多公里。彼时的交通实质已是列强之交通、权贵之交通，而非中华之交通、人民之交通。

交通是一面镜子，能够折射出一个深刻道理：封建主义、资本主义救不了中国。要解决中国发展进步问题，必须找到能够指导中国人民进行反帝反封建革命的先进理论，必须找到能够领导中国社会变革的先进力量。1921 年7 月，中国工人阶级先锋队——中国共产党的诞生，是开天辟地的大事，深刻改变了近代以来中华民族发展的方向和进程，深刻改变了中国人民和中华民族的前途和命运，深刻改变了世界发展的趋势和格局。从交通领域来看，在革命战争的洪流中，中国共产党组织领导广大海员和铁路、港口工人，先后参加香港中国海员大罢工、京汉铁路工人大罢工、省港大罢工等一系列重要工人运动，给盘踞在中国大地上的帝国主义和封建主义以沉痛打击。在全民族抗日的浪潮中，中国共产党把交通线作为抗战的生命线，粤汉铁路、长江航运、滇缅公路、驼峰航线、中印输油管道等重要交通线路堪称抗日战争不同时期的"生命通道"，"铁道游击战""水上游击战"等多种经典战法痛击了日寇。在建设无产阶级革命政权的探索中，中国共产党高度重视交通运输，在中央苏区、抗日根据地、中央解放区建立后，先后成立专门的交通运

系列不平等条约

建党百年看中国交通运输发展

公路篇

2

输管理机构，发动民众修桥铺路、运送物资、支援前线。随着解放战争节节胜利，铁路、公路、水路、航空、邮政也逐步回到人民手中。

这一时期，中国交通最大的变化是从"不自主"走向"自主"。在中国共产党领导下，恢复了国家主权，使中国交通开始走向自主、自足、自强的道路。

二、社会主义革命和建设时期：从自主到自立——交通逐步发展，有力支撑了中华民族"站起来"

新中国成立之初，山河重整、百废待兴，中国交通虽走上自主发展之路，但还远远不能自立。现代意义的交通设施、设备几乎无法国产，铁路仅有 2.18 万公里，公路仅有 8.07 万公里，内河航道处于自然状态，民航只有 7 条国内航线，不少地区的邮政还靠马运人扛，交通运输基础十分薄弱，远不能满足恢复生产和社会主义建设的需要。

以毛泽东同志为主要代表的中国共产党人十分重视交通运输事业发展。早在 1948 年人民解放战争即将胜利之时，毛泽东就指出："而恢复和发展工业生产和农业生产则需要有较好的组织工作……首先是解决交通运输和修理铁路、公路、河道的问题。"[①] 1954 年 9 月，周恩来根据党中央和毛泽东的指示，在第一届全国人民代表大会一次会议《政府工作报告》中提出："如果我们不建设起强大的现代化的工业、现代化的农业、现代化的交通运输业和现代化的国防，我们就不能摆脱落后和贫困，我们的革命就不能达到目的。"这是我们党第一次提出"四个现代化"，其中就包括了"现代化的交通运输业"。为适应经济发展需求，1973 年周恩来总理发出了"三年改变港口面貌"的号召，国务院成立了以粟裕为组长、谷牧为副组长的港口建设领导小组，极大地推进了港口建设进程。在中国共产党的领导下，"一五"

---

① 《毛泽东选集》第四卷，人民出版社 1991 年版，第 1348 页。

期间，中国交通开创了若干自主创新"第一次"。1952年新中国第一台蒸汽机车"解放型"机车出厂，1954年第一架国产初教-5型教练机首飞成功，1956年第一辆"解放"牌汽车试制成功，1958年第一艘万吨远洋货轮下水。随着国家投资向交通运输不断倾斜，交通基建和运输规模不断扩大。到1978年，铁路营业总里程达到4.6万公里，公路达到78.36万公里，全国主要港口泊位数达到735个，民航国际航线达到8条，国内航线也增加到123条，国家交通大动脉逐步打通，有力支撑了社会主义建设。

这一时期，中国交通最大的变化是从"自主"走向"自立"。在中国共产党的领导下，推进了我国现代交通运输业的发展，有力支撑了中华民族"站起来"。

三、改革开放和社会主义现代化建设新时期：从自立到自足——基本建成交通大国，有力支撑中华民族"富起来"

改革开放初期，随着经济社会快速发展，交通运输供给短缺问题开始凸显，买票难、乘车难、运输难，压港压货成为常态，交通运输严重滞后于经济社会发展，形成瓶颈制约。

以邓小平同志为主要代表的中国共产党人，推动交通运输解放思想、放开搞活。邓小平同志提出"先把交通、通信搞起来，这是经济发展的起点""我赞成加强基础工业和农业。基础工业，无非是原材料工业、交通、能源等，要加强这方面的投资，要坚持十到二十年，宁肯欠债，也要加强。这也是开放，在这方面，胆子要大一些，不会有大的失误。多搞一点电，多搞一点铁路、公路、航运，能办很多事情。"① 在党的领导下，交通运输行业率先放开搞活。1979年1月31日，中央批复同意了由广东省、交通部联合报送的《关于我驻香港招商局在广东宝安建立工业区的报告》，同年7月蛇口工

---

① 《邓小平文选》第三卷，人民出版社1993年版。

业区成立，打响了改革开放的开山第一炮。在党的领导下，"有水大家行船，有路大家走车""贷款修路、收费还贷""以港养港，以收抵支"等创新政策陆续推出，交通运输市场化进程明显加快，供给不足问题得到初步缓解。

以江泽民同志为主要代表的中国共产党人，推动交通运输抓住机遇、加快发展。江泽民同志在党的十五大报告中提出："特别要改善居住、卫生、交通和通信条件，扩大服务性消费。"在党的十六大报告中提出："继续加强基础设施建设""走新型工业化道路""实施西部大开发战略"。在党的领导下，铁路开展建设大会战，1997 年起 5 年间实现四次铁路大面积提速。应对 1998 年亚洲金融危机，国家实施扩大内需战略，推动交通基础设施加快发展，交通基础设施瓶颈制约得到明显改善。

以胡锦涛同志为主要代表的中国共产党人，推动交通运输与时俱进、科学发展。胡锦涛同志在党的十七大报告中提出："加强基础产业基础设施建设，加快发展现代能源产业和综合运输体系。"在党的领导下，伴随着中国加入 WTO，交通"大部制"改革深入推进，综合交通运输发展驶入快车道。至 2012 年底，我国高铁营业里程达 0.94 万公里，居世界第一；高速公路通车里程达 9.6 万公里，超越了美国，居世界第一；初步形成干支衔接的水运网，民用机场体系基本成型，乡设所、村通邮总体实现，交通运输对国民经济的瓶颈制约得到总体缓解。

这一时期，中国交通最大的变化是从"自立"走向"自足"。在中国共产党的领导下，我国交通运输实现了从"瓶颈制约"到"初步缓解"再到"总体缓解"的历史性突破，有效解决了交通运输"够不够"的问题，基本建成了交通大国，有力支撑了中华民族"富起来"。

四、中国特色社会主义新时代：从自足向自强——聚焦解决交通运输"好不好"的问题，加快建设交通强国，奋力支撑中华民族"强起来"

党的十八大以来，中国特色社会主义进入新时代，社会主要矛盾发生变化，交通运输发展重心从解决"有没有""够不够"的问题，转向解决"好不好"的问题，需要在交通大国的基础上加快建设交通强国。

以习近平同志为核心的党中央高度重视交通运输发展，习近平总书记多次对交通运输工作作出重要论述，强调"加快建设交通强国""建好、管好、护好、运营好农村公路"，等等，这为交通运输的发展提供了科学指引，推动新时代交通运输发展取得了历史性成就。截至2020年底，全国铁路营业总里程达14.6万公里，是新中国成立初期的6.7倍，其中高铁3.8万公里，居世界第一。全国公路通车里程520万公里，是新中国成立初期的63.3倍，其中高速公路16.1万公里，居世界第一。铁路、高速公路对城区常住人口20万以上城市的覆盖率均超过95%。全国内河航道通航里程12.8万公里，居世界第一，其中高等级航道1.6万公里；城市轨道交通运营里程7354.7公里，居世界第一。港口货物吞吐量世界排名前10的港口中，中国占7席；旅客吞吐量世界排名前10的机场中，中国占7席，境内民用颁证通航机场340个，民航运输机场已覆盖92%的地级市；邮政实现乡乡有网点、村村直通邮，我国综合立体交通基础设施网络初步形成。更令我们自豪的是，港珠澳大桥、北京大兴国际机场等一批超级工程震撼世界，"复兴号"动车组、C919大飞机等大国重器闪耀全球，网约车、共享单车、网络货运等新业态蓬勃发展，中国路、中国桥、中国港、中国高铁成为亮丽的"中国名片"。正如习近平总书记在庆祝改革开放40周年大会上所讲，"公路成网，铁路密布，高坝矗立，西气东输，高铁飞驰，巨轮远航，飞机翱翔，天堑变通途"。

这一时期，中国交通最大的变化是从"自足"迈向"自强"。在以习近平同志为核心的党中央坚强领导下，我国交通运输在"基本适应"的基础上向"适度超前"迈进了一大步，并开启了加快建设交通强国的新征程，有力支撑了实现党的第一个百年奋斗目标，正为实现党的第二个百年奋斗目标不懈奋斗。

栉风沐雨、薪火相传。站在建党百年的历史新起点上，回看这一波澜壮阔的发展历程，中华大地改天换日，中国交通沧桑巨变，孙中山先生在《建国方略》中提出的"10 万英里的铁路和 100 万英里的公路，疏浚现有运河和开挖新的运河……开辟全新的北方、东方、南方三大商用港口，从这些港口出发的铁路将远抵西藏、新疆、蒙古和满洲"的宏伟设想，在中国共产党的领导下变为了现实。我们用 70 年特别是改革开放 40 多年的时间，建立了现代综合交通运输体系，对比发达国家已经实现了局部赶超，成功走出了一条具有中国特色的交通运输发展道路。我们还将继续努力，实现到 2035 年基本建成交通强国、到 21 世纪末全面建成人民满意、保障有力、世界前列的交通强国目标。

在中国共产党一百周年华诞之际，我们谨以此套丛书展现我国百年交通发展奋斗历程及深刻启示，诠释在中国共产党领导下中国交通运输事业所发生的翻天覆地的变化。丛书分为七册，分别为：综合交通运输篇、铁路篇、公路篇、水运篇、民航篇、城市交通篇、邮政篇。丛书由国家信息中心、国家发展改革委综合运输研究所、交通运输部科学研究院、北京交通大学、长安大学、上海海事大学、大连海事大学、中国民航大学、中国民航管理干部学院、山东财经大学、华北水利水电大学、内蒙古财经大学、国家邮政局发展研究中心、中国铁路经济规划研究院有限公司等单位专家学者共同编写。丛书编纂过程中，有幸得到"老交通"智库老部长顾问团的指导，在此表示深深的感谢！

《辉煌交通·建党百年看中国交通运输发展》
丛书编委会
2021 年 5 月

前言

2021 年是中国共产党成立 100 周年，也是建设交通强国的起始之年，站在新时代的坐标点，我们不忘初心，牢记使命。一百年来，中国共产党始终围绕中华民族复兴和中国人民幸福来谋划交通运输发展，有力支撑了中华民族从站起来、富起来向强起来的伟大飞跃。

公路交通作为最基础的交通运输方式，是衔接其他各种运输方式和发挥综合交通运输整体效率的主要支撑，在综合交通运输体系中具有不可替代的作用。纵观建党百年历史，中国共产党始终以人民为中心，公路交通从列强的交通变为中国的交通，从权贵的交通变为人民的交通。

1949 年新中国成立以后，中国公路交通迎来了更快速的发展，从自主走向自立，从自立走向自足，从自足走向自强，取得了辉煌的成就。特别是党的十八大以来，在以习近平同志为核心的党中央领导下，中国公路交通取得了举世瞩目的成就。基础设施网络不断完善，高速公路通车里程居世界第一，国家公路主干网络逐步形成，极大缩短了时空距离，有力促进了国土空间开发保护和区域协调发展；农村公路通达深度不断提高，为脱贫攻坚和乡村振兴提供了有力保障。全国具备条件的乡镇和建制村 100% 通客车，全国乡镇快递网点覆盖率达 98%，100% 建制村通邮；公路运输服务能力持续提升，有力支撑了国民经济持续快速发展；"一带一路"交通互联互通深入推进，中巴"两大"公路顺利完工，中俄黑河公路大桥具备运营条件，开创了对外开放合作新局面。基础设施建造技术达到国际先进水平，港珠澳大桥等一批超级工程震撼世界，中国路、中国桥成为中国发展的亮丽名片；交通运输新业态蓬勃发展，网约车日均订单 2100 万单，共享单车日均订单超 4700

万单，定制客运加速发展，智慧出行一体化服务平台不断涌现，"互联网＋"物流和无人配送快速发展，网络货运日均运单量 13 万单。这一切辉煌成就来自中国共产党的坚强领导，来自广大公路交通人的共同努力，更来自中国人民对公路交通事业的支持。百年征程波澜壮阔，红色初心历久弥坚。中国公路交通在党的领导下砥砺奋进，传承着"始终听党话、永远跟党走"的红色基因，始终坚持人民至上，践行"人民交通为人民"的历史使命。

本书作为《辉煌交通·建党百年看中国交通运输发展》丛书之一，踏寻历史轨迹，阐释中国公路交通的变迁与发展。全书以时间为线索，严谨性与通俗性并重，重要事件节点与逻辑线条分明，力求全面梳理中国共产党成立以来公路交通发展的历史脉络和辉煌成就，深入领悟中国公路交通的红色初心，客观展现百年来公路交通事业的中国精神、中国力量、中国担当、中国方案，鼓舞全国人民坚定担当新时代中国特色社会主义公路交通建设使命，昂首践行交通强国建设目标。

谨以此书向党的百年生日献礼致敬！

全书共五章，按照时间顺序编撰成册。

第一章为新中国成立之前的中国公路交通。梳理了从古代道路交通到中国近现代公路交通的发展状况，明确了强国必先强交通的道理。新中国成立前，近现代的中国公路交通是列强的交通、权贵的交通、不自主的交通。自 1921 年中国共产党成立以来，人民政权下的中国公路交通得到发展，从中央苏区到陕甘宁边区，再到更大范围的解放区，形成了中国公路交通发展的红色基因。

第二章为从百废待兴走来（1949～1978 年）。1949 年，中华人民共和国成立，我国的公路运输从百废待兴中走来。新中国成立时，我国公路能通车里程不足 8 万公里，公路建设标准低、路况差、分布极不均匀。多数公路集中在东北和沿海地区，而大部分内地地区的公路较少，汽车匮乏，主要依靠人力和畜力开展运输。新中国成立以后，我国进入了社会主义革命和社会主义建设的伟大时期，人民翻身做主，社会生产力得到大解放，在中国共产党的领导下，工业、农业生产迅速发展，也建立和发展了我国自己的汽车工业。公路交通事业得以飞速发展，中国公路交通由"自主"走向"自立"，取得了巨大的成就。

第三章为改革开放蓬勃发展（1978～2012年）。这是我国公路交通蓬勃发展的时期。随着市场经济体制逐渐确立并不断深化改革，国家相继出台了一系列加快发展公路交通的政策举措和中长期建设规划。我国公路交通基础设施有了很大发展，公路交通全面紧张状况得到明显的缓解。高速公路从无到有，并实现弯道超车，从1988年我国建设第一条高速公路到2012年我国高速公路总里程位居世界第一，仅用了十四年的时间。城乡经济的快速发展，农村公路得到了巨大发展，规模迅速发展，通达深度逐步提高，为推动全国农村经济的发展和新农村建设发挥了重要作用。公路运输枢纽建设与时俱进，科学规划，合理布局，对服务经济、提高运输效率发挥了巨大作用。一批令世界瞩目的公路桥梁、隧道相继建成。我国桥隧建设技术水平跻身世界先进行列。同时，公路客货运市场更加繁荣，服务质量大幅提高、服务产品更加多样化，运输车辆和装备发展日新月异，结构趋于合理。

第四章为新时代新辉煌（2012年至今）。这一阶段是公路交通体系不断成熟优化的阶段。同时也是科技赋能、结构优化、新事物涌现、亮点频出的阶段。这一阶段，"四好农村路"建设成效显著，切实助推了农村脱贫攻坚；物流枢纽网络建设日渐成熟，成熟物流链条覆盖全国；治理体系逐步完善，公路交通日趋规范化；智慧交通发展迅速，公路系统信息化程度不断提高；居民出行愈发便捷和多元化，切实解决民生问题；各项重大工程建成运营，作为"国家名片"熠熠生辉。在中国共产党的领导下，我国公路交通体系稳定发展，作为交通运输行业的重要组成部分，为经济社会的有序高效运行奠定了坚实的基础。社会各界紧紧围绕在党的周围，携手共建，向着实现"两个一百年"奋斗目标和实现中华民族伟大复兴的终极目标稳步推进。

第五章为交通强国新征程。当前和今后一个时期，我国发展仍处于重要战略机遇期，机遇和挑战都有新的发展变化。国内国际新形势对加快建设交通强国、构建现代化高质量国家综合立体交通网提出了新的更高要求，必须更加突出创新的核心地位，注重交通运输创新驱动和智慧发展；更加突出统筹协调，注重各种运输方式融合发展和城乡区域交通运输协调发展；更加突出绿色发展，注重国土空间开发和生态环境保护；更加突出高水平对外开放，注重对外互联互通和国际供应链开放、安全、稳定；更加突出共享发展，注重建设人民满意的交通，满足人民日益增长的美好生活需要。要着力推动公路交通更高质量、更有效率、更加公平、更可持续、更为安全的发展，发挥公路交通在国民经济扩大循环规模、提高循环效率、增强循环动能、降低循环成本、保障循环安全中的重要作用，为全面建设社会主义现代化国家提供有力支撑。

本书由长安大学孙启鹏担任主编。主要编写成员有长安大学韩晓宇、朱文英、陈文强，北京交通大学李卫东，华北水利水电大学李祯琪，北京交通大学武冰玉。长安大学孙泽宸、刘航、杨雪、赵淑梅、武智刚、洪羲清等也参与了本书的编写和校对工作。本书编写过程中得到了来自同行专家学者以及相关单位的大力支持和帮助。同时，写作过程中也借鉴和引用了许多专家学者的观点和成果。值此付梓之际，谨向所有关心支持本书编写工作的同仁表示衷心感谢，向中国共产党百年华诞表示衷心的祝贺！

由于笔者水平有限，书中难免有疏漏和错误之处，恳请各位专家同行与广大读者不吝斧正。

目录

Contents

Chapter 5 |

The future of the road transportation network   271

第一章

新中国成立之前的中国公路交通

古代道路运输是随着各个历史时期政治、经济、军事和文化的需要发展起来的；而道路运输的发展，反过来又对当时的政治、经济、军事和文化的发展起着重要的促进作用。不同时代运输工具和运输方式的演变各有其不同的社会条件和历史背景，其中包含着能工巧匠和知识分子的辛勤劳动、不断实践、探索和协作的成果。中国近代时期，从世界范围来看，真正意义上的公路运输已开始形成。中国公路运输也开始受到人们的重视而有所发展，对中国的政治、军事、经济及科学文化产生了积极的影响，但也因当时社会历史条件的制约，例如受西方列强和日本帝国主义侵略等影响，社会动荡，民不聊生，公路运输事业历经坎坷，发展缓慢，已远远落后于西方发达国家。这个时期，中国的交通运输是"不自主的交通运输"。同时，1921 年中国共产党成立以后，无论是中央苏区、抗日根据地还是后来的解放区，中国共产党领导下的中国公路交通运输在艰难的环境下，虽然只有简单的交通运输方式与简陋的运输工具，但在支援战争、保障军民生活、恢复和发展经济的过程中发挥了先行作用，并为解放全中国贡献了巨大的力量。新中国成立后，中国共产党才带领中国人民向"自主交通运输"逐步推进。

第一节　中国古代的道路交通

一、中国古代道路述要

在信史之前的中国远古时代，经历过千万年无阶级的原始社会。人们生活和劳动过程中不断往来行走的足迹逐渐形成了小径似的道路。但是，

"大川名谷"仍然处于"冲绝道路"的状态（《淮南子·修务训》）。

随着社会的发展，人们的经济生活逐步进入以农耕为主的时代，生产力逐渐发展，活动范围日渐广泛，于是道路的形态及其延伸范围随之发生了变化，部落之间已有可通行的道路。公元前 2600 年左右，传说黄帝"见飞蓬转而知车"（《淮南子·说山训》），开始有了简单的轮车。到了唐尧时代，在尧的统治区域内，道路不仅通达平原和山区，能分别出远近，而且也有了道路里数（《淮南子·本经训》）。

在夏朝，禹帝开通了 9 个州的陆路和水路，实现了"陆行乘车，水行乘船，泥行乘撬，山行乘樏"。在殷商时代，出于政治和战争的需要，根据殷商甲骨文的记载："传氏孟伯"（王壁和丘恒典，1982），这是后来各个朝代利用道路作为"驿站"的开端。

从西周时代开始，有了比较完善的道路体系，城市道路以"国中九经九纬"为主体（《周礼注疏》），在首都城市南北和东西方向各有 9 条道路①，如图 1－1 所示。周朝道路的开创为中国古代道路走向正规化奠定了基础②。

春秋战国时期（公元前 770～公元前 221 年），道路建设有了进一步的发展，为诸侯各国的经济繁荣和交通便利作出了贡献，也为秦始皇统一中国和大规模修建驰道奠定了基础。从战国时期开始修建的南、北栈道具有一定的代表性。

公元前 221 年，秦始皇统一了中国，结束了春秋战国分裂的局面，从此中国古代道路进入了大规模的建设时期。秦始皇于公元前 220 年在全国范围内大规模地修建驰道。这样就把战国时代诸侯列国的都城用驰道连接起来，进一步打通了通向中南、西南和东北地区的道路，从而构成了通向全国主要城市的干线道路网。包括前代所修道路在内，总里程达到 29670

---

① ② 中国公路交通史编审委员会：《中国公路史》（第一册），人民交通出版社 1990 年版。

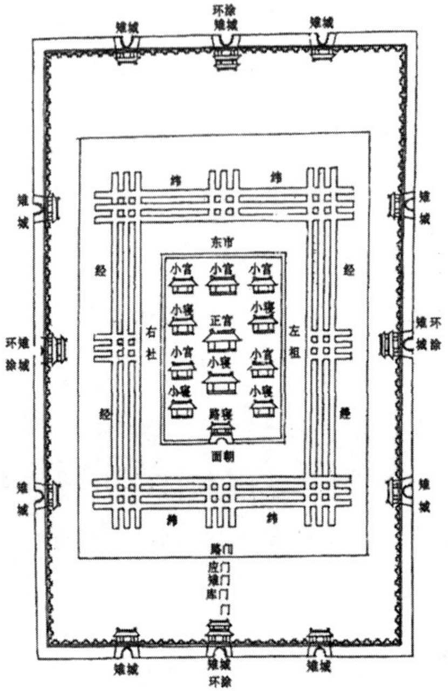

图 1-1 周王城

资料来源：中国公路交通史编审委员会：《中国公路史》（第一册），人民交通出版社 1990 年版。

里（约合今 12387 公里）①。其中驰道 17920 里（不包括直道 1800 里），占总里程的 54% 以上。驰道道路中央宽三丈（合今 6.93 米），一般官员不准通行，只能行走三丈之外的两边旁道②。

汉朝自汉高祖元年（公元前 206 年）至汉献帝延康元年（公元 220 年），历时共 426 年。西汉社会经济的发达促进了道路建设事业的发展，连通了通往西域的道路，其总里程大大超过了秦朝。西汉的主要驿道是以都城长安为中心所形成（李遇春和姜开任，1981），全国各地区、各城市之间也有大道相连，构成了以长安为中心的西汉道路交通网。

---

① Joseph Needham. *Science and Civilization in China*. Cambridge University Press, 1954.

② 中国公路交通史编审委员会：《中国公路史》（第一册），人民交通出版社 1990 年版。

为适应边防和经济的发展，东汉时期的道路修建也有了新的发展，比如修建了飞狐道和交趾道（翦伯赞，1979），也扩建了褒斜道。除上述工程外，还在山势陡峭的七盘山下（距褒谷口 7 里）开凿了中国道路史上最早的行车隧道——"石门"，被认为是世界交通隧道史上的创举（郭荣章和李星，1984）。

汉武帝建元二年（公元前 139 年），张骞出使大月氏（今阿姆河流域一带）后所开通的西域道路（《汉书·西域传》），就是举世闻名的"丝绸之路"。西汉时，丝绸之路路线自长安起，南路经狄道（今甘肃临洮）、金城（今甘肃永靖西北）、令居（今甘肃永登西北）；北路经平襄（今甘肃通渭西北），渡祖厉河，入河西走廊至玉门关和阳关以后，即分为南北两道。东汉时，东延至洛阳为起点。

自东汉末年到隋代统一为止，在长达 362 年的历史时期内，除西晋武帝（司马炎）泰始元年（公元 265 年）至惠帝（司马衷）永宁元年（公元 301 年）这 36 年间全国暂时统一之外，其余时期都是处于封建割据、国家分裂的状态。各个封建政权连年军事攻伐，政局动荡，出于政治或军事的需要，实行道路分治，并修建若干新路，同时地区之间的道路互可沟通（《三国志·魏书武帝纪》）。

隋代立国之初，继北周而建都于长安，改称都城为大兴城。全国各地道路除前朝修建的旧有路外，为适应经济恢复和巩固国防，曾发动数以万计的夫役进行大规模的道路建设，并积极开拓和恢复通往西域的道路。隋代修建的主要道路有国防道路和著名的大运河沿岸道路，其中龙门至上洛道路总长约 1000 公里，而大运河总长度大约有 4000～5000 里，运河沿岸的道路里程约与运河的长度相同①。除前述重点路线建设外，隋代对开通西北地区的

---

① 中国公路交通史编审委员会：《中国公路史》（第一册），人民交通出版社 1990 年版。

道路也很重视。通过西北地区的道路，与西域诸国建立了通商贸易关系，各国使节也通过西域道路来到隋代都城大兴城（今西安）朝贡①。

唐代是中国古代经济和文化的昌盛时代。首都长安是在隋代大兴城的基础上扩建的。城内有 11 条南北大街，14 条东西大街（见图 1-2），相互交叉，排列整齐。四面城门各有 3 条道路与城外道路连接，通达全国各地，构成了以长安为中心的全国干线道路网。根据唐代"凡三十里一驿，天下驿凡一千六百三十九"估算（《旧唐书·职官志》），唐代共有干线道路约在 40000 里。

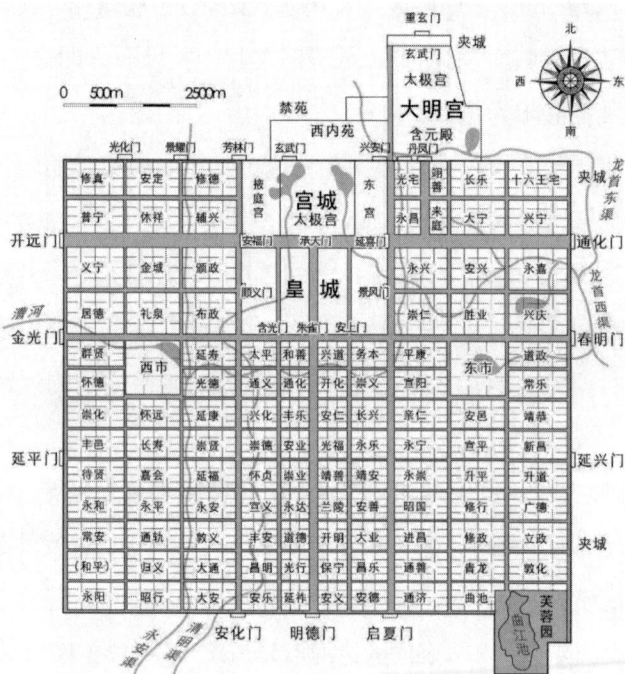

图 1-2 唐代都城街道

资料来源：《为何没人说，唐长安城是"摊大饼"发展？》，搜狐网，2018 年 6 月 19 日。

---

① 中国公路交通史编审委员会：《中国公路史》（第一册），人民交通出版社 1990 年版。

现据《元和郡县图志》统计，由长安或洛阳至各道道府的道路里程如表1-1所示。表1-1中所列各道首府均为唐代重要城市。特别是长安和洛阳为当时全国最大的商业城市，国内外商旅云集，经济繁荣；而其他水陆要冲如广州、扬州以及各州县地方，道路也是四通八达，形成了以长安和洛阳两地为中心的全国道路网，为唐代长期统一和经济文化的发展作出了贡献。

表1-1　　　　　　　　唐代干线道路按行政区划分布的里程

序号	行政区划名称（道）	各道首府治地（括号内为今名）	至长安里程		至洛阳里程		经由地点
			唐里	公里	唐里	公里	
1	京畿道	长安（今陕西省西安）	0	0	850	386	
2	都畿道	洛阳（今河南省洛阳）	850	386	0	0	
3	关内道		—	—	—	—	以京官遥领，由长安起通至安北都护府（今蒙古国哈尔和林西北）
4	河南道	汴州（今河南省开封）	1280	582	420	191	
5	河东道	蒲州（即河中府，今山西省永济县西）	320	145	585	266	
6	河北道	魏州（今河北省大名县北）	1610	732	750	341	
7	陇右道	鄯州（今青海省乐都县）	1960	891	2760	1254	西通至安西（今新疆库车）可出西域，至印度等地
8	山南东道	襄州（今湖北省襄樊市）	1250	568	825	375	

序号	行政区划名称（道）	各道首府治地（括号内为今名）	至长安里程		至洛阳里程		经由地点
			唐里	公里	唐里	公里	
9	山南西道	梁州（今陕西省汉中）	760	345	1062	483	《元和志》记为兴中府
10	剑南道	益州（今四川省成都）	2010	913	2870	1304	
11	淮南道	扬州（今江苏省扬州）	2740	1245	1880 *	845	
12	江南东道	苏州（今江苏省苏州）	3030	1377	2170	986	
13	江南西道	洪州（今江西省南昌）	3085	1402	2275	1034	
14	黔中道	（今贵州省彭水县）	3650	1658	3450	1568	取道江陵府路
			2570	1168			取道万州、开州路
15	岭南道	广州（今广东省广州）	4210	1913	5085	2310	
			5210	2367			取道虔州大庾岭路

注：* 《元和志》缺，按卷二十五澜州条下加至扬州 70 里。
资料来源：中国公路交通史编审委员会：《中国公路史》（第一册），人民交通出版社 1990 年版。

宋、辽、西夏和金四国的道路均沿前代体制，分别以各自的都城为中心，建立了通达各府、州、县的道路网。凡主要道路均为驿道。例如，辽是契丹族于唐代末年（公元 907 年）在中国北部地区建立的一个少数民族政权，按辽天庆元年（公元 1111 年）政区，共设上京、中京、西京、南京、东京五道[①]。五京道路经过主要地点及其里程如表 1 - 2 所示。

---

① 中国公路交通史编审委员会：《中国公路史》（第一册），人民交通出版社 1990 年版。

表1-2　　　　　　　　　　　五京道路经过主要地点及里程

京城府名		经过主要地点	里程	
			里	公里
1	上京至中京（临潢府至大定府）	横水石桥（今西拉木伦河上）、广宁馆（今内蒙古自治区翁牛特旗西）、松山馆（今内蒙古自治区赤峰西北）	550	250
2	中京至南京（大定府至析津府）	铁浆馆（今河北省平泉东北）、卧来如馆（今河北省滦平东北）、檀州（今北京市密云）、顺义（今北京市顺义）	910	413
3	南京至西京（析津府至大同府）	儒州（今北京市延庆）、可汗州（今河北省怀来）、蔚州（今河北省蔚县）、广陵（今山西省广灵）	（约）793	360 *
4	西京至上京（大同府至临潢府）	今河北省张家口、赤峰、丰宁、围场、松山馆（今内蒙古赤峰西北）	（约）1870	820
5	东京至上京府（辽阳至幅潢府）	显州（今辽宁省北镇）、宜州（今辽宁省义县）、兴中府（今辽宁省朝阳市）	1030	467

注：＊表示据《中国历史地图集》第六册测算，均为约数。
资料来源：中国公路交通史编审委员会：《中国公路史》（第一册），人民交通出版社1990年版。

　　自元世祖（忽必烈）于至元十六年（公元1279年）灭南宋，元朝结束了宋、辽、金三国长期对峙的局面，统一了中国，全国道路交通得以重新整顿和畅通。元代首都称大都，城址在今北京市区内。都城道路规划基本上沿袭周代九经九纬布局。元代疆土辽阔，除利用已有的道路外，还把兴建道路视为巩固政权的重大措施。元代新建的主要道路有：（1）新开云南驿路，设马站74处，水站4处；（2）新开贵州山区道路；（3）兵工修筑野狐等岭道；（4）新开义各路①。

―――――――――

① 中国公路交通史编审委员会：《中国公路史》（第一册），人民交通出版社1990年版。

明洪武元年（公元 1368 年）建都南京；永乐十九年（公元 1421 年）迁都北京。在明代统治时期，南、北二京均由中央政府直辖，因而形成了先以南京、后以北京为中心的全国道路网体系。以驿道为干线的道路通达全国 13 个布政使司的首府（《明史·地理志》）。明代制度规定，每 60 里或 80 里设置驿站一处，洪武年间统计的驿站总数为 1963 处，以驿站计，道路里程至少有 12 万~14 万里（约合今 5.4 万~6.3 万公里），加上非驿道在内，里程更大①。

据《明史·地理志》记载，明代由南京至十三布政使司的道路里程统计如表 1-3 所示。

表 1-3 明代南京至十三布政使司道路里程

布政使司名称		所在地	距南京里数	
			明里	公里
1	山东	济南	1850	836
2	山西	太原	2400	1085
3	河南	开封	1150	520
4	陕西	西安	2430	1098
5	四川	成都	7260	3282
6	江西	南昌（洪都）	1520	687
7	湖广	武昌	1715	775
8	浙江	杭州	900	407

---

① 中国公路交通史编审委员会：《中国公路史》（第一册），人民交通出版社 1990 年版。

布政使司名称		所在地	距南京里数	
			明里	公里
9	福建	福州	2872	1298
10	广东	广州	4370	1975
11	广西	桂林	4295	1941
12	云南	昆明	7200	3254
13	贵州	贵阳	4250	1921
		北京	3455	1562
总计			45667	20641

注：明代每里合今 0.452 公里，据明一尺合今 0.317 米计算。
资料来源：中国公路交通史编审委员会：《中国公路史》（第一册），人民交通出版社 1990 年版。

明代的北京不仅是全国的都城，而且是全国最大的商业城市，各地大量物资输入京城，商旅云集，往来众多，交通十分发达。据《明史·地理志》所载，由北京至上述各地的道路里程如表 1-4 所示。

表 1-4   明代北京至十三布政使司道路里程

布政使司名称		所在地	距北京里数	
			明里	公里
1	山东	济南	900	407
2	山西	太原	1200	542
3	河南	开封	1580	714

布政使司名称		所在地	距北京里数	
			明里	公里
4	陕西	西安	2650	1198
5	四川	成都	10710	4841
6	江西	南昌（洪都）	4175	1887
7	湖广	武昌	5170	2337
8	浙江	杭州	4200	1898
9	福建	福州	6133	2772
10	广东	广州	7835	3541
11	广西	桂林	7462	3373
12	云南	昆明	16045	7252
13	贵州	贵阳	7670	3467
	南京		3455	1562

注：明代每里合今 0.452 公里，据明一尺合今 0.317 米计算。公里数取四舍五入。

资料来源：中国公路交通史编审委员会：《中国公路史》（第一册），人民交通出版社 1990 年版。

以南、北二京为中心的明代驿道道路网除了为当时的政治和军事服务外，对于发展全国的农业、商业以及交通运输都发挥了重大作用。同时明代在统一全国之后，为了进一步加强西南和东北边境地区的安全，对这些地区的少数民族采取了积极的安抚政策。配合这种政策的一项重大措施就是积极开辟少数民族地区的道路，此举加强了各民族之间的团结，对明朝政府巩固东北地区的统治起到积极的作用。

清代国土辽阔，当时的道路不仅通达全国各省省会和青海和西藏等地，而且遍及各府、厅、州、县，构成了以北京为中心的道路网①。都城北京的道路概况和明代情况大致相同。由北京通往各省城的道路里程如表1-5所示。

表1-5　　　　　　　清代通往全国各省城及边疆地区的道路里程

序号	省名或地区	首府或省会名称	省会今名	距北京里程		备注
				清里	公里	
1	直隶	顺天府	北京市	—	—	
2	奉天	奉天府	沈阳市	1470	706	
3	吉林	吉林府	吉林市	2300	1104	
4	黑龙江	龙江府	齐齐哈尔市	3300	1584	
5	江苏	江宁府	南京市	2450	1178	
6	安徽	安庆府	安庆市	2700	1296	（1）清代一里合今0.48公里，取四舍五入；
7	山西	太原府	太原市	1200	576	（2）清代里程均来源于《清史稿·地理志》卷五十四至卷七十六，第1891～2469页；
8	山东	济南府	济南市	800	384	
9	河南	开封府	开封市	1580	758	（3）清代里数与明代里数相比较有出入
10	陕西	西安府	西安市	2650	1272	
11	甘肃	兰州府	兰州市	4040	1939	
12	浙江	杭州府	杭州市	4200	2016	
13	江西	南昌府	南昌市	3245	1558	
14	湖北	武昌府	武汉市	3155	1514	

---

① 中国公路交通史编审委员会：《中国公路史》（第一册），人民交通出版社1990年版。

续表

序号	省名或地区	首府或省会名称	省会今名	距北京里程		备注
				清里	公里	
15	湖南	长沙府	长沙市	3585	1720	
16	四川	成都府	成都市	5710	2740	
		康定	拉萨	4710	2261	
17	福建	福州府	福州市	6134	2944	
18	台湾	台湾府	台南市	7250	3480	光绪二十一年，台湾被日本侵占，公元1945年抗日战争胜利后收回
19	广东	广州府	广州市	7570	3634	
20	广西	桂林府	桂林市	7460	3581	
21	云南	云南府	昆明市	8200	3936	
22	贵州	贵阳府	贵阳市	7640	3667	
23	新疆	迪化府	乌鲁木齐市 南路	8690	4171	
			北路	8576	4117	
24	青海	西宁府	西宁市	5070	2434	
25	西藏	拉萨	拉萨市	14000	6720	

资料来源：中国公路交通史编审委员会：《中国公路史》（第一册），人民交通出版社1990年版。

在清代统治时期，道路建设基本上是以驿道为主，但随着国内商业和对外贸易的开展，许多驿道逐渐变为通商之路，故多称为商路①。而商路发展的原因一是国内手工业和商品经济的进一步发展；二是帝国主义势力的入侵，例如当时美国、日本、英国、法国、俄国等帝国主义国家纷纷要求与中国通商，中国沿海许多口岸和内地一些重要都市被迫辟为商埠，并订立各种不平等的通商条约②。

---

① ② 中国公路交通史编审委员会：《中国公路史》（第一册），人民交通出版社1990年版。

二、古代道路运输工具的发明与演变

在原始社会中，早期的运输方式只是手提、手搬、人背、头顶、肩扛，进而用绳拖曳、用橇载物滑移。后来，人们掌握了驯服和饲养牲畜的方法，逐渐使用畜力，驮运开始出现。与完全使用人力相比较，这种运输是一大进步。等到发明了车，运输就进入了新的发展阶段。

车的发明，同其他各种器物的发明一样，是人们在长期生产劳动中探索实践的结果。中国古代神话和传说则把无数劳动人民的经验和智慧加以总结和集中，创造出某些英雄人物，把各种创造发明都归功于他们。黄帝和奚仲造车之说就十分具体地说明了这一点。古籍中又有在夏朝初期发明和使用车的记述。禹时奚仲造车之说，在中国史籍《墨子·非儒》《荀子·解蔽》《吕氏春秋·审分览》《世本》《山海经海内经注引》《左传》中都有记载。不论传说与古籍记述有何不同，中国在 4000 多年前出现车是可信的。从文字记载和考古发掘出的陶器车轮花纹，似可推论出夏朝不仅用车，而且使用较为广泛。

到了商朝，造车技艺比夏时进步。因牛车用于运货，结构简单，货厢大而无须装饰；而马车用于乘人，因此马车，特别是奴隶主贵族乘坐的马车制作十分讲究。在中国商朝的甲骨文中，车的象形字有 9 个（《甲骨文编》），说明了车在古代社会生活中已占有相当的地位。再到周朝，由于周时青铜冶炼和铸造技术发展，在车辆制造方面，采用了青铜构件和一套用铜或贝等材料制成的装饰品；并集当时手工技艺之大成，木工、金工、漆工、皮革工等都参与造车①，因此车的制作工艺精细，外形华丽。春秋末

---

① 中国公路交通史编审委员会：《中国公路运输史》（第一册），人民交通出版社1990年版。

至战国时，中国已进入铁器时期，随着社会生产力的发展，车也进一步演变。由过去的两马、四马或六马、八马驾单辕车改为由一马或三马驾驭的双辕车，提高了车辆转向的灵活性。

公元前 221 年，秦统一六国。秦王朝统治时间不长，但在政治、经济上采取了许多重大的改革措施。其中统一修筑全国道路和统一车轨使中国交通运输出现一次大变革，推动了当时道路运输的发展，并为后来各代王朝陆上交通运输工具的发展和演变奠定了基础。这一时期车的制造与使用有三个特点：一是车型由繁变简，双辕车逐渐代替单辕车；二是为适应农村、山区需要，出现独轮手推车；三是造车技艺精湛，官车装饰华贵，民用车种类增多，数量增大，使用更为普遍。两汉及三国魏晋时期，造车技艺较之前又有所改进，总的趋势是单辕车逐渐减少，双辕车逐渐增多①。为了坚固耐用，有的车在车轮周围挂上了铁瓦。车的种类在前朝的基础上有所增加，车的装饰更加讲究。三国时，相传诸葛亮创制了木牛流马，作为运输军粮之用。名为牛马，实则是一种运输车类。《三国志·蜀志·诸葛亮传》有云："亮性长于巧思，损益连弩，木牛流马，皆出其意。"（一说木牛流马系三国时蜀人蒲元、廖立等为诸葛亮所设计）两汉及魏晋南北朝时期，随着科学和手工业的进步，除载人运货车得到发展外，还创制了多种特种用途车，如指南车、发石车、磨车。

在隋唐及宋辽金时期（公元 581～1271 年），隋唐是中国历史发展过程中辉煌灿烂的重要时期，在中国历史和人类文明史上都占有十分重要的地位。隋朝在交通方面最大的成就是修建运河和御道，便利了南北物资和文化交流。唐朝振兴经济，发展交通，以长安为中心的陆路运输通达全国。唐王朝统治了 290 年后，历史进入五代十国。经 50 余年纷争，赵匡胤

---

① 中国公路交通史编审委员会：《中国公路运输史》（第一册），人民交通出版社 1990 年版。

建立的宋朝再次统一了中国。从五代十国至两宋，中国出现了几个少数民族政权，其中以辽、金、西夏最为强大。公元1127年以后，出现宋、金南北对峙的局面。在此期间，车舆的发展主要体现在牛车的盛行，驴车、轿子的增加还有车舆名目的繁多。在宋代，因坐轿风气兴起，载人车的制作与改进已不被重视，造车技艺的重点逐步转移到载货车上。宋朝的载货车中有一种载重量可达数十石（120市斤为一石）的"太平车"（《明代交通事务考》）。另外，宋时独轮车也较普及，有的由一人推车，可载货两石，短途运输比较方便，运行一天可达百里。

元明清时期（公元1271～1911年），皇家、官府用的各种车舆与前朝大致相同，只是在车舆装饰上按照职位和官阶作了些不同的规定。清朝初年沿用明时车舆制度，至乾隆时先后定五辂（金辂、玉辂、象辂、革辂、木辂）、三舆（礼舆、轻步舆、步舆）、二辇（玉辇、金辇）专供皇帝乘坐。对皇室其他成员、高官显贵及庶民百姓所乘车舆也各有定制，但都类似前朝（《清史稿·舆服志》）。

对于战车这一特殊属性的运输工具，在夏时已用于战争。在春秋战国时期的频繁战争中，曾经发挥威力。到汉武帝时，战争主要依靠骑兵和步兵，战车逐渐退出战争舞台。到明朝，军队开始装备火器。佛狼机等火器威力虽大，但机体较重，行军不便，不得不用车载。这时，战车和辎重车又成为军队的必需装备。明朝对研究制造各类战车很重视，使用普遍，并且明时战车与汉代以前的战车已大不相同了。同时，畜驮车载方式仍在代代相传。元朝蒙古人当政，崇尚牧业，因此民间用马牛驮载、驾车十分普遍，元世祖时还有用骆驼运米万石的记载（《元代交通事务考》）。明时，陆上运输工具除利用马、牛、骡、驴等牲畜驮载之外，官府、商贾和农家使用的主要仍是马车、牛车或骡车以及独轮车、轿子等，变化不大。清时的陆路运输工具仍以牛、驴、骡、马、骆驼等牲畜用作驮运，用独轮车、大车、排子车等来载运货物；载人的车有马车、轿车、轿子等①。

三、道路运输的起源与发展

先秦时期是道路运输方式的兴起阶段。古代传说中的黄帝时期，由于氏族和部落间的征战，黄帝"披山通路""旁行天下"，交通往来的地域已相当广阔，但当时尚未设路政官员。到尧舜时期，设立"司空"，治理有关路政。夏朝又新设"车正"和"牧正"两职，车正掌管车服之政，牧正掌管牧马之事。周王朝对主管陆路路政和运输各官的职掌规定得比较明确，并形成制度。春秋时期，周王室衰微，诸侯大夫互相兼并，制度逐渐破坏。诸侯国有关道路修筑、车马管理及食宿招待等官职与西周时大同小异，战国时期仍相类似。

而在先秦这段时期中，邮政运输也开始萌芽。邮传运输是古代官办道路运输的内容之一。根据考古学家对殷墟出土甲骨文的考证，殷商盘庚时期就有有组织的通信活动。西周时期，在广阔的领域中以镐京（在今陕西西安长安区内）为中心，划定方圆千里为王畿，修整王畿内的道路，并在交通要道上建立馆舍。春秋时期，周王室日渐衰微，诸侯对周王的朝觐、聘问反而超过了西周时期，为适应需要，各诸侯国加强了道路整治，在道路上设馆、遽（这时遽已不仅是车，而有后来的驿站之意）的也多了。到公元前475年，进入七雄并峙的战国时期。战国时期的特点是突出一个"战"字，战事纷繁，列国关系交错。为了适应这一变化了的形势，七国都十分重视道路的修治，即使在崎岖的山地也设法开出通道，道路的开拓给运输带来便利。

---

① 中国公路交通史编审委员会：《中国公路运输史》（第一册），人民交通出版社1990年版。

同时，商品贩运也在先秦时期中出现，古籍中有"舜贩于顿丘"之说（《尚书·大传》）。这说明早在尧舜时期就有商品贩运。夏时农业、手工业比之前发达，商品交换也得到一定发展。到商朝，商品交换更频繁。西周实行"工商食官"制度，即工商统一由政府经营和管理。手工业作坊由官府经办，原材料的采购运输及产品销售全由官府负责。春秋前期，官商还占统治地位，私商日渐增多。但诸侯割据给各诸侯国之间的交通增加了人为的障碍，商品交换困难重重，各国经济生活受到一定影响。后来有见识的诸侯意识到封关锁国于己不利，开始与邻国会盟，制定"通商互惠"政策。商品贩运的兴起与扩大促进了城市的繁荣。原先主要作为政治中心或军事据点的城市，这时已发展为商业都会。

　　秦汉魏晋南北朝时期的道路运输业务在各方面有所扩展，比如路政的分级掌理。秦统一六国后，推行郡县制度，其中九卿中的太仆是专管宫廷车马的；治粟内史是全国财政总管，兼管货运；少府掌山海池泽收入及皇室手工业制造，包括造车（《册府元龟·令长部总序》）。汉时由中央到地方的行政组织和秦相同。此外，秦始皇统一中国之后，一面整修原列国的凌乱驿道，一面新修一些重要的驰道和驿道，其中最为著名的是以咸阳为中心向外辐射的驰道。秦代修建的驰道和驿道经过汉代的继承和发展，逐步形成以关中为中心的四通八达的道路运输网。但秦始皇为巩固集权统治而进行的军需运输给民众增加了很大的负担。同时秦王朝十分重视邮传的作用，不惜财力物力开辟道路，修建传舍、邮亭，提供人员车马食宿等经常开支，并用法制加以管理，来维持这一沟通全国的、庞大而有效的交通运输网络。汉承秦制，但疆域远比秦辽阔。而与两汉相比，魏晋南北朝时邮驿运输有两个变化：一是传和驿开始趋向合一；二是建立水驿。秦代采取重农抑商政策，这一时期的商民仍以贩运为主，将物资从有余的地方运往缺乏之处，买贱卖贵，赚取地区差价。当时交通运输虽较前朝发达，但发展不平衡。然而从西汉到南北朝时期，由于"丝绸之路"的兴起和繁荣，随着商人工匠和僧侣的往返，与社会生产、人们生活关系密切的重大发明与成就也得到交流。

隋唐及宋辽金时期的道路运输主要体现在道路运输任务的繁重。隋朝建立之后，鉴于前朝分裂的历史教训，加强中央集权，确立三省六部制。唐时的车马邮驿运输由兵部的驾部管理。六部中的户部、兵部和工部各掌管部分交通事权。邦国舆辇、车乘、传驿、厩牧及官私车马杂畜的簿籍均由兵部设驾部管理（《隋书·百官制》）。唐地方行政单位为道、州、县三级，每级都有人管理陆上运输。宋代中央集权统治加强，军事大权归枢密院，财政大权归三司。枢密院与兵部分掌交通运输事权，相互制约；兵部内的驾部与唐朝相同。辽金地方运输管理与宋大体相同。在此时期，邮驿运输由乱到治。隋代对发驿限制较严，非急事不能发驿。唐代初期对发驿也严加限制，只有紧急文书才由驿传递，后扩大到一般通信、接待官员及小件物品运输。宋代邮驿运输在总结前朝经验的基础上，进入一个除旧布新的发展时期，除驿之外，又设递铺负责邮递，使邮驿分立。辽、金、西夏辖区内邮驿运输多仿中原。在此段历史时期中，商品运输也更加繁忙。隋朝建立后，全国统一，人口增加，农业生产发展，仓储丰盈，纺织、制瓷、造船等手工业生产都有显著进步，市场扩大，交通发达，运输出现繁荣景象。唐时商旅活跃，运输发达，河里舟船来往，驿道车驮不断。北宋前期生产发展，社会安定，10 万户以上城市由唐代的 10 多个发展到 40 多个，商品运输也随之有较大发展。宋金时期，由于南方受战火影响较小，北方居民纷纷南迁，使南方各方面的发展逐渐超过北方，经济重心进一步南移，南方运输因而也有较大发展。同时周边互市和外贸运输也在这几个历史时期兴盛起来。盛唐时期是丝绸之路的鼎盛时期。宋时，宋、辽、金、西夏都在周边地区设有由官府主持的互市市场，称为榷场。

元明清时期的道路运输主要体现在道路运输范围的扩大。元代在统一中国、率兵西征的过程中，开辟驿路，设置驿站（亦称站赤），建立起规模庞大、四通八达的交通运输网络。元代地方行政组织分省、路、府（州）、县四级。明朱元璋在"天下初定"后，为了"统一寰宇"，立即恢复和建立通信联系和交通往来，着手开驿路，兴驿传。清代驿传仍沿明制，中央由兵部车驾清吏司主管（《清史稿》）。在元明清时期，驿传运输由盛转衰（元时称驿传为驿站，也称站赤），而驿站的兴废是朝政盛衰的缩影。元中期以后，政治衰败，著称一时的驿站也随之衰落。鉴于元代驿运合一，互相干扰，影响驿传，明时成立了专门承担货运任务的机构——递运所，形成水马驿、递运所、急递铺三套驿传机构各司其事的局面。明代后期，由于官吏玩忽职守，紧急公文改派专差，经由驿站递送，急递铺逐渐失去作用。清代初期，战争连绵不断，社会经济遭到严重破坏。在驿递方面，旧制度已随明王朝的灭亡而被摧毁，新的组织机构尚未建立，驿政废弛，驿路不通，驿传运输困难重重，直到康熙年间才逐渐好转，而到乾隆晚年则又开始趋向衰落。元明清时期商品运输仍在发展。元统一中国以后，随着农业、手工业的恢复与发展，商品运输逐渐繁荣起来。全国使用同一货币，尊奉同一政令，道路四通八达，驿站遍布各地，商运车船无所不至。明朝时期随着农产品商品化的扩大，农村集市也相应活跃起来，特别是江浙和两广，每逢集市，车载、畜驮、人挑，各种产品集中一处，自成市井。此时，全国出现许多大商帮，如徽商、晋商、江右商、闽商、吴越商、关陕商等。清盛世时，农业恢复，工商复兴，运输随之发展。

第二节 中国近代的公路交通*

一、公路运输设施与设备

（一）公路基础设施

随着欧美汽车的输入，中国几千年来以人畜力为动力的陆上传统交通运输方式逐步向以机械为动力的现代交通运输方式过渡。从 1840 年 6 月鸦片战争以后，中国沦为半殖民地半封建社会，由于中国近代工业的出现和商品经济的发展等原因，不可避免地要改变几千年传统的落后交通运输方式，从西方国家输入火车、汽车和电车等交通工具，进而扩建城市道路，将驿道或官马大道改建为铁路或汽车路。从 1901 年上海输入欧洲生产的汽车开始，至 1911 年的 11 年间，中国的天津和北京等大城市也先后出现了汽车和电车等先进交通工具，不仅使城市交通面貌渐有改观，而且也促使各地进行道路的修建。

清代晚期，在各方重视道路建设的同时，也从国外传入了桥梁建设的新技术。为适应设有"租界"的城市交通、工商业发展的需要，道路桥梁

---

* 本节参考资料均来源于中国公路交通史编审委员会：《中国公路史》（第一册），人民交通出版社 1990 年版；中国公路交通史编审委员会：《中国公路运输史》（第一册），人民交通出版社 1990 年版。

的建设便开始在大城市兴起。由于机动车的输入，中国传统的木、石小跨桥梁难以适应，在改变交通运输方式的需要下，大跨钢桥的建造便相继出现。清末所建可以通行汽车的部分道路和桥梁的事例，标志着道路设施开始相应地由古代向现代演进，这也是后来公路兴建和发展历史的先声。这里需要说明的是，一般来说，道路是供各种车辆（无轨）和行人通行的工程设施，按其使用特点分为城市道路、公路、厂矿道路、林区道路及乡村道路等。其中公路是指连接城市、乡村和工矿基地之间，主要供汽车行驶并具备一定技术标准和设施的道路。

在中华民国时期，公路运输开始受到人们的重视而有所发展，对中国的政治、军事、经济及科学文化产生了积极的影响，然而这一时期的交通运输主要是为权贵阶级服务的，人民大众很难真正享受到交通运输发展带来的效益；同时，也因当时社会历史条件的制约，公路运输事业历经坎坷，发展缓慢。辛亥革命成功，建立中华民国，结束了260多年清朝的封建统治。孙中山在就任临时大总统之后，即积极倡导修建公路。

北洋军阀割据时期，是中国公路建设的初期阶段。1913～1927年底的15年中，共建成公路29625.47公里（见表1-6），年平均增长1975公里。1921～1927年的7年中，公路修建里程发展较快，由1185公里增长至29170公里，年平均增长4664公里，各年增长情况如图1-3所示。

表1-6　　　　　　　北洋军阀割据时期各省市①建成的公路里程

(1913～1927年)

省、市名称	修建时间	里程（公里）
江苏	1913～1926年	714.45
黑龙江	1913～1926年	541.44
湖南	1913～1927年	140.55

续表

省、市名称	修建时间	里程（公里）
四川	1913～1927 年	271.00
广西	1915～1927 年	928.00
直隶	1918～1927 年	2023.00
热河、察哈尔及绥远②	1918～1927 年	850.00
陕西	1918～1923 年	488.90
福建	1919～1927 年	412.00
广东	1919～1926 年	1692.10
山西	1921～1927 年	1435.00
安徽	1920～1927 年	1443.00
山东	1920～1927 年	2338.00
河南	1921～1927 年	1283.00
吉林	1921 年	14.00
奉天③	1921～1924 年	12420.00
浙江	1922～1927 年	316.85
湖北	1923～1926 年	885.58
甘肃	1924～1927 年	74.30
云南	1921～1927 年	14.90
宁夏	1925 年	412.00
江西	1912～1927 年	14.40
贵州	1926～1927 年	95.00
新疆	1926～1927 年	691.00
上海	1918～1921 年	127.00
总计	1913～1927 年	29625.47

注：①按当时政区所列；
②1914～1927 年三省均称特别区，1928 年改为省；
③包括各县县道及日本占领"关东州"区内所建公路。
资料来源：中国公路交通史编审委员会：《中国公路史》（第一册），人民交通出版社 1990 年版。

（公里）

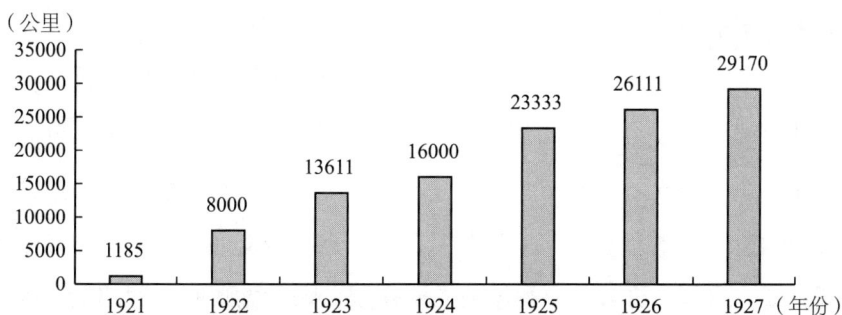

图 1-3   1921~1927 年公路里程增长

资料来源：中国公路交通史编审委员会：《中国公路史》（第一册），人民交通出版社 1990 年版。

至于民国初期的公路分类和国道网划分，在 20 世纪 20 年代前后，中国各省地方政府、赈济团体和地方驻军都在地方公路建设中发挥了一定的作用，在没有法定的公路分类和统一的建设规划之前，各地公路多是按照当时当地的交通需要而修建，缺少全局的规划和统一的技术标准。至 1919 年 11 月 14 日，北洋政府大总统正式公布了《修治道路条例》，才有了最初的国家公路法规。在民国初期，沿袭清代的省、县行政区划，划分公路为国道、省道、县省和里道（即村道）4 类。当时，虽然北洋政府将上述条例公布，并通知各省、区执行，但是并未正式核定国道的具体路线，而各省拟订的省道路线也只限于少数省份，如陕西省拟订的东、西、南、北四条省道干线公路。

1927 年 4 月，国共两党合作领导的北伐战争取得胜利，结束了长达 15 年之久的北洋军阀割据政局。自四一二反革命政变至 1935 年的 9 年中，中国共产党领导的红军先后建立了江西、湖南、湖北、四川、福建、河南和陕西等省际革命根据地，这就形成了在抗日战争以前中国公路建设为军事服务的基本特点。1931 年 10 月，国民党政府在国际联盟的协助下，组建全国经济委员会（以下简称"经委会"），主持全国各项经济建设，会内设公路处，办理全国公路建设，名义上是为发展交通、振兴经济，实际上是以服务于军事为主要目的。

自南京国民政府成立以后，全国公路建设事业先后由国民党政府交通部、铁道部和经委会主持，逐渐消除了北洋军阀割据时期各自为政的局面，在其统一领导下，加速了公路的发展。在北洋政府时期曾拟订过公路分类与国道网规划方案，1928 年 8 月，国民党政府交通部在南京召开全国交通会议，重新拟订公路分类与国道网规划。国民党政府交通部拟订的公路分类为国道、省道、县道 3 类（乡道包括在县道内，未另列类）。以上公路分类大体上与北洋政府时期相同，并无特殊差异，只是对于县道与铁道、国道、省道的联结体现了公路网的功能性。国民党政府交通部拟订的国道网规划路线总称为《四经三纬国道网》，是以兰州为中心，经线行经中心，直达边陲；纬线环绕中心，贯通各大都市，而支线则弥补干线的不足；国道网包括经线 4 条、纬线 3 条，总长 41550 公里。

至抗日战争前夕，全国新建公路总里程达到 88126 公里，年平均增长约8812 公里，比北洋军阀割据时期年平均里程增长多 1 倍，连同民国初期修建的公路，全国公路总里程达到 117296 公里，如图 1 - 4 所示。这与现在各省正式核查这一历史时期的公路总里程 113819.66 公里（见表 1 - 7）是接近的。

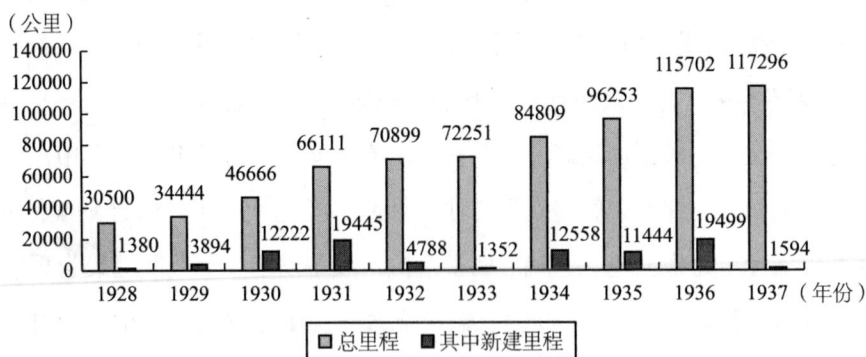

图 1 - 4　1928 ~ 1937 年全国公路总里程增长

资料来源：中国公路交通史编审委员会：《中国公路史》（第一册），人民交通出版社 1990 年版。

表 1-7　　　　　　　　　　　　　1937 年各省市公路总里程表

省、市名称	公路总里程（公里）	省、市名称	公路总里程（公里）
河北	6586.00	湖北	4545.03
北平	1167.90	湖南	2721.06
天津	426.00	安徽	5731.00
山西	2938.00	广东	14518.70
辽宁	12640.00	广西	3746.00
吉林	1307.00	河南	5700.00
黑龙江	2559.48	新疆	1343.00
山东	6813.00	宁夏	1633.00
陕西	2124.70	四川	4206.00
甘肃	2769.70	贵州	1686.50
江苏	5400.00	云南	3178.20
上海	289.00	青海	1336.00
浙江	3715.69	内蒙古	3902.00
福建	4218.40	西藏	—①
江西	6618.30	台湾	—②
总计			113819.66

注：①1937 年西藏无公路。
②1937 年台湾公路均由日本占领。
资料来源：中国公路交通史编审委员会：《中国公路史》（第一册），人民交通出版社 1990 年版。

　　具体来说，这一时期的公路修建包括军事公路的修建、省际联络公路的督造、国家主办的公路建设，以及其他干支线公路建设。1928 年 4 月，朱德、陈毅率领的部队到江西井冈山与毛泽东领导的秋收起义部队胜利会师，组成工农红军第四军，建立了中央革命根据地。蒋介石遂于 1930 年 12 月~1934 年 10 月在江西省发动五次大规模军事"围剿"，同时在江西和福建两省境内征调民工，大量修筑公路，以便利其军事行动。筑路里程随着每次"围剿"兵力的增长而相应增多，五次"围剿"共修建公路5958.7公里。而国民政府经委会公路处鉴于以往修建公路缺少联络，致使规划未能形成整个体系，深感全国公路建设如无通盘筹计是不行的，因此自1932年5月起，开始了联络公路的修建。三省联络公路6条路线，总长为1044公里。国民党政府经委会公路处督造公路范围扩大至西北地区后，计划修建西安至兰州、西安至汉中和兰州至古浪3条公路，目的在于"开发西北资源，便利国防交通"。

1931年9月18日至次年1月，东北全境沦陷。1933年5月31日，国民党政府派熊斌与日本关东军代表冈村宁次签订了《塘沽协定》，承认了日本侵略军占领东北和热河广大地区的事实。1935年，国民党政府又屈服于日军的威胁，签订了《何梅协定》，在华北成立傀儡政权"冀察政务委员会"，下设"冀察建设委员会"，统筹华北公路建设，以便利"剿匪军事交通"。在这段时期，冀、察、绥地方修建的干线公路和粤、闽华侨投资修建的干线公路对当地的城乡交通与经济、文化发展都起到了一定的作用。

1937年7月7日卢沟桥事变爆发，日本帝国主义发动了全面侵华战争，自此中华民族开始了全面的抗日战争。全面抗日战争时期，出于战争的需要，公路的修筑始终处于错综复杂的局面，建设与破坏交替进行。我国较大规模的新建公路仅限于西北、西南和中南部分地区。全面抗日战争爆发后，华北、华中、华南等铁路沿线及重要港口和城市相继沦陷。全国除沦陷地区外，国内和通往国外的主要干线公路共有38条，总长22039.28公里。在全面抗战中，新建公路12737公里，连同战前历年修建的公路在内，全国公路总里程增长至130033公里，如图1-5所示。

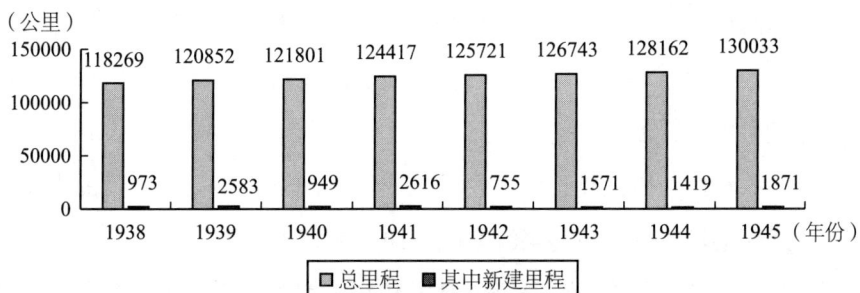

图 1-5 抗日战争时期全国公路里程增长

资料来源：中国公路交通史编审委员会：《中国公路史》（第一册），人民交通出版社 1990 年版。

在抗日战争时期，国民党政府西迁重庆之后，为将从苏联进口的国际军援物资运进国内，对川陕、西兰、甘新和迪霍（霍尔果斯）等干线公路进行了整修。同时国民党政府为确保经缅甸、印度和越南进口的国际军援物资的运输，对由重庆经过云南和广西通往缅甸和越南的干线公路进行了整修和新建，如川黔、黔滇和滇缅东段及黔桂等干线公路的整修，滇缅西段和中印保密段及河岳等公路的新建。同时，国民党政府将公路建设的重点置于西南和西北两大地区。在改善和新建的两区 22 条主要公路上，共有各类桥梁 3345 座，其中永久性 1510 座，占 45%；半永久性和临时性 1835 座，占 55%。

1945 年 8 月 14 日，日本帝国主义宣布无条件投降，并于 9 月 2 日在投降书上签字。至此，抗日战争宣告胜利结束。同年 10 月 10 日，国共两党共同签署了《双十协定》。1946 年 1 月 10 日，达成《停战协定》，同时宣布召开政治协商会议。同年 6 月，国民党政府背信弃义，以"恢复交通"为借口，强占解放区各大城市，单方面撕毁了停战协议，向解放区发动了全面进攻。全国公路遭到又一次极大的破坏。国民党政府还都南京之后，极力恢复各省市管辖的政权，筹组中央和地方公路管理机构，在国民党交通部公路总局下，设立了直辖的八个区公路工程管理局。另外，随着解放区的扩大，东北、华北和华东等解放区为了适应新形势的发展，正式组建公路管理机构，开展了对之前公路的修建和对原有公路的改善。

抗战胜利后，国民党政府下令紧急抢修和恢复公路交通。国民党军事委员会战时运输管理局按照当时全国复原和军运的需要，制定了各省公路修复计划，按急要程度先后进行。但自1946年解放战争全面爆发后，国民党政府统治区日益缩小，已无力顾及更多的公路建设，仅在西北、西南和华南部分地区择要修建和改建了少量公路。

1946年，国民党交通部公路总局结合已成公路，对公路建设进行全面规划，制定了《四基五经六纬国道网》方案。这个方案原则上是以重庆、汉口和西安为内环三个中心，互相联络成为基网；由这三个中心分向外围，延伸至南京、广州、昆明、兰州和北平五大据点，构成国道网的骨干。除东北各省、台湾地区和海南岛的国道路线另案规定外，国道网路线规定四基五经六纬国道15条及经纬联络国道支线22条，共计37条，总长61264公里，未成里程6654公里，已成里程54610公里，重复里程4041公里，实际里程57223公里。

自1948年起，国民党政府对全国局势逐渐失去控制，官方统计已自动中断，因而能具体反映1949年新中国成立前夕公路实况的权威资料形成空白。但根据当时形势分析，实际里程与上述1945年12月的统计数目相比，不会增加很多。

（二）公路运输车辆与装备

自从清政府被迫签订《南京条约》（又称《江宁条约》），开辟五口（广州、福州、厦门、宁波、上海）通商之后，中国门户大开，火车、轮船、汽车等新式交通工具相继输入，交通运输事业开始发生变化。但是直到清末，在广大城乡地区，牛马车和畜驮仍是陆上道路的主要运输工具。

北洋政府时期，公路运输的主要方式仍是使用以人力或畜力为动力的挑、抬、驮、拉和各种非机动运输工具的传统方式。1912 年，全国仅有汽车（包括客货汽车、邮车、各种特种车及机器脚踏车）294 辆。以后逐年增加，至 1927 年，全国也只有各种汽车 18677 辆。在中国广袤的土地上，汽车几乎凤毛麟角，十分罕见。1918 年，各省商营陆续兴办长途汽车公司，但客车寥寥可数，且票价高昂，广大人民外出旅行仍不得不依靠古老的人畜力运输工具，如驴脚、架窝子、轿子、滑竿、马车、人力车等。上述事实说明，北洋政府期间，人畜力运输是中国公路运输的重要力量，是连接城乡、车站、码头、仓库、商店和居民住所的纽带，在维系国计民生方面发挥着不可缺少的重要作用。

1927 年 4 月，以蒋介石为首的国民党在南京成立国民政府，并定都南京。在公路运输方面，自成立国民党西北国营公路管理局起，国民党政府建立了经营公路运输的直属机构，并开放公路，鼓励民办公路运输，出现了商营汽车运输业的新盛局面。自清末民初商营汽车运输业兴起后，其发展经历了两个阶段。1931 年前为商民自发经营阶段，据不完全统计，商车数已近 9500 辆；1931 年后，政府开放公路，鼓励民办公路运输，几年间商车大量增加，到 1937 年，据不完全统计，已超过 15000 辆，进入抗战前商营汽车发展的最盛阶段。

抗日战争时期是中央官办直属公路运输事业大规模发展的时期。从国民党政府交通部《交通统计年报》资料看，抗战前后，全国汽车拥有量及汽车分类变化很大（见表 1-8）。

表 1-8　　　　　　　　　抗战前后全国汽车拥有量及变化

（1937 年与 1945 年）　　　　　　　单位：辆

年份	总计	其中				中央直属车数
		自用客车	营业客车	货车	其他	
1937	68917	36143	10837	17655	4282	124
1945	34035	5337	2314	25178	1206	4889
变化数量	-34882	-30806	-8523	7523	-3076	4765

资料来源：中国公路交通史编审委员会：《中国公路运输史》（第一册），人民交通出版社 1990 年版。

　　表 1-8 说明，日本帝国主义入侵对中国公路运输业也是一场浩劫。战后全国汽车拥有量较战前减少一半。在汽车严重不足、汽油来源断绝的情况下，为保证战争需要，只能压缩客运汽车，发展货运汽车，特别是发展能统一指挥调度的中央直属公路运输单位的货运汽车。

　　但是随着全国人民抗日救亡的情绪高涨，建立抗日民族统一战线的呼声深得人心，公商车辆在战时运输中的贡献也不容小觑。自全面抗战爆发后，各省市汽车总队部立即行动，把征集编队的公商车辆分别拨交后方勤务部汽车管理处，或就近拨交兵站及部队直接使用。抗战初期，各省公路运输的应变措施大致相同，从建立汽车总队部到对公商车辆实行军事管制，在支援前线运输和在紧急撤退抢运方面，一定程度上提供了比较稳定的运输队伍。公路运输从业人员，无论是汽车司机，或是商车老板，绝大多数踊跃参加到战时运输的洪流中，并作出了各自的贡献。在全面抗战开始后，祖国抗战运输也得到了华侨的支援。南洋华侨在侨领陈嘉庚先生等人的发起下，成立了南洋华侨筹赈祖国难民总会（以下简称"南侨总会"），组建了华侨运输大队。

抗日战争前，各省市公路运输事业发展极不平衡；抗日战争中，也经历了一个兴盛和衰落的过程。在这个过程中，各省市公路运输事业也都遭到了严重破坏，如未完全沦陷的浙江、湖南、湖北、云南、福建、江西、广西、山东八省在抗战前的 1936 年，官办汽车曾发展到 2233 辆；而到了抗战胜利后的 1945 年，仅有 662 辆，汽车站所、营运里程也相应减少。

抗日战争胜利后，国民党政府由重庆迁回南京。抗战胜利初期，由于铁路一时不宜修复，水运又缺船只，因而公路运输仍占主要地位。据国民党政府交通部统计年报的记载，1944 年公路总局所属各单位共有汽车 4498 辆，其中货车 3618 辆，战后运力得到补充。据《公路统计年报》的记载，至 1946 年 12 月，国民党政府公路总局所属各单位共有汽车 6283 辆，其中货车 5176 辆，两年间分别增加 40% 和 43%，同时解放区的汽车运输也着手筹建自己的汽车运输部队。

二、公路管理机构出现与发展

中华民国成立初期，南京临时政府设交通部。部内设承政厅及路政、邮政、电政、航政四司，司下分科，科下又分课。这时国内公路修筑和公路运输事业尚处在初创阶段，有关事务由交通部路政司兼理。北洋政府时期，各省地方政府所设的公路交通运输管理机构也随着政局的变动而变更。一般在都督府下设劝业道，其职责名义上是掌管农、工、商、林、牧、渔的生产和建设以及交通运输事宜；实际上在动乱不定的情况下只有机构之名而无实际政绩。这是公路管理机构的前身。

国民党政府奠都南京后，公路建设先后由国民党交通部、国民党铁道部、国民党全国经济委员会主管。在公路机构的设置上，国民党政府有全国性的主管机关，各省有地方性的管理机构。虽各地机构名称不一，公路工程和公路运输时分时合，但管理机构已初具规模。

1938 年 1 月，国民党政府实施战时体制，撤销全国经济委员会，将铁道部并入交通部，由交通部综管全国交通事业。国民党政府中央公路运输主管机关时而由行政部门领导，时而归军事机关管制，变动频繁。1938 年底，国民党交通部公路总管理处改组后的机构设置如图 1-6 所示。

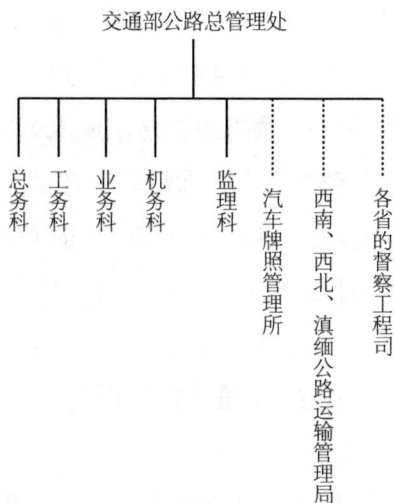

图 1-6　1938 年底交通部公路总管理处机构设置

资料来源：中国公路交通史编审委员会：《中国公路运输史》（第一册），人民交通出版社 1990 年版。

抗战期间，西南、西北及国际公路运输主要由国民党中央公路运输直属机构承办。随着抗战局势和国际形势的变化，国民党中央公路运输主管机关多次调整、频繁变动；直属机构亦经常随之交接改组，工程、运输时分时合。当时流传有"天天抢运，年年改组"之说。当时的国民党政府直属机构有西南公路运输直属机构、西北公路运输直属机构、滇缅公路运输直属机构、军事委员会西南进出口物资运输总经理处、川滇西路运输局，抗战期间各地方公路运输管理机构变动较多。

抗日战争胜利后，1946年1月，原来主管战时公路运输的国民党战时运输管理局撤销，全国公路运输仍归国民党交通部主管，恢复公路总局建制，初步改组调整了所属机构。国民党交通部公路总局建制恢复后，着手对原属战时运输管理局的运输机构进行改组和调整，成立各个运输处，除少数由国民党公路总局直辖外，大多隶属于各地公路工程管理局。1947年6月，国民党公路总局将各地公路工程和汽车运输机构分开并立，先后设置了9个直属运输处。

1945年日本投降后，国民党地方公路机构进行复员工作。以往省道的管理均为自定规划、自立机构，名称不一致，组织机构亦有差异。为了统一名称及组织机构，自1946年1月起，各省先后成立了国民党公路局或公路管理局，负责省道的修筑及公路运输，隶属于国民党省政府建设厅，并受国民党交通部公路总局的指挥监督。

三、运输市场与运输服务

（一）官办公路运输业的兴衰

官办公路是指当时由地方政府出资，以官方为主，或官督民办，或官商合办的方式修建的公路。北洋军阀割据时期的官办公路修建范围基本遍及全国，说明这个时期执政官员开始重视公路建设。当时修建的公路虽然质量不高，但对发展交通、沟通物资交流和促进局部区域的经济与文化的发展均有一定的作用。

北伐胜利至抗日战争前夕，1931年前后，国民党中央和省市先后直接修筑公路，发展公路运输。早期官办汽车数量远比商营汽车少，但对整个

公路运输起到主导作用，对后来官办公路运输的发展也有深远影响。至
1936 年底，各省市基本上都建立了官办的公路运输单位，并拥有数量不等
的汽车。

抗日战争时期是国民党官办直属公路运输事业大规模发展的时期。
1937 年 10 月，国民党政府迁都重庆，政治、经济重心西移。为适应这
种新的形势，国民党交通部加速了公路修筑。在较短的时间内，将交通
落后的西南、西北地区建成了以重庆为中心，南至缅越、西通印度、北
达苏联的公路网，为发展公路运输创造了必要条件。更为重要的是，军
事运输运量大、突击任务多、时间紧、要求高，国民党中央主管部门必
须掌握一支强大的公路运输力量，以便统一指挥，灵活调度，才能适应
战时需要。因此，国民党中央直属公路运输事业得以迅速发展。而机关
厂矿企事业单位所属的汽车运输起始于抗日战争期间，成为战时官办公
路运输的另一重要力量。机关厂矿的货运汽车一般是为本单位的运输服
务的，即自货自运，同时也承揽部分社会物资运输职能，以利用回空和
增加效益。

抗日战争胜利后，官办公路运输单位面临接收和恢复收复区的公路交
通运输任务。在美援汽车和接收日伪汽车的补充下，国民党交通部公路总
局和各省市官办公路运输单位都增加了一些运力。据国民党交通部统计年
报的记载，1944 年国民党公路总局所属各单位共有汽车 4498 辆，其中货
车 3618 辆，抗战后运力得到补充。一时间，设置运输机构、调配业务人
员、设立汽车站点、发展各类运输，公路运输事业一度呈现复苏局面。到
1948 年，机关厂矿企事业单位公路运输机构拥有货运汽车约近 2 万辆，是
专业公路运输单位拥有汽车的 2.5 倍。但好景不长，国民党军队大举进犯
解放区，内战烽火又起，加上物价暴涨，使各地正在复苏的公路运输事业
又陷入困境。

（二）商营汽车运输业的起落

自清末民初商营汽车运输业兴起后，经历了两个发展阶段，先是 1931 年前的商民自发经营阶段。据不完全统计，商车数已近 9500 辆；1931 年后，政府开放公路，鼓励民办公路运输，几年间商车大量增加，到 1937 年，据不完全统计，商车数量已超过 15000 辆，比 1931 年的 9454 辆增长 62%，进入抗战前商车发展的最盛阶段。

抗日战争初期，各地商营汽车应征参加编队，员工团结一致，随车应征，为抗战军运服务。战事内移后，商营汽车后撤内迁，仍积极投入军事运输。凡运送军品兵员、接运物资、修筑机场等紧急运输，都离不开征用商营汽车。抗战后方的商营汽车多集中于西南、西北和滇缅地区。起初，商营汽车除配合官办公路运输单位完成军公物资的运输外，可以自行招揽业务。自 1942 年起，国民党政府实行严格管制，对商营汽车进行登记，划分营业区域，给证通行。但也有一些内迁后活动自如的商营汽车运输业，即官僚资本经营的运输公司，他们有各种特殊的有利条件。但除了部分内迁商营汽车公司外，大部分商营汽车公司在战时遭到严重损失。

抗日战争胜利后，商营汽车再度发展。现存统计资料显示，至少有商营汽车 25965 辆，比抗战前全国商营汽车 15382 辆（此数亦是参考数）增长 68.8%。另据有关资料汇总，战前全国商营汽车已有 23208 辆，到战后的 1946 年，商营汽车数增至 39804 辆，比战前增长 71.5%。

同时，商车运输地域也发生了变化。商营汽车的发展与公路建设有密切关系，公路建设的发展是公路运输发展的必备条件。商营汽车的增长主要也集中在华中、西南。这种发展趋势也反映了当时国内军事形势的变化。随着国民党当局控制的地区的变化，物资运输的重点向华中、西南和西北转移，大量商营汽车亦随之转入，使华中、西南和西北地区的商营汽车运输进入了最盛期。在国民党当局撤离大陆前夕，以军公物资运输为主的官办公路运输机构已七零八落，而实际维持公路交通运输的，主要是商营汽车。

抗日战争胜利后，由于复员运输繁忙，公路开放，运输市场扩大，商营汽车运输有了较大的发展。但在抗战创伤未愈的情况下，解放战争再起，商营汽车运输因之又陷入困境，处于停滞状态。首先，物价无止境上升，运价不敷成本。其次，公路质量低劣，车辆损坏日渐增多，且养路费极高，最高的占运价收入的18%，一般的占14%。再次，军公汽车竞运，市场混乱，影响汽车运输的正常营业。如国民党行政院善后救济总署拥有大量的新车，通行各地，这些车辆以运送救济物资的名义，不纳牌照费和养路费，压价争揽货运业务，搅乱运输市场。另外，强征乱抓，商车被毁。国民党当局在临近撤离时，强征商车，不少商车因而被毁。最后，官办公路运输单位垄断运输，商营汽车业务惨淡。综上所述，当时的商办公路无法摆脱因战争而造成的车辆损失、通货膨胀、苛捐杂税、市场混乱、业务惨淡的困境。

（三）成本与运价管理的演变

成本和运价的早期形态主要体现在不正规的成本核算和多种多样的汽车运价。商营汽车运输初兴时规模小而分散，经营管理缺乏经验。对运输成本的计算一般只重视行车费用的支出，不以行程和运输量去考核行车的单位成本，而是从统收统支中去计算盈亏。非行车费用的成本支出主要是从利润中解决。如果利润较少，则会逐渐形成亏损。大成张库长途汽车公司是民国时期经营长途汽车定班运输较早的商营汽车运输企业。这个公司于1918年开始营业。据民国时期国民党交通部铁道部交通史编纂委员会编订的《交通史路政篇》的记载，公司行驶张库路的全程为1110公里，客车可载 4 人，每月往返 24 车次，共支出行车费用 16200 元，平均每车往返一次的支出为 675 元，换算后每车公里成本为 0.304 元，折合每人公里成本为 0.0760 元。当时单程客票价为 120 元，平均每人公里票价为 0.1081 元。其盈亏情况是，每人公里盈利 0.0321 元，利润率达 29.69%。但其支出只计算行车费用，不够全面，如果把固定资产、车辆设备的折旧和管理费用都计算在内，其利润率显然就会降低，甚至发生亏损。

当时官办汽车运输也没有正规的成本核算制度。以营业最早的京绥铁路管理局筹办西北行驶汽车事宜处为例，该处继大成张库长途汽车公司之后，于 1918 年开始经营张库路长途运输，在营业上统收统支，不计算车公里和吨公里单位成本。成本的支出包括总务、车务、运务和设备维持等费用。营业的收支情况是：1918 年至 1919 年 4 月，营业收入为 127712.26 元，支出为 451442.20 元，亏损 323729.94 元，占 71.71%；1920 年至 1922 年 6 月，营业收入为 13203.99 元，支出为 416217.20 元，亏损 403013.21 元，占 96.83%。当然，这种亏损主要是由政治和军事上的各种因素造成的，但没有正规的成本核算也是亏损的原因之一。

总的来说，这一时期的运输成本核算尚未走上正轨。其原因是：除运输企业本身的经营不正规之外，还由于当时的运输行业管理尚未形成，没有从理论上解决对运输成本进行科学管理的问题。

至于汽车的运价，中国的汽车营业运输始于城市，早在光绪末年（1907~1908 年），青岛、上海先后有了短途客运汽车和出租汽车。当时上海出租汽车的计价办法是：以 1 小时为起点，租价 5 元。租用的时间越长，租价越低。使用 2~3 小时，每小时租价为 4 元；连续使用 4 小时，则为 15 元；租用 1 天（8 小时），租价 25 元。这是中国汽车营业运输中最早实行的运价。这种计价办法符合使用时间越长、间接成本越低的实际情况。进入民国之后，汽车运输的应用范围逐渐扩大，出现了公路汽车运输，于是产生了各类运输业务需要的汽车运价。但早期的计价办法和运价标准种类繁多，极不规则。早期的汽车运价没有标准的模式，多保留按民间运输收费办法的痕迹。

在这一时期，除计价办法各异之外，汽车运输业之间的运价差也极为悬殊。如在湖北省内相邻营业的襄花和襄沙两个长途汽车公司，其客票价目相差极大，价目如表1-9所示。从表1-9可以看出，襄花长途汽车公司比襄沙长途汽车公司的基本运价高66%，折扣价高97%。

表1-9 襄花、襄沙长途汽车客运价目

单位	路线	平均每人公里单价（元）	每人公里折扣价（元）
襄花长途汽车公司	老河口至花园	0.0647	0.0615（九五折）
襄沙长途汽车公司	襄阳至宜城	0.0390	0.0312（八折）

资料来源：中国公路交通史编审委员会：《中国公路运输史》（第一册），人民交通出版社1990年版。

之后成本和运价管理水平开始提高，主要体现在成本核算要求趋向合理、政府逐步实行运价管理、商营汽车采取灵活的计价方式。

北伐战争胜利后，政局相对稳定，社会经济也有所发展，为公路运输的发展提供了有利条件。大型商营汽车公司增多，官办公路运输机构亦在各地兴起，但各汽车运输企业之间的成本核算办法差异很大。在官办公路运输机构中，成本核算的办法和内容也不尽相同。

运价管理方面，商车运输由政府核定运价。汽车运输进入发展期之后，各地政府相继设置公路运输的管理机构，对汽车运输的营业活动开始进行监督和管理。规定商营汽车必须执行由政府核定的运价，但核定运价的办法在各地不尽相同。在公路运输管理机构不健全的地区，运价各异和竞争混乱的现象不可避免地仍然存在。1937 年 7 月，因七七事变，政府规定公路汽车运输运价的核定概由中央主管。自此，公商汽车运价完全处于政府的管理控制之下。

商营汽车运输与官办汽车运输在经营上有所不同，商营汽车运输业为了适应市场竞争和扩大企业在社会中的影响，在经营中采取了较为灵活的计价办法，如浮动运价、优待运价、临时议价等。

抗日战争时期，公路运输是社会的主要运输方式。公路运输运价的变动，必然会牵连到各行各业，引起连锁反应。政府为了平抑物价，对公路运输实行限价政策。但是当时通货膨胀，物价暴涨，成本激增，运价只得一再调整。但运价调整总是落后于物价上涨，在整个抗战期间，运价一直处于背离成本和物价的矛盾之中。以 1937 年为基期，到 1945 年，全国趸售物价总指数上涨到 1631 倍，在此情况下，公路运输成本随之上升。

1941 年 12 月，太平洋战争爆发。继滇越线之后，滇缅国际运输线中断，进口汽油、配件、轮胎来源稀少，加上通货膨胀，价格暴涨。中央直属和各省公路运输单位为维持运输生产，只得相应提高客货运价。由于物价上涨现象未能得到制止，运价不仅继续上涨，而且幅度越来越大。为弥补公路运输单位由于物价飞涨造成的亏损，1945 年 7 月，政府实行战时汽车运费补贴。如客票每公里 55 元，由救济总署补贴 30 元。但实行这种补贴办法既增加国库负担，又影响运输单位的经营积极性，且补贴缓不济急，稽核困难，还出现各种流弊。

抗日战争胜利以后，通货膨胀有增无减，汽车运价仍由政府管制。中央直属公路运输单位运价由交通部控制；省市及商营公路运输企业运价也归交通部审定。这就要求所有官办、商营汽车运输行业按统一的成本项目进行核算，上报审批。这时官办商营公路运输成本项目的构成基本统一。

由于通货膨胀，抗战时期物价不断暴涨，尤其是抗战胜利后，物价早晚不同，纸币如同废纸；而公路运价一向采用平抑政策，不能及时调整，以致运价的上升指数远远低于物价的上升指数。公路运价的补贴办法又被取消，公路运输的业务活动因之顿减。1946 年元旦，国民党政府公路总局奉令，仍本着以往原则厘定运价，对货运采用供油租车办法，适时调整客运。全国公路客货运价的变动更为惊人，1947 年 1 月~1948 年 6 月国民党政府公路总局直属公路运输单位的客货运价变动概况如表 1 – 10 所示。如以 1947 年 1 月为基数，至 1948 年 6 月，18 个月间货运吨公里运价上涨 169 倍，客运人公里运价上涨 124 倍。

表 1 – 10　　　　国民党政府公路总局直属公路运输单位客货运价变动概况

(1947 年 1 月~1948 年 6 月)

时期	货运吨公里平均价		客运人公里平均价	
	费率（法币元）	较上期增长（%）	费率（法币元）	较上期增长（%）
1947 年 1 月	500		80	
1947 年 4 月	800	60	130	62
1947 年 7 月	3000	275	360	176
1947 年 10 月	5000	67	600	66
1947 年 11 月	7500	50	780	80
1948 年 1 月	12000	60	1500	92
1948 年 3 月	20000	66	2350	90
1948 年 4 月	55000	175	6000	110
1948 年 5 月	65000	18	7500	25
1948 年 6 月	85000	30	10000	33

资料来源：中国公路交通史编审委员会：《中国公路运输史》（第一册），人民交通出版社 1990 年版。

抗战胜利后，由于物价上涨，运输成本高，运价低，国民党政府公路总局各运输处的营业收支入不敷出，一直严重亏损。1948年及1949年上半年营业收支虽无统计数字，但根据当时物价暴涨及运输情况，亏损更是无疑。官办运输单位月月亏损，商营汽车公司也逃不脱亏损的厄运。

汽车运输行业亏损日益严重，难以维持正常运输生产，这要求当局"改用合理调整运价的办法，使运输业能维持现状而不至于破产"。但在当时的情况下，无法得到合理的解决办法。结果是，公车月月亏损，商车面临破产，公路运输处于欲走不能、欲停不行、进退两难的局面。

四、交通监理工作的形成与变革

北伐战争胜利后，交通监理工作逐步形成。建立了交通监理机构。民国初期，汽车与行人、牲畜以及其他车辆混合运行。为维护交通秩序，保障安全，提高运输效率，需制定相应的规章制度，设立执行交通管理的机构。由此，交通监理工作便在中国公路交通事业中逐步成为一项重要的工作。

上海是中国早期汽车的输入地，也是交通监理工作的萌芽地。1913年，东北大连为便于管理，在汽车上使用号牌，这是汽车牌照在中国使用的开始。1919年9月，上海法租界当局为了方便夜间行车，防止发生事故，在十字路口设红绿灯指挥交通，这是中国最早使用的光色交通信号。但汽车增加一方面方便了客货运输，另一方面增加了行车事故，危及人民生命财产。1927年上海市政府设置公用局，由第四科主管市属华界车船监理工作，并附设有考验场，主办验车考照工作，这是交通监理工作由地方政府专设机构办理的开始。其后，由于各地汽车进口日渐增多，逐渐由大城市扩展到全国各省，交通监理工作也相应发展。1931年后，各地都陆续建立了交通管理机构。但在中央尚无专门管理机关，仅先后由内务、交通、铁道等部兼管。对各省也没有统一的要求，因此早期各地设置的交通管理机构也不尽相同。各地管理业务内容大体一致，在具体办法上则各自为政，这样便妨碍了汽车在省与省、省与特别市之间的相互通行，使机动灵活的汽车行驶受到限制，不能充分发挥作用。

为了统一交通监理工作，1931 年，国民党政府全国经济委员会筹备处内设道路股，作为主管公路建设和运输的机构。道路股成立后，鉴于东南各省原有公路系各自规划，互不衔接，道路股认为首先必须冲破各自为政的限制，达到相互通行、便利交通运输的目的，于是发动毗邻南京的苏、浙、皖三省与上海市，于 1932 年 12 月组成苏、浙、皖、京、沪五省市交通委员会，在国民党政府全国经济委员会筹备处内设立办事机构，加强与各省市的联系。并议定将五省市已有的公路联络贯通，形成公路互通的运输网，发展汽车运输业务。并将交通监理工作纳入交通委员会工作范围，以使汽车和驾驶人员不被限制在省市管理范围之内。1932 年 12 月，全国经济委员会道路股改组为公路处，处内设交通管理科，以加强与交通委员会的联系，相互配合工作。

1936 年 7 月 1 日成立了国民党政府全国公路交通委员会，其办事机构亦在五省市交通委员会的基础上改组设立。全国公路交通委员会的诞生不仅使交通监理工作的范围由部分省市扩展到全国，而且在中央未设置交通监理专管机构的情况下，起到代替中央对业务进行统一领导和对各地进行业务监督的作用，也为后来中央专设机构统一管理奠定了基础。

到了抗日战争时期，交通监理工作逐渐统一。1938 年 1 月，公路处奉令移归交通部接管，改组为公路总管理处，交通监理业务亦随之转交。交通部在政府统制运输方针的推进下，于 1939 年 8 月成立了汽车牌照管理所，归交通部公路总管理处领导。这是交通监理工作在中央正式设立专业机构的开始。此后，交通监理工作又相继经历多次组织变更，直至 1945 年初，抗日战争进入最后阶段，国民党政府又将交通部公路总局撤销，改组为军事委员会战时运输管理局，将原交通部公路总局的监理处缩编为监理科。由于统一的交通监理制度已在各地打下基础，经历这样大的组织变更，仍能保持监理业务的整体性和一致性，但由独立的处改为附设的科来负责主持监理工作，在一定程度上受到主管运务处的牵制，易于失去应有的制约作用。这一阶段历时不久，抗日战争胜利后即告结束。

抗战以来，汽车数量增多，流通范围更广，但国民党交通监理主管机关把主要力量用于管理牌照业务，对交通管理不够重视，不仅没有制定新措施，全国经济委员会时期对交通安全工作制定的规章制度也没继承下来，以致行车事故不断发生，而且逐年上升，情况极其严重。

抗日战争胜利后，国民党政府战时运输管理局在主要收复地区成立了办事处，配置了交通监理机构或工作人员，负责执行制定的《收复区各种车辆临时登记及领照办法》与《驾驶人及技工临时登记办法》，各地区办事处通过这项临时登记工作，为统筹开办全国汽车总检验、驾驶人审考验和推行全国一致的交通监理规章制度奠定基础。此外，战时运输管理局还改建了全国交通监理机构。

但收复区在沦陷时期管理松弛，各地交通秩序混乱，行车事故不断发生。交通部于 1945 年冬邀约国防部、内务部等举行全国汽车管理联系执行会议，商定有关策进公路交通安全实施章则和行车肇事处理办法。经过多次会议共同研究，制定出一系列交通管理办法，于 1947 年 6 月公布施行。

可以看出，这一时期尽管清政府和国民党政府对交通运输作了一些发展，但那时的交通运输是权贵的交通，是列强的交通运输。只有中国共产党才能把权贵的交通运输变成人民的交通运输，把列强的交通运输变成中国的交通运输。

第三节　中央苏区及解放区的公路交通*

一、中央苏区的陆上交通运输

1927 年，国共两党分裂。中国共产党发动南昌起义、秋收起义、广州起义和其他地区先后约 200 次起义，建立了自己的革命军队——工农红军，开创了农村革命根据地。从 1927 年 10 月毛泽东率领部队到达井冈山建立起第一个革命根据地开始，到 1930 年，武装起义地区包括 13 个省的 300 多个县，创建了大小 15 个革命根据地。1931 年 11 月 7 日，中华苏维埃共和国临时中央政府（即中央工农民主政府）成立，在十分困难复杂的情况下，仍然把交通运输放在重要地位。随着革命斗争的发展和需要，中央工农民主政府逐步对交通运输进行规划和建设，动员和组织群众，使用简单的运输工具，承担了浩繁的战勤、粮食、食盐、钨砂以及其他军需民用必需品和苏区进出口物资的运输，为苏区的军事、政治、经济发展发挥了十分重要的作用。

（一）设立交通运输机构

苏区的交通运输机构包括交通行政机构和军事运输组织两个系统，两者密切配合，相互支持。

---

*　中国公路交通史编审委员会：《中国公路运输史》（第一册），人民交通出版社 1990 年版。

1. 交通行政机构

革命政权建立之前，根据地在一些县设立传山哨、递步哨等交通联络组织。革命政权建立后，在此基础上普遍建立起红色交通站。1931年11月中央工农民主政府成立后，交通行政机构逐步健全。当时交通运输工作在中央由内务人民委员部带领，部下设交通管理局、邮电管理局等机构；在省县两级则称内务部；在区一级，交通运输工作归苏维埃军事部管理。

1933年2月，中央工农民主政府成立国民经济人民委员部，原由内务人民委员部管辖的运输部分划出来，归国民经济人民委员部管理，邮电路政仍归内务人民委员部掌管。国民经济人民委员部下设运输管理局，运输管理局在适当地点设立分局、运输站和分站对陆上运输进行管理。运输站不仅在苏区境内公开设立，还在国民党统治区秘密设置。通过运输管理局和分局以及各地的运输站，政府的货物运输能够得到全面管理，保证革命战争时期运输的需要。除了中央一级交通行政和运输工作的分工，县级单位也作了相应的分工。县内务部设立的交通科负责管理道路、桥梁、渡船、河道、茶亭的建筑和修理；县国民经济部设立的运输管理科负责公营企业和合作社的货物运输。

2. 军事运输组织

在井冈山时期，红军内设有采购委员会，负责军需物资的供应和运输。1930年，中央军委设立总兵站，下设兵站。

兵站主要设在后方与前线之间。作战时，从前线到后方沿途都有兵站。兵站随着战线转移。兵站每隔30～40公里设立一个，其任务主要是为前线打仗服务，既要保证前方粮食、弹药的供应，又要把伤病员、战利品转运下来。兵站设有运输队，运输队分三种：第一种是长期的，叫作长伕，待遇同红军一样；第二种是临时由地方动员来的赤卫队和少先队，有男有女，人数根据战斗规模和运输需要而定，叫作短伕；第三种是由犯错误的人组成，叫作苦功队，数量不多。兵站有大站、小站之分。大的兵站除有运输队外，还有兵站医院。

（二）开辟交通运输线路

1. 苏区内部的运输路线

在井冈山时期，根据地以湘赣边境的宁冈（砻市）为中心，建有6条交通运输路线。这6条路线可西通湖南酃县和茶陵附近，东北达永新和东南的茨坪，沟通了边界区间的经济贸易和交通往来。1929年，红军力量壮大，进军赣南、闽西，根据地日益扩大和巩固。1930年10月，红军攻克吉安，江西省工农民主政府提出建立以吉安为总站的苏区9条主要交通运输干线。这9条干线，东南过于都、瑞金进入闽西长汀，东到永丰、安乐，南到赣县、信丰，西北到安福、萍乡，北到分宜、新余，干线可达赣南大部分地区。中央工农民主政府成立后，苏区的交通路线主要是以瑞金为中心，其次是长汀。瑞金是中央工农民主政府所在地，有赤都瑞金之称；长汀则是闽西苏区政府所在地，也有"红色小上海"之称。1933年11月，中央工农民主政府布置修建和改善22条干路，作为中央苏区陆上的主要交通运输线路。此外，还有贯通区、乡、村的支路。后来，由于战争影响，劳力不足，计划未能全部实现，但不少地区的交通运输事业有了较大的发展。

2. 通往苏区的陆上物资运输路线

中央苏区初创时，运输主要是依靠陆路。后来苏区大规模进出口物资组织运输时，才主要走水路。当时，国民党统治区没有公路通往苏区，苏区内部也没有公路，从陆上进出苏区有5条小路：一是从福建汀州到瑞金的100多里山路；二是广昌经宁都到瑞金，这是从抚州来的路线；三是高兴圩经兴国到瑞金，这是从吉安来的路线；四是筠门岭经会昌到瑞金，这是从广东来的路线；五是赣州经于都到瑞金。这5条小路都靠肩挑手提，把苏区物资运向外面，或是把国民党统治区物资运来苏区，其中最主要的是赣州到瑞金这条路线。

3. 从上海到苏区的秘密交通路线

1930 年以前，上海到中央苏区有 3 条路线：一是经香港、韶关、赣州到瑞金；二是经香港、梅县、会昌到瑞金；三是经汕头、潮安、大埔、永定、长汀到瑞金。前两条路线不久即被破坏中断。江西苏区同外界的联系就靠最后一条秘密交通线。这第三条秘密交通线要在上海乘船到汕头，换乘火车到潮安，再乘船到大埔，然后步行进入福建省境，经桃坑、永定、上杭、长汀到瑞金。第三次反"围剿"后，福建桃坑以下不再经过永定，改道经古木督、丰稔、白沙、长汀到瑞金。

秘密交通线由中央交通局组建，设有闽西交通大站，对外称"工农通讯社第一分社"。开始时设在永定虎冈，后改设永定古木督。大站下设有十几个站点，大站有 20 多人，中站 10 多人，小站 3～4 人。通过这条秘密交通线护送进入中央苏区的，有周恩来等干部和国际友人。通讯社工作人员在护送干部过境时，还及时传递了党内、军内的重要文件。特急件是日夜兼程，一站一站接力传递，三天三夜就可以从长汀送到永定。通讯社在维持苏区和国民党统治区的交通、保持党的联系、护送来往负责干部等方面发挥了很大的作用。此外，通讯社工作人员还从这条秘密交通线武装护送从国民党统治区买来的重要物资。

（三）中央苏区的重点运输

中央苏区处在边远山区，交通落后，加上国民党军队的包围封锁，交通运输极为不便。陆上交通往来只能步行；货物运输主要是靠肩挑人抗，以及少量的独轮车和骡马。运输方式简单而又原始，可以概括为驮、抬、背、挑、提五个字，其中以扁担运最为普遍。但是，就是这样极为简单的运输方式，却在苏区完成了繁重的军事运输、重点物资运输、粮食运输任务。

（1）军事运输。红军的军事运输一是靠部队自己，二是靠苏区群众。在前三次反"围剿"斗争中，交通运输任务十分繁重，不仅要把大批支前物资送上前线，还要从前方把大量战利品和后方需要的物资运回来。当时的供应方式是前方供应后方，由战斗部队到边缘地区和国民党统治区去活动，把缴获的粮食、布匹、食盐、药品、钱财等向后方运送。红军用缴获的武器弹药来装备补充自己，多余的也运回后方。那时的战利品都是用肩挑人抬运回后方的。在这三次反"围剿"中，根据地人民群众为军事运输作出了很大的贡献。例如瑞金长年保持有 8000 多人参加运输队、担架队，跟着部队时间最长的人民群众有 1 年，最短的也有 6 个月。在宁都参加运输队的有 2.1 万多人、参加担架队 7000 多人。长汀县三平区各乡都建立了担架队，由 45 岁以上的人组成。这些根据地的人民群众靠两只脚翻山越岭，在崎岖曲折的山路上，在弹雨纷飞的战场上，把弹药给养送上去，把伤员抬下来。

在此后的军事行动和第四次、第五次反"围剿"斗争中，都有成千上万的苏区人民组成运输队、担架队，参加军事运输，支援红军，支援革命斗争。直到 1934 年 10 月，中央主力红军突围长征，还有 3000 多长伏跟着红军出发。

（2）重点物资运输。中央苏区的物资运输主要是在苏区与国民党统治区之间和苏区各地之间进行。苏区的物资供给一部分来自战场缴获的战利品，而相当大的一部分要从苏区和国民党统治区间的商品流通中取得。商品流通就要运输，当时大量物资的陆上运输都是在崎岖的山间小道上肩挑背负、在四周布满封锁网络的包围中进行的。苏区的物资运输就成为流血的和不流血的、公开的和秘密的艰苦而复杂的斗争。

根据当时中央苏区对外贸易局局长钱之光回忆，"我们出口的东西，粮、钨、豆、樟脑、纸张、木材、香菇，这些都是大宗大宗地出口。进口的东西主要有食盐、布匹、军工材料（医药器材、无线电器材）……主要从广东、福建买进"。这些进出口物资的运输量是相当可观的。"盐每年买进苏区达 900 万元，布每年买进苏区达 600 万元"。

钨砂是江西的矿产资源，产于江西省南部，储量、产量在世界上居重要地位，是一种重要战略物资，国际市场争相购买。苏区通过广东、福建、湖南、湖北的矿商外销钨砂，成为一项重要的经济来源，换进苏区急需的物资。1932 年 1 月，中华苏维埃钨矿公司成立，拥有盘古山、铁山垄、小垄三个矿场，1933 年年产钨砂约 1800 吨；上坪矿场年产量也近 100 吨。从 1931 年到 1934 年秋，仅盘古山钨矿的产值就达到 200 多万银圆。盘古山和小垄的钨砂大多经陆路挑运和水路船运到江口贸易局，通过国民党统治区来的商人外销广东、湖南和湖北。盘古山的钨砂也可经会昌过筠门岭运往广东，或从瑞金运往福建。

赣东北和闽西地区盛产纸张。苏区纸业生产一度衰落，处于停闭状态。各地外贸局重视纸张出口后，纸业复兴，赣东北纸的产量很大，每月出口达 3000 ~ 5000 担。1935 年 2 月 8 日，上海《申报》就曾报道苏区中华造纸公司的产品出口通过汀杭封锁线运到潮州汕头销售的消息，这条运输路线大多也要靠肩挑才能外运。

而公营经济的进口物资运输大多用武装护送。例如 1932 年前后，红八军有个采购委员会，经常到国民党统治区去采购盐。每次去都有短枪队护送。短枪队员也挑盐，每人挑 60 斤左右，路程约 50 ~ 100 公里，分两天走。盐是靠国民党统治区地下党组织农民采购的，集中后运走。1934 年初夏，军委总部还从各部队挑选了 300 多名精壮的战士，秘密通过 100 多公里的国民党统治区，进入粤、赣、闽三省交界的山区——小苏区去挑运西药、电池、电缆、机油、特种纸张等重要物资，在黑夜运回苏区。此外，各地商运结合的合作组织、苦力运输工会的广大群众以及苏区内外的中小商人在反封锁的物资运输中也都起了重要作用。

（3）粮食运输。中央苏区以盛产稻米著称，山区农村以自给自足的自然经济为主。粮食运输主要为供应前线红军、苏区内部调剂和部分粮食输出服务。到 1932 年初，中央苏区发展成为拥有 300 万人口的区域，红军和赤卫队迅速壮大。这时，中央工农民主政府已把粮食问题提上了重要议事日程。1933 年 3 月，中央工农民主政府颁发了《为调剂民食，接济军粮》第 39 号命令，指出"中央政府已决定了粮食调剂的计划，设立了粮食调剂局。各地政府应领导群众，快快组织粮食合作社……办米之外，还要办盐，以抵制富农奸商的积藏操纵，以防备国民党的严厉封锁，以调节各地之民食，以接济前方的军粮"。当时，汀州、瑞金缺粮成为红军给养和群众生活的最重大问题，而距新谷上市还要 3 个月。国民经济人民委员部决定立即建立万太、公略到瑞金，赣州到瑞金，汀州到宁化的三条运输线，向存粮比较多的公略、万太、赣县等地采购粮食，运输到缺粮地点进行调剂，这就开始了大规模的粮食运输。1933 年秋收后，苏区粮食有了富余，于是政府决定有计划地组织粮食出口。当时估计中央苏区的粮食共有 300 万担可以出口，其中政府出口的多余粮食约 120 万担。当时粮食出口主要依靠水运向赣州和吉安方向出口。为了加强粮食出口工作，政府要求在陆路上也发展独轮车和马车运输。

而在中央苏区后期，粮食运输任务十分繁重。为了加强粮食工作的统筹管理，政府于 1933 年 12 月成立了粮食人民委员部。自 1933 年起，为了收集、调运粮食，粮食人民委员部开展了一系列运动，要求群众借谷捐米，用粮食买公债和交土地税。1934 年 6 月，中共中央和中央工农民主政府联合发出《为紧急动员 24 万担粮食供给红军致各级党部及苏维埃的信》。同年 7 月，又联合发出《关于在今年秋收中借谷 60 万担及征收土地税的决定》。从以上内容可以看出，当时的粮食运输是何等繁重紧急。这样大的运输任务，都是苏区的群众和运输工人靠肩挑、车推、木船、竹筏来完成的，随时集中，随时搬运。运输沿线各重要地点均组织运输委员会，共同完成粮食集中工作。这时，红军在第五次反"围剿"中再次失利，中央苏区逐渐缩小，但红军的突击运动持续扩大，继续迅猛发展，粮食需要量激增。中央粮食人民委员部为做好秋收中的粮食征收、集中、运输与保管工作，于1934年7月29日又发出指示，提出"……收集与征收地点必须设在运输站附近，以便随收随运……"。中央的决定和粮食人民委员部的指示进一步激发了干部和群众的热情，各地纷纷出现了快集快运、星夜赶运、超额提前完成集运任务等动人事迹。

1934年根据地的粮食收集和运输工作取得了巨大成绩。中央粮食人民委员部部长陈潭秋在总结中宣布："24万担粮食的动员已经基本完成，而且多数县超过了。"另外，"我们对于秋收粮食动员的要求是借谷60万担，而……成绩是68.8万担"。苏区收集粮食运输所取得的成绩表现了苏区广大人民群众艰苦奋斗、节衣缩食、支援革命战争的高度热忱和政治觉悟，也表现了运输机构以及有关方面艰苦卓绝的工作和英勇奋斗的精神。

1934年10月，中央主力红军开始突围，进行战略大转移——长征。沿途，红军战胜了国民党军队的围追堵截，跨越了万山千水，克服了各种难以想象的困难，连续行军2.5万里，于1935年10月到达陕北。从此，陕北就作为中国共产党的革命大本营，战斗的主要锋芒指向中华民族的共同敌人——日本帝国主义。

二、抗日根据地的陆上运输

1937年7月7日，日军制造了卢沟桥事件，中国驻军奋起抵抗，根据国共协议，中国工农红军改编为国民革命军第八路军和新编第四军，形成了抗日民族统一战线。1937年9月，八路军东渡黄河，奔赴抗日前线，平型关大捷后，八路军威名远震。随即深入华北敌后，开展游击战争，建立敌后抗日根据地。新四军于1938年春深入华中敌后，发动游击战争，建立根据地。到武汉失守以前，八路军在华北敌后创建了晋察冀、晋冀鲁豫、晋绥、山东等根据地；新四军在华中开创了华中根据地。中共中央所在地的陕甘宁边区成为敌后抗日根据地的总后方，在中共中央和毛泽东主席的直接领导下，成为模范的抗日民主根据地。此后几年，根据地军民经过顽强的战斗，展开了反"扫荡"、反"蚕食"、反"清乡"的艰苦斗争。从1943年起开始了局部反攻，给敌伪以沉重打击，扩大了解放区，创建了新根据地。到1945年4月，抗日根据地已建立并发展到遍及华北、华中、华南的19个解放区，总面积达95万平方公里，人口9550万。这19个解放区是陕甘宁区、晋察冀区、晋冀豫区、冀鲁豫区、晋绥区、冀热辽区、山东区、苏北区、苏中区、苏浙皖区、浙东区、淮北区、淮南区、皖中区、河南区、鄂豫皖区、湘鄂区、东江区、海南区。

根据地内实行了抗日民族统一战线的政策，建立起地方性的联合政府，积极开展"自己动手，丰衣足食"的大生产运动，努力做到"发展经济，保障供给"，使根据地得以不断巩固和发展。在加速根据地经济建设的同时，各级地方政府十分关心和重视交通事业的建设和发展，筹建各级管理机构，颁布了有关文件和政策，有效地促进了根据地交通运输网的形成和发展。尽管当时交通运输的方式简单，工具落后，但在支援战争、保障军民生活、恢复和发展生产、巩固抗日根据地方面发挥了先行作用。

（一）根据地的交通管理机构

根据地的交通行政管理机构有一个演变过程。1937年初，军委总参谋部设军事交通运输局。同年 9 月 6 日，陕甘宁边区政府正式成立，公路交通运输归建设厅领导，公路工程（包括水利、市政）归第四科掌管，运输归第五科负责。1938 年初，军事交通运输局改为公路局，统由边区建设厅领导。1941 年 12 月，建设厅四、五两科和公路局合并为交通运输局，下设三课一室及各运输分局、公路管理局，并另设工程处和水利管理所。1942 年 7 月，交通运输局被撤销，缩编为建设厅第四科。晋冀鲁豫边区政府于 1941 年 9 月成立，下设建设厅。厅下设交通局，各行署设建设处（或实业处），专县设建设科，统管交通运输工作。1943 年，晋冀鲁豫边区政府机关合并为一室二厅，原建设厅并入二厅，同时将交通局改为交通总局。1945 年以后，随着战争形势的变化，根据地不断发展扩大，交通运输机构也渐趋完善。

（二）根据地的运输方式

抗日根据地的运输方式主要靠人背肩挑、车推和畜力驮运。平原地区一般是用牛车、马车、手推车；山区多用驴驮和人力运输。当时马车运输和畜驮运输很普遍，但汽车运输几乎没有，只在陕甘宁边区有各方赠送的几辆汽车，商营汽车也极少。

1. 畜力驮运

抗战时期，驮运遍及长江以北各根据地，其中驮运发展比较好的为陕甘宁边区。陕甘宁边区的驮运，以运盐为主，运货次之。食盐是边区最大的财富之一，对于边区财政收入影响极大，是发展边区经济、平衡边区出入贸易、稳定金融物价的重要因素。加之抗战开始后，海盐断绝，西北各省和中原地区需要边区食盐。因此，开展食盐驮运，一方面可以发展边区经济，换回边区必需品，帮助政府解决财政困难；另一方面可以为苏区人民供给食盐。

1941 年以前，陕甘宁边区的运输业大多是自由经营的个体户来进行，由于山区道路崎岖险恶，群众视运输为畏途，所以运输效率低，发展慢。据统计，1937～1938 年边区食盐运销仅 7 万驮，1939 年为 19 万驮，1940 年为 23 万驮（毛驴驮量 60～90 公斤；骡、马驮量 110～140 公斤。因马、骡价昂，食量大，被当作驮畜用的不多）。1940 年下半年，边区政府开始注意食盐的督运，1941 年夏季开始大规模地、有组织地发动运盐。边区设立督运委员会，各县区乡按级成立运输队部，干部下乡动员群众运盐，大量组织农户牲口，改善运输条件。当年就完成运输 290968 驮，比 1940 年增多了 6 万驮。1942 年由于放松了督运，又降至 241721 驮。1942 年底，边区召开高级干部会议，检讨历年边区的盐业政策，决定对食盐实行督产督运统销，使 1943 年以后边区的食盐运输有了大发展。1943 年全年共运 387603 驮，为 1939 年的 2.04 倍。1944 年以后，大规模的群众运盐逐渐被正常运输所代替。

从畜力发展来看，边区政府未成立前，仅有牛、驴约 10 万头；1944 年发展到 40 多万头，骡、马增长到 12 万头，骆驼 11780 峰。1941 年参加运输的牲畜仅 2 万头，1943 年已达 55000 头，1944 年增至 67900 头。其中参加运输合作社的驮畜达 6884 头，民间长脚牲口 20208 头，短脚 34822 头。

边区食盐的督运增加了边区的财政收入，改善了边区人民的生活，发展了边区经济，保障了供给。由于食盐运销主要由民间牲畜驮运，受益的首先是边区人民。1944 年《边区的运输事业》中记载：据 1943 年 31 万驮食盐输出量的统计，民间牲畜运出 23 万驮，占 74%；运输合作社牲畜运出 3.5 万驮，占 11%。当年上半年食盐出口总值计边币 3 亿元以上，除极少部分归财政收入外，80%～90% 归边区群众所有。盐运工作的开展使道路状况也有所改善：修通了延安至定边的路；改善了延安至米脂、延安至富县、延安至靖边、延安至临镇、延安至冰水崖等路和延安市内街道。这时，共有驮、车路 1680 公里，其中以定庆路（定边至庆阳）330 公里为最长。全边区可通汽车的路已有 351 公里，小路则四通八达。

边区成立初期的运输多属个体经营。他们的主要类型有四种：一是长期从事专业运输，靠运输获利为生的长脚户；二是主要从事农业，农闲时兼营运输，以运输为主要副业的短脚户；三是利用放青季节从事运输的农户脚，大多只驮盐一两次；四是进出边区、来往运货、运量少、获利也少的外来长脚。个体运输的优点是开支少，易赚钱；缺点是无计划、效率差、发展慢。

边区政府为使运输事业适应并推动边区经济的发展和根据地内外贸易的需要，首先组织民间的人畜运输力建立互助合作组织。1941 年 10 月，晋冀鲁豫边区和陕甘宁边区分别颁布《边区合作社条例》和《陕甘宁边区人民运输合作社组织办法大纲》。根据这些条例，各地普遍组织互助运输组和合作运输社。陕甘宁边区在 1943 年逐步发展了互助合作组织和运输合作社，其组织形式多种多样，如群众运输队可以有朋帮、合伙、变工、捎牲口及带头等；合作社运输队则可以分为消费合作社运输队、独立运输合作队和公私合作运输队；公营运输队（或部队、机关运输队）可分为公营运输与公私合营运输。如果发生非常情况，已组织起来的牲口可全部或大部分参加军事运输；没有组织起来的民间畜力在不妨碍生产的条件下，大部分也可参加运输，边区军民将军运输摆在首要位置。

组织起来的优越性使互助合作运输得以快速发展。1944 年陕甘宁边区已有运输合作社 233 个，占边区各类合作社总数的 36.75%，各地参加的驮畜约占 43%。运输合作组织资金已占全区合作资金的 45.8%。晋冀鲁豫边区组织合作运输社有 1100 多个，社员达到 25 万人。

2. 马车运输

马车运输一般在平原地区进行，而且要有一定的道路条件，根据地早期多建立在山区，因此马车运输开展得较晚。1938 年 4 月，陕甘宁边区政府建设厅增设运销处。8 月，运销处购大车 3 辆、骡子 5 头，建立了运销处运输队，这是根据地第一个公营专业运输机构。1942 年，随着陕甘宁边区大生产运动的深入开展和"发展经济，保障供给"方针的贯彻，生产、生活物资的需要量日益增多，加之道路也有改善，发展马车运输不仅已成为可能，而且成为加速发展边区经济、保证自给自足的重要条件。于是，政府各机关、部队、学校纷纷投资购买牲口、车辆、建立运输队。据 1943 年 9 月统计，一年来，政府各机关、学校等 12 个单位的运输力由原有大车 10 辆、牲口 128 头（其中车用牲口 30 头）增加为大车 27 辆、牲口 205 头（其中车用牲口 88 头），运输员由 60 人增加为 80 人。部队有大车 7~8 辆，牲口 2300 余头。据记载，1943 年中直杨家岭运输队的 8 辆大车和 16 头驮骡（后增加为 20 头）月运输量为 194.5 吨；其他各机关、学校运输队全年为各单位运输物品总量达 1869 吨，其中大车运量占 3/4。1939 年晋冀交界处的北岳区抗日根据地先后组建了 5 个运输队。四分区组建的平山运输大队有胶轮、铁轮大车 40 多辆，驮骡 100 多头；五分区在唐县组建的运输队有大车 40 多辆，运输队的任务是运送武器弹药、粮食被服、战利品等，主要为战争服务，支援前线。运输队由专署财政科管辖，一切开支由专署财政科负担，队员待遇实行供给制。1945 年后，随着根据地不断向平原地区发展和交通条件的改变，各解放区开始成立运输公司，马车运输有了较大的发展。

3. 汽车运输

抗日战争时期，根据地汽车运输微乎其微。起初，由于山区不具备行车的道路及技术条件，从敌人手中缴获的汽车常被毁弃。后来，根据地扩大，并且开始有计划地修路，汽车不再被毁，开始有少量的汽车运输。

1935 年冬，中央红军长征到达陕北后，在西安七贤庄设立了为红军采办各种物资的秘密机构。采得的物资由私营车主李雅轩负责运输。1936 年春，红军从西安北运物资增多，一辆商车远不能满足需要。李雅轩为红军购得德制红头汽车 1 辆，后又陆续购进美制道奇汽车数辆（据推断购进时间约为 1936 年"双十二事变"前），这是根据地有汽车的开始。1938 年 7~8 月，宋庆龄和纽约华侨衣馆联合会捐赠边区救护车 3 辆。宋庆龄捐赠的是英制大型救护车，车内设手术床和空调装置；华侨衣馆捐赠的是两辆美国小型雪佛兰救护车。这 3 辆车均由上海进口，经长江到武汉。其中 1 辆留武汉，2 辆转延安。这是根据地最早的救护车。

1937 年 10 月，八路军第一个汽车队——七贤庄汽车队建立。当时叫八路军西安采办委员会汽车队，由于地址在尚德路七贤庄 15 号，故改称七贤庄汽车队。至 1939 年，八路军共有汽车 22 辆，汽车队设有队长、指导员，每车配正副司机，并配有押车副官 10 余人，总称"押车排"。

汽车队的任务是运送八路军的给养、被服和西安八路军采办委员会采购的物资，以及前往边区的人员。汽车队除北去延安、东去渑池前线外，经常行驶西荆线（西安至紫荆关）、川陕线（宝鸡经广元至成都）、西兰线（西安至兰州）等地。1941 年皖南事变后，八路军"采办"被迫中止采购任务，七贤庄汽车队于同年撤回延安。

陕甘宁边区除七贤庄汽车队外，1937 年初，曾有商营汽车在绥德组成"交通"和"正军"两个汽车公司，购有汽车 7 辆，拟开行绥（德）榆（林）、绥（德）宋（家川，今吴堡）两线长途班车。1941 年 2 月，又拟开行延（安）绥（德）线长途客运汽车。除绥榆班车曾短时营运外，其他两线班车均未开行。

4. "破路"和"地道"运输

抗日战争时期，八路军、新四军等部队深入敌后根据地和游击区，作战频繁。因此交通运输工作只能因地因时而变化，一般是分散的、小范围的，甚至是破坏性的。"破路"和"地道"运输就是当时一种特殊的交通运输。抗日战争进入相持阶段以后，日军为保持其占领地区，稳定后方，把主要军事力量放在解放区战场，加紧对抗日根据地"围攻"和"扫荡"；并利用占领的城市和交通线，对各根据地实行分割、封锁。特别是从1939年开始，日军实行"囚笼"政策，即以铁路为柱，公路为链，碉堡为锁，然后辅之以封锁沟、封锁墙，构成网状"囚笼"，对根据地军民进行压缩包围。这一阶段，日军对各根据地"扫荡"次数之多、规模之大、时间之长、手段之残酷是空前的。

在这种新形势下，中国共产党运用了广泛的群众性的游击战，领导根据地军民进行反"扫荡"、反"蚕食"、反"清乡"的英勇斗争。针对日军"囚笼"政策，主动展开了大规模的交通破击战，大量破坏公路、铁路，使日军无粮弹接济而被迫撤走，1940年8月20日到12月5日，震动全国、闻名世界的百团大战，就是根据地军民一次大规模破袭交通线的战役。据统计，仅三个半月的百团大战破坏敌方铁路线474公里，公路1500多公里，车站、桥梁、隧道等260多处。另据统计，山东军民在1940年至1944年，共进行破袭战173次，破坏公路5600公里，铁路17公里，挖"抗日沟"2431公里，毁桥324座。根据地如有运输任务，则随时可以修复。用则修，用过即破，不给日伪军留下方便。冀南地区行署为了确保根据地运输，还在公路两侧修筑沟墙，以便袭击敌人或运输队隐蔽。

平原地区的军民开展了"破路"交通。这是根据地人民为适应战争环境而创造的另一种特殊的交通运输方式，即把平原地区大部分公路都挖成宽4~8尺（约1.3~2.7米）、深7~10尺（约2.3~3.3米）的壕沟，完全改变了地形。这既破坏了日军的公路交通，使其机械化快速部队受到困阻；又便利了根据地军民的行动，使进攻、转移得到掩护。壕沟村村相通、镇镇相连，在沟内可走大车、运弹药、运粮食、行军作战，成为隐蔽的地下交通线。以后又发展了地道战，使地道和"破路"结合起来，更有效地打击敌人，保存自己，开展游击战争，直到取得胜利。

（三）根据地的支前运输

全面抗战中，中国人民不惜任何代价，从人力物力上全力投入抗日战争，最终打败了日本侵略军，赢得了抗日战争的胜利。在八路军、新四军活跃的敌后抗日根据地，广大人民的支前更是踊跃。根据地的支前运输是在各级抗日民主政权组织下展开的。边区的县、区、乡、村各级抗日政权普遍建有战地动员委员会，支前运输任务就由他们根据边区政府有关战勤支差的条令和办法进行统一组织领导。1941 年 7 月，晋冀鲁豫边区政府公布《晋冀鲁豫边区军事支差条令》。条令规定，凡年龄在 16 岁以上、50 岁以下的男子均有参战、支差、义运的义务。战时运送军需品、战利品，运送伤病员，带路送信，破坏敌人交通线，帮助八路军修筑工事、交通线等都属于支差范围。人民群众在完成这些任务时，不计报酬，只按规定由政府和部队发给支差人畜的伙食和饲料。平时军需物品和公粮的运送由用差机关按规定给予一定报酬，发放实物或折价发款。为了使边区人民合理负担战勤运输，边区政府还制定了不少办法和规定。如《陕甘宁边区战时动员壮丁、牲口条例》《陕甘宁边区战时动员物资办法》《陕甘宁边区战时各级动员委员会组织规程》等。这些条例充分照顾了农民在支前运输中的利益，进一步激发了广大人民群众支前运输的热情。

陕甘宁边区的战勤运输是由组织起来的边区自卫军、少先队和边区民众分别担负的。前线战勤运输多数由自卫军和少先队担负。1938 年，边区已组织起自卫军 224325 人，少先队 28089 人，直接从事战地服务，做出了显著的成绩。随着抗日战争的深入，边区人民承担的战勤运输任务更多，战勤运输的重点也转移到边区内地的后勤支援、军需转运和军公粮草等运输。如1942年，一次运粮13773石，平均运距53.2公里；1943年，全年为运送粮草、蔬菜、煤炭和伤病员等，共用牲口214645头次，动员人力77418人次。延安、延长、固临、志丹四县在1942年共有劳力约25000余人，全年承担担架运输达236000余天，赶牲口驮运达703000天；四县共有牲口18000余头，承担战勤运输511000天，平均每驮畜全年负担28.4天。

晋察冀边区人民在抗日支前运输中，作出了巨大的贡献，为部队运送了大量的军需品。1945年4月，冀中部队发动强大的夏季攻势，在解放河间战役中，缴获粮食500万斤（合2500吨）、棉花10万斤（合50吨）、军工厂1座及大批军用物资。运输这些胜利品的大车就达6000辆，运送物资2000万余斤（合1万余吨）。冀东的潘家峪人民更是支前的模范。整个抗战期间，潘家峪人民长期担任战勤任务，仅用担架抬过的伤病员就逾1万人次。潘家峪在抗战时是个堡垒村和秘密交通站，冀东军区的供给处、修械所、手榴弹厂和卫生部等都设在这里。村里承担了伤员护送、枪支运输以及手榴弹厂所需原料的采购、运输任务。他们千方百计、冒着生命危险从敌占区收购炸药、雷管、废铁等，偷运回工厂。1939～1944年，共采购运输原料40多万斤，保证了军工厂的原料供应。潘家峪人民为抗日前线及时完成伤员转运和枪支运送任务，因而被敌人视为眼中钉，在1941年春节，日军血洗潘家峪时，全村16000多人，惨遭屠杀的群众达1200人，制造了震惊中外的惨案。但劫后余生的群众仍继续担负采购、运输等任务，还组成30人的担架队随军作战。

抗战期间，广大人民群众对大量的战勤运输是全力以赴的，表现出极大的抗日热忱，涌现出许多动人事迹。苏北根据地根据战勤运输的需要，在各地建有"车抗会"，统一领导、指挥、承接和分配运输任务。1941年秋，东台县组织弶港牛车车抗会，有牛车50辆，每年至少为新四军运物资四五十趟，每次用车20～30辆。弶港是苏北的沿海港口，苏北等抗日根据地急需的军工材料、电讯器材、机器设备、药材、纸张、五金等军需物资从上海水运到弶港，再由牛车和小车陆运到根据地。另外，新四军同敌占区上海进行贸易的物资也由弶港进出，弶港的海上运输线还可直达青岛，沟通山东抗日根据地的物资运输。

三、解放区的公路运输

在中国人民解放战争中，中国共产党所领导的解放区日益发展壮大，逐步发展和健全，各级运输管理机构建立起自己的运输公司和汽车队，并迅速成长。解放区军民组织利用各种运输力量，积极支援解放战争，为解放全中国贡献了巨大的力量。

（一）建立公路运输管理机构

1945年10月，晋察冀边区政府成立交通管理局。下设铁路、公路、电讯三局。1946年6月，国民党军队向解放区发动全面进攻。同年年底公路局撤销，人员并入交通管理局。1947年11月，华北重镇石家庄解放，晋察冀和晋冀鲁豫两大解放区连成一片。1948年元旦前后，华北交通会议召开。董必武同志代表中央工作委员会就加强华北地区交通建设、统一领导和支前等问题作了报告。同年5月，两边区政府在石家庄成立华北行政委员会，下设交通厅，由两区交通运输主管机关组成。9月26日，华北人民政府成立，设立交通部，部下设公路局和运输处。1949年2月，华北人民政府迁至北平。3月，华北交通会议在北平召开。会议分析了当时的交通运输形势，为了更好地支援前线和加速经济建设，确定对战时交通管理体制进行调整与改革，并提出机构调整方案，决定将公路工程与运输机构合并，成立华北公路运输总局。总局下设立直属运输公司和省区市运输公司，对各公司的业务范围和经营线路进行了分工。

新中国成立前夕，对全国行政区进行调整划分。除华北人民政府华北公路运输总局继续存在外，先后成立了河北、山西、山东、河南省人民政府，并在省人民政府下建立了交通厅（局），主管交通运输事业。其余各解放区公路交通运输管理机构也是随着解放战争的胜利推进而先后建立的，与上列解放区基本相似。

（二）组成华北各地马车运输公司

1. 组建公营马车运输队伍

1945 年初，晋冀鲁豫边区政府财经运输处在涉县索堡成立太行运输总公司。抗日战争胜利后，1945 年 10 月，邯郸、邢台等地相继解放，太行运输总公司分别在邯郸、邢台成立了太行运输公司；冀中行署建立了马车运输队；冀东行署建立了鸿达运输队；北岳行署改组了财政厅运输队等。各解放区的公营运输业在历时三年多的解放战争中，都经历了从无到有、从小到大、从分散到集中的发展过程。干部和职工经受了战争的锻炼和各种困难的考验，积累了一些企业管理经验，企业内部的组织机构、人员配备和营运网点的设置日趋合理，管理水平和经济效益不断提高，从晋冀鲁豫和晋察冀边区当时几个比较大而活跃的马车运输公司（大队）的发展和站点设置就可看出，华北解放区已形成一个以马车运输为主的公路运输网。其中比较著名的公营马车运输队伍包括邯郸裕通运输公司、邢台裕华运输公司、冀中运输公司、冀东运输公司、晋察冀边区运输大队、北岳运输大队等。邯郸裕通运输公司原称邯郸太行运输公司，1946 年 4 月，改名为邯郸裕通运输公司。公司成立初期，仅有太行运输公司移交来的铁轮大车30辆。1947年，该公司从曹州（今菏泽）部队辎重营接受和购置了一批马车，至年底已有马车150辆，并逐步将铁轮大车更新为胶轮马车。1949年4月，裕通公司已经发展为有马车300辆，并拥有部分汽车的初具规模的运输企业。1946～1947年，先后开辟了邯郸至高邑、临清、泊镇、武安、大名等客货运输路线；1948～1949年初，又增开了邯郸至石家庄、德州、长治等客货运输路线，设置了部分站点，发展较快。公司的主要任务是做好支前运输工作，当时经营方针是"以商养运，以运支前"，通称的"裕通公司"实际就是第二野战军的辎重队、物资供应部。在这一时期，公司为各地输送了大批干部，并支援了其他公司马车近500辆，成为华北地区人民运输事业建立和发展的基地之一。1949年4月，华北公路运输总局成立后，更名为邯郸运输公司，直属华北公路运输总局，共有职工500名。

此外，在晋冀鲁豫和晋察冀解放区还建有裕民运输公司、衡水永祥货栈、临清广华运输公司、长治津丰运输公司、济宁兴华运输公司等，均以经营马车运输为主。

2. 促进民间人畜力运输发展

1947年土地改革后，一部分农民分得了车辆、牲畜，利用农闲季节搞起了副业运输；城镇的一些专业运输户也日趋活跃。解放区各级政府指示各地公营运输机构要担负起组织民间人畜力运输工具参加副业运输的责任，这不仅是为了解决运力不足，更重要的是增加农民收入，保畜过冬，保护农村生产力。1948年下半年至1949年上半年，冀中运输公司在各地建立了15个运输站点，统一组织货源，使民间人畜力运输有所发展。

各运输站掌握大车总数经常保持在4000辆左右，联系货源单位200余家，月运量1万～1.2万吨，平均运距150公里，每辆大车往返一次可得运费小米90公斤，遇有回程捎脚，每次可得小米150公斤。例如，泊镇地处运粮河畔，是联系冀、鲁两省的通道，又是河北东部的水旱码头，有公私营货栈、商业粮库 30 余家，年转运量 2 万吨左右，其中以食盐为大宗。泊镇共有车马店、停车场 43 家，可容大车 169 辆。每天在这里装货外运的大车有 400 辆，最多时达 800 辆。这些车辆一部分是私营专业户的胶轮马车，而多数则是农村个人经营的牛拉铁轮大车。他们来自附近各县，来时拉煤、铁器、山货、棉麻、火石，回去拉盐和工业品。

运输站建立后，打破了各私营货栈和车马店对运输市场的垄断。当地政府规定：所有车辆一律要经运输站介绍到各货方装货；各公营单位用车，不得找私营车马店，必须由运输站调配车辆，计算运费；各车马店组织的大车，由车马店代向运输站揽活。在建站的一个月内，各车马店向运输站介绍马车 1007 辆，运输站只收取少量手续费，减少了中间盘剥，促进了民间人畜力运输的发展。如辛集，地处石德铁路线上，又是联系南北公路的枢纽，经济比较活跃，常年参加运输的专业车辆及农村副业大车达 700 辆左右。石德铁路通车后，大批煤炭从这里转运，为民间人畜力运输创造了有利条件。1949 年春，已有近 1000 辆马车在这里参加运输。其他各解放区的马车运输随着各区经济的恢复和发展而日趋兴旺，如辽宁省在 1949 年 9 月已拥有公营胶轮马车 28726 辆。

（三）壮大汽车运输队伍

解放区的汽车运输是从无到有、从小到大逐渐发展壮大的。抗战初期只有少量的汽车；抗战胜利后，为了恢复和发展生产、支援解放战争，解放区的公营运输机构相继经营汽车运输。同时解放军各部除大力加强兵站工作外，也着手筹建自己的汽车运输部队。这主要体现在：

1. 公营运输公司开办汽车运输

1945 年 10 月，晋冀鲁豫边区的太行运输总公司分别接收了邯郸、邢台日伪汽车营业所，后由裕通（邯郸）、裕华（邢台）运输公司分别经营。

裕通公司接收的车辆，经拼凑能行驶的仅5辆；裕华公司接收的七八辆车也因车况差而无法行驶，于1947年将人员设备调给裕通公司。1949年4月，裕通公司已有汽车46辆，连同300辆马车，在边区形成了一支运输力量。此外，1946年5月，冀南行政公署在威县成立了大通汽车运输公司。公司组建初期，有员工20人，车辆系战争中缴获和日军遗弃的破旧汽车，厂牌复杂，配件奇缺，公司设备又极简陋，车辆完好率很低。后冀南军区汽车队并入，加上1949年初新购2辆大客车，至4月已拥有各种汽车29辆。1946~1947年底先后开辟了南宫—冀县—衡水、南宫—大营—德州、南宫—巨鹿—邢台、南宫—威县—邢台、南宫—临清等客运班车路线。德州建站后，又辟德州—恩县—夏津—临清班车路线。石家庄解放后，又辟南宫—宁晋—石家庄线，同时也承揽上述各线整车零担货运。

晋察冀边区的冀中运输公司除经营马车、木船运输外，也经营汽车运输。1948年，接收军区汽车队汽车60辆，后因支前调给野战部队20辆，迁入保定时尚有汽车42辆，职工300人。公司经营的汽车班车路线包括石家庄至沧州、泊镇线，任丘至河间线。平汉铁路通车前，该公司还担负了北平至保定、保定至石家庄的旅客运输。晋察冀边区的承德同兴运输公司初建时有汽车10辆，参加承德至赤峰间长途运输，后陆续发展到汽车50多辆，于1946年8月改为部队建制。晋察冀边区政府交通局下的公路局，以及通远运输公司、市内公共汽车营业所和汽车修理厂等，共有客货汽车50余辆，除固定路线运输外，还担负边区政府紧急运输任务和支前运输。

东北解放区在1945年后，用从战争中缴获的和接收日伪的汽车发展了汽车运输。如大连市在抗战胜利时有货车248辆，公共汽车能开动的仅5辆，至1949年各种机动车已发展到1241辆，其中公共汽车45辆，载重汽车695辆，客车284辆，特种车208辆，三轮机动车3辆，其他机动车6辆。大连市长途公共汽车的固定路线也由1946年的1条仅33公里的路线，恢复到 1949 年的 11 条路线，全长 290.7 公里。苏皖边区政府成立后，为使边区货畅其流，边区政府立即组织群众修路，并拨资金 200 万元，用以采购修复各种车辆。同时将一批缴获的车辆廉价卖给商民，在各行政区开办运输公司。1946 年 4 月，边区政府所在地清江市成立了永丰运输公司，有汽车 20 辆，马车 24 辆，汽艇 11 艘，大拖船 4 艘。汽车每日开行 3 班，行驶淮阴至淮安线，还在清江、益林试办客运，方便了商旅。

2. 军区汽车部队逐步成长壮大

在抗日战争胜利前夕，为适应形势的发展，中国共产党领导的各军区遵照党中央指示，迅速挺进日军占领地区，收缴日伪交通器材，用缴获的汽车，筹划建立自己的汽车运输部队，先后装备了一批军运汽车队。抗战胜利后，又接受了联合国善后救济总署的汽车以及在解放战争中缴获的汽车，使各军区汽车部队逐步壮大。如晋冀鲁豫军区汽车大队、晋察冀兵站部汽车大队、冀热察兵站部汽车大队、冀中军区汽车大队等，都是从初建时的几辆汽车发展到后来的几十辆、甚至百余辆汽车。

1945 年 6~7 月，冀鲁豫军区在河南濮阳成立了冀鲁豫汽车队。初建时只有汽车七八辆，同年 11 月，车队迁往山东曹州，先后缴获汽车 100 余辆。至此，冀鲁豫汽车队具备了一定的运输力量。1946 年初，冀鲁豫汽车队从曹州东迁到济宁，被移交给冀鲁豫行署管理，改名为兴华运输公司，公司的主要任务仍然是军事运输。6 月，晋冀鲁豫军区从兴华运输公司抽调人员和车辆，在山东曹州组成晋冀鲁豫汽车大队。后来在解放战争中缴获新型汽车 70 余辆，按军队编制组成了 3 个中队。以后，部分人员和车辆调别处执行任务，留下的车辆和人员改编为两个中队，并于 1947 年 9 月转移至河南武安县（现属河北），交地方代管。10 月，汽车大队改称晋冀鲁豫汽车一大队。1947 年 5~6 月，军区又成立晋冀鲁豫汽车二大队，汽车由联合国善后救济署拨给的 40 余辆和从裕通公司抽调来的部分汽车组成，按军队编制组成两个中队。当时晋冀鲁豫军区两个汽车大队（计4个中队），共有汽车200多辆，干部和职工约400人。1948年初，晋冀鲁豫汽车大队移防邯郸，划归地方领导，隶属于晋冀鲁豫边区政府交通厅。3月，成立公路局汽车大队。同年秋，汽车大队抽调汽车124辆去石家庄，移交华北人民政府交通部，改为部署公路总局汽车队。其余车辆为部队接受或调往太原。

各军区汽车队是在战争中逐渐成长起来的，在极端困难的条件下，不仅为解放战争的胜利，也为解放区的经济恢复和发展作出了贡献。随着解放战争的胜利，各军区汽车队的一部分汽车和人员转归地方领导，成为发展地方汽车运输的重要力量。

3. 举办训练队培训汽车运输技术人员

为了发展解放区的交通运输事业，各级政府机关非常重视交通运输人才的培养，除在实际工作中进行学习外，还举办了一些比较正规的学校和训练班（队），其中包括晋察冀和晋冀鲁豫边区汽车训练队、华北交通部汽车训练队、胶东军区汽车大队训练队。例如，1946年底，晋察冀边区政府交通局下设交通工厂和汽车训练队。汽车训练队驻唐县贤表村，下设3个分队，学员百余人。主要课程有汽车构造原理、汽车驾驶和保修技术，学习时间为半年。这些学员毕业后，成为晋察冀边区第一批既懂政治，又能独立驾驶和修理汽车的技术骨干。1947年9月，晋冀鲁豫汽车大队也在武安成立汽车训练大队，学员130人，6个月毕业。这是冀南解放区培训的第一批汽车司机。

（四）参加解放战争支前运输

1947年，各解放区的范围日益扩大，相互之间连成一片。解放战争进入战略进攻阶段。为了保卫胜利果实，解放全中国，在支前组织统一安排下，解放区人民把大批粮食、被服和各种军用物资源源不断运往前线；并抽出大量人力、畜力组成担架队、运输队随军出征，担负战时勤务。民间人畜力运输队在各公营运输机构和军用汽车队的带动下，出色地完成了支前任务。解放区人民的支前运输贯穿于解放战争的始终，在多次战役中，军用汽车队、公营运输机构和大批民间运输队参加了支前运输。

1945 年 10 月，邯郸战役集中了晋冀鲁豫军区主力部队 6 万余人、武装民兵 5 万人协同作战，计划动员 10 万民工参加破路、转运伤员、运送弹药任务。时间紧，任务重，为了确保任务的完成，太行、冀南、冀鲁豫各区领导干部亲自布置，在后勤总指挥部领导下设立兵站，各县、区设立了指挥部。战斗打响后，涉县、磁县等 8 县实际参与支前民工达 17 万人，超过原计划动员人数的 70%。仅涉县支前人数就达 5 万余名，为全县人口总数的 28%，组成了 7 个支前运输站，每站都有牲口两三百头，担架 1000 余副。整个战役共出动担架 20460 副。

1947 年 11 月，华北野战军解放了华北重要城市石家庄，使晋察冀和晋冀鲁豫两大解放区连成一片。这次战役 10 余万部队集中作战，数以万计的民工、大车进行支援。冀中后勤部门按纵队和旅分设供应总站及分站，划分了供应区，确定了支援线。每个纵队固定 260 辆大车随军行动。前线急需弹药，晋冀鲁豫汽车大队即抽调汽车 20 辆，在邯郸装上炮弹，日夜兼程运往石家庄前线，给攻城部队以有力支援。冀南大通公司、冀中、北岳行署马车大队均参加了这次支前运输。当时正在保北执行支前运输的定县、安国、安平等 10 个县两万民工组成的担架队、大车队，在接到围歼清风店敌军的命令后，一昼夜行军 125 公里，顾不上休息，就投入抢救和转运伤员工作。广大支前民工完成了大批军粮转运任务，而自己却经常忍饥挨饿。栾城县大车队的 70 辆大车，连续 3 天为供应站运送粮食和副食 150 吨，而来时仅带了只够维持 1 天的熟食，为了赶时间完成任务，他们把 1

天的饭匀作 3 天吃。在这次战役中，据察哈尔军区统计，仅五、七两个军区就出动担架 11847 副，大车 2805 辆，驮畜 6548 头。

在济南战役中，鲁中南区首批常备民工 10 万人参加支前运输，其中 5.7 万人到前线运输，4 万余人在后方担负运输任务。德平担架队 1000 余人，在连绵秋雨中，一个月跋涉 4000 余里，完成了 13 次山地转运任务，运送粮食 55 万斤。胶东区组成 6 万余人包括胶轮大车、小车、担架和挑子的强大支前队伍。渤海区参加支前的干部有 800 余人，为了保证物资运输，各地不分昼夜抢修公路、桥梁。沿路各村还成立了护路组，随时检查抢修，保证公路畅通，各地还组织常备和临时两种担架和运输支前民工队伍，每 500 副担架、或 500 辆小车、或 500 名挑工组成一个大队，随军行动。整个济南战役期间，山东省出动支前民工 50 多万人，参加常备支前小车 1.8 万辆、担架 1.4 万副。此外，刚刚在山东建立的华东汽车运输公司和 300 多辆私营汽车也投入了支前运输。

在陕甘宁边区自卫战中，广大人民群众踊跃支前。据《陕甘宁边区支前工作》所载：1947 年 3 月～1949 年 8 月的两年零五个月中，边区人民在战争中共出动担架 66880 余副；出动驮畜 2581820 头次；出动民工 22920 余人。

在东北解放战争中，东北各省都动员了大批担架、大车及其他交通运输工具参加支前运输，保证了伤病员、军粮、军草、各种军用物资及接收物资的及时转运。据 1948 年安东省上半年支前工作总结，在冬季攻势中，最多动员担架 845 副，大车 2351 副，征集和集中粮草 4500 余吨，民工六七万人。又据辽宁省政府的不完全统计，辽宁省各市、县从 1946 年至 1948 年上半年，战勤动员民工 69 万多人、大车 11 万余辆。

1948 年 9 月 12 日至 11 月 2 日，东北野战军进行了辽沈战役。辽西地区聚集着近百万参战部队和随军战勤人员，战勤运输十分繁重。为此，辽北省政府成立了支前委员会。省委书记和省政府主席等领导同志主持支前工作，各地、县、区均设有支前指挥机构。地处辽沈战役前沿的东北人民，在中国共产党的领导下，以巨大的人力、物力支援前线。在战役准备期间即动员和组织了13800副担架、6700多辆大车及96000余名民工随军行动，担负运送粮食、弹药、伤病员的任务。数以百万计的人民帮助修桥筑路，有力地支援了战役的胜利。获得"支前模范县"光荣称号的北镇县，全县千余名干部在战役期间夜以继日地工作，全县出动随军担架1000多副、大车1600多辆，临时动员担架三四千副，许多青壮年妇女也参加了担架队。锦西之战时，为解决前线急需的汽油和其他作战物资，支前委员会立即组织力量，从内蒙古动员了数千民工，带着几百峰骆驼，将汽油等作战物资送到前线。中共冀东军区党委为了迅速组织和动员足够数量的担架队、大车队随同冀东主力部队参加会战，于同年8月在遵化县半壁山召开了支前紧急会议，进行了周密的研究和部署，要求全区紧急动员起来，一切为了前线。各级战勤组织积极行动，在各县、区、乡干部的大力支持与协助下，迅速组织随军担架队3万副，大车万余辆，按时集中到指定地点，随同部队转战辽西、辽东和热河一带，直至整个战役结束。

1948年11月6日~1949年1月10日，华东、中原野战军在徐淮地区进行了著名的淮海战役。参加此次战役的解放军与民工在百万以上，战场纵横数百里，连续作战两个多月。粮食、弹药和其他军需物资消耗巨大，支前运输任务相当繁重。为保证支前任务的完成，1948年11月4日，中共华东局正式成立了统一的最高支前领导机构——华东支前委员会。同年11月22日，又成立了华中支前司令部，统一领导苏北、江淮地区的支前工作。同时根据支前工作的需要，各专区、县、区都迅速建立了民站和转运站。他们的主要任务是保证支前民工的吃、住，解决行军中的各种困难，做好伤员转送工作等。支前委员会根据不同情况将民工分为随军民工、二线民工、后方民工三种。随军民工按部队编制拨配，受部队领导直接调拨使用；二线民工指参加支前 1 个月以上的常备民工，由各转运站、民管部门管理，转运前后方一切任务；后方民工指在当地完成各种支前任务的临时民工。另外，又根据使用工具的不同，将支前民工分为担架队、挑子队、小车队、大车队等。

战役前夕是支前运输最紧张、最繁忙的时候，各种军需物资必须火速运往前线，作好战前准备。江苏淮阴全区组织起民工 183715 人，小车 115007 辆，担架、挑子 8828 副的支前运输队伍。他们有的接运军粮，有的转运病员、药品等，整个战前运输期间，全区仅运粮食就达 21800 吨。战役期间，地处淮海前沿的豫皖苏人民全力支前，出动担架 84887 副，民工 200 余万人，特别是永城、夏邑一带，实行全民总动员，共出担架 61300 多副、大车 106615 辆、小车 22270 辆、拖车 58418 辆、牲口 437000 头、民工 160 万人。夏邑县的 1.1 万民工在 65 公里的雪地上，一昼夜运粮 200 吨。永城县刘河一带人民积极支援前线，出动各种车辆 5200 辆、民工 1 万多人、担架队 15000 人，占刘河总人口的 75%。在淮海战役鏖战之际，徐淮盐地区的广大人民群众更是通宵达旦，日夜不停地运输支前。1948 年 12 月 20 日，淮海民工仅用 4 天时间就运粮 162 万斤。宿迁县大兴区短勤运输队为及时把粮食运到前线，全队 1000 余民工，推着 907 辆小车，在风雪中长途跋涉 200 公里，艰难地走过了 8 公里宽的泥塘，奋战 4 昼夜，圆满地将前线急需的 90940 余斤粮食运到前方，受到华中六分区支前司令部的嘉奖。

苏北地区在淮海战役支前中，除动员大批小车参加运粮外，一些新解放的城市也动员组织了一部分平车和汽车投入运输。连云港市在很短的时间内，就组织了两次支前运输，运输了大批粮食、弹药和其他军用物资。徐州市解放不到 20 天，就组织了平车、大板车、小车共 49380 辆，迅速投入支前运输。徐州市各县出动民工35万余人，并在所属各县设立了100多处粮站、救护站和物资转运站，数十万民工从四面八方奔向淮海战场；同时，徐州各县出动了大小车49380余辆，挑子27800多副，牲口1250多头，船74只，组成了一支庞大的支前运输队，为淮海战役作出了很大贡献。

山东解放区人民千方百计保证部队用粮。仅滨海区妇女一个半月就磨粮近2万吨，运往前线1.5万吨；全区有40万民工投入支前运输。在整个战役期间，山东解放区每天平均运出粮食1500吨。渤海3个分区组织大车3000余辆、小推车5万余辆转运军粮。运送粮、弹过程中，遇到风雪就脱下棉衣或蓑衣盖在粮、弹上；遇到山高坡陡、道路泥泞，不便推车，就卸下粮食，改用肩扛。莒县小车团在1948年12月22日~25日冒雪运粮，全团自政委到炊事员以及随军木工都参加了运粮，在15公里的运粮线上，有时一天要往返5次。鲁中南一分区给前线运粮，途径5个县，共用了小车、大车、木船、汽车、挑子5种运输工具。

淮海战役规模大，兵力多，地区广，时间长，运输任务紧急繁重，各公营汽车运输公司和商车也参加了支前运输。在这次战役中，晋冀鲁豫军区第一、第二汽车大队和邯郸裕通公司的汽车奉令全力支前，200余辆汽车分别担负把弹药和军用物资运往黄河北岸或接运到南岸商丘前线的任务，当时恰逢大雪纷飞、天寒地冻，给行车造成极大困难。中共晋冀鲁豫军区党委紧急动员沿线数万民工，日夜不停地修路、扫雪、架桥，使通往前线的各条运输线畅通无阻。淮海战役第一阶段开始后，济南、济宁两地便组织商车109辆，由济南商车同业公会理事带队，担负以兖州为中心至台儿庄一线的运输任务，整个战役期间，共完成运输任务276434公里。1948年12月1日，徐州国民党军队弃城逃跑，为解决战线西移和粮食、弹药供应剧增而运力缺乏的困难，徐州市军事管制委员会公路运输部一面接管各公路运输单位，一面组织力量日夜赶修汽车，使 50 余辆汽车及时修复投入支前运输。同时，公路运输部还接收、集中了国民党军队丢弃的能用的汽车 200 多辆和大批汽油，投入支前运输。公路运输部还组织了徐州市的天新、古年、铜山、豫合、改海、合众、济南 7 家民营汽车公司投入支前运输，突击抢运支前物资。至淮海战役结束，徐州市参加支前的商车达 230 辆，运粮 2056 吨。

1948 年 12 月初至 1949 年 1 月 31 日，东北和华北野战军联合进行平津战役。华北各军区、行署都设立了平津前线后勤指挥部，大批干部包括军区、行署的领导干部都亲临前线指挥。每县组织有 3000～5000 辆的大车团，县委书记、县长、武装部部长亲自带队。沿途都为支援前线的运输大军设立了草料铺、饭馆、卫生所、兽医站，参加指挥和维持秩序的干部每天都有四五千人。尤其是冀中 49 个县，1 万多个村庄的近 160 万户人家，每户、每辆车、每头牲口都参加了支前运输。坝县大车团过永定河时，桥尚未修好，民工们脱下棉裤，跳进凝结着薄冰的河水中，把大车一辆接一辆地赶过 20 多米宽的冰河；束鹿、深县的民间大车 2500 辆，在风雪中搏斗了 12 个昼夜，穿过 8 个县、10 多条河，把粮食直接运往津西粮库。各公营运输机构也全力投入支前，华北人民政府交通部抽调邯郸、邢台、衡水、石家庄等运输公司的 200 辆马车，组成"华北支前运输大队"，于 1948 年 10 月下旬分四路出发装运粮食和弹药；冀中运输公司在新镇设立前线指挥部，连夜抢修汽车，积极参加支前运输。整个平津战役期间，河北各解放区共运送军粮 15.5 万吨、柴草 6 万吨、各种副食 2.4 万吨，连同军用器材、军衣被服总运量达 25 万吨。直接投入民工 154 万人，各种车 40 万辆，牲口 100 万头。

辽沈、淮海、平津三大战役自 1948 年 9 月 12 日起至 1949 年 1 月 31 日止，共进行了 4 个月零 19 天，歼敌 154 万余人，基本上消灭了国民党军队的主力。三大战役的胜利是和解放区人民的无私支援分不开的。据不完全统计，三大战役中，各地支前民工达 540 万人，担架 10 多万副，大车38 万辆，牲口 100 多万头，粮食 475 万吨。三大战役胜利结束后，解放区人民又开始了支援大军南下渡江的支前准备工作。

第二章

从百废待兴走来（1949～1978 年）[*]

---

[*] 如无特别标注，本章内容均参考：中国公路交通史编审委员会：《中国公路运输史》（第二册），人民交通出版社 1996 年版。

新中国成立时，我国公路因为战争破坏和失修失养，能通车的公路不足 8 万公里，且建设标准低，路况差，分布极不均匀。多数公路集中在东北和沿海地区，其他大部分地区的公路较少，汽车匮乏，主要依靠人力和畜力开展运输①。

新中国成立以后，我国进入了社会主义革命和社会主义建设的伟大时期，人民翻身做主，社会生产力大解放，在中国共产党的领导下，工业农业生产迅速发展，建立和发展了我国自己的汽车工业和石油工业。中国共产党高度重视交通运输业的发展，公路运输事业得以飞速发展，中国交通由"自主交通"走向"自立交通"。

第一节　公路基础设施的建设与成就

自新中国成立至 1978 年，我国的公路运输基础设施建设取得了很大的进步。从党中央到人民群众，大家勠力同心，全民发展公路基础设施建设。经过这一阶段的发展，我国公路通车里程增长至新中国成立初期的十余倍，在全国范围内形成较大的规模，有力支撑了社会主义建设各项事业的发展，干线公路、国防公路、县乡公路、边疆公路等重点工程均取得了喜人的成就。与公路建设相匹配的公路运输场站也得到了长足的发展，基本实现了全国公路网的通达连接，能够满足运输需求。

---

① 中国公路交通史编审委员会：《中国公路运输史》（第二册），人民交通出版社 1996 年版。

一、公 路 建 设

（一）干线与国防公路逐渐完善

"一五"期间，交通部根据国防和工农业生产发展需要进行了大规模的公路建设。从 1953 年开始，公路建设投资力度逐年加大，1953 年的国防公路建设投资相当于过去 3 年公路投资总和的 70%，基础建设是 1952 年的 2 倍以上[1]，重点工程和大部分建设路线都集中于康藏、青藏、海南、云南等边疆海防地区。修建了沈（阳）丹（东）公路、通（远堡）庄（河）公路、潍（坊）荣（成）公路、新藏公路等干线。1954 年，康藏和青藏公路初步建成并实现通车，兼顾重大政治和经济意义。在干线公路建设中，交通部对康藏公路、青藏公路、昆洛公路、海南公路等加强施工管理，还实行了计划管理，建立责任制度，使工程进度大大加快。此外，交通部还主持修建多条重要的经济干线公路，满足开发矿山、水利、工农业生产基地需要，服务当地经济建设。

（二）全国县、乡公路建设全面开展

1953 年中央人民政府政务院的《关于加强地方交通工作的指示》以及 1955 年 12 月交通部在全国地方交通会议上提出的《关于地方交通工作报告》对加强地方交通工作都作了明确指示，要求依靠地方人力、财力，加强现有道路养护，修建当地急需的简易公路、桥梁、渡口等。此举对各地县乡公路建设起到了很大的促进作用，使地方公路获得了新的发展。

---

[1]　中国公路交通史编审委员会：《中国公路运输史》（第二册），人民交通出版社 1996 年版。

　　自此，在全国范围内掀起了建设县乡公路的高潮。据统计，1955～1957年新建公路约 10 万公里，使全国不通公路的县从 1955 年的 336 个缩减为 1957 年的 151 个①，初步改善了部分山区交通面貌，促进了农业生产发展。

　　"大跃进"时期，在交通部"全党全民办交通"方针指引下，全国各地兴起群众筑路运动的热潮。继 1958 年春天在农业"大跃进"中出现的以农田水利建设为主的交通建设高潮之后，下半年"以钢为纲"的全面跃进掀起了更大规模的群众筑路高潮，盛况空前。以福建省为例，1958 年福建省首先在农业"大跃进"期间广修田间道路，继而在大炼钢铁的过程中为"钢帅"开路，再掀筑路高潮。前后投放劳动力达 200 万工日，每天上场民工有 10 万人以上，到处是几千人的大兵团日夜作战，声势浩大。一年之内共建成公路 2961.3 公里，以县城为中心的公路网逐渐增多。1959 年再次掀起修路热潮，共修建了 1969.6 公里公路。1960 年春，当地政府组织群众划段包干，龙岩专区民工上场最高峰时达 14 万人，占农村人口的 19.4%。全省共有 69 万名民工参加修路，这一年共建设完成 2315.7 公里公路。3 年累计修建公路近 7000 公里②。

　　当时，各级各地政府动辄发动数十万民工搞大兵团，夜以继日连续工作的现象在全国甚为普遍。广东、河南、山东、云南、甘肃、辽宁、河北、湖南等 20 多个省（区、市）的公路建设都出现了前所未有的大发展。"大跃进"期间，全国共修公路 26.48 万公里，使我国 1960 年的公路通车里程比 1957 年翻了一番。全国未通公路的县在 1957 年为 151 个，到 1960 年减少至 20 个③。

　　到 1975 年，全国公路通车里程总计 78.4 万公里，其中干线公路 23 万公里。路面公路里程总计 55 万公里，其中高级、次高级路面公路 9.2 万公

---

①②③　中国公路交通史编审委员会：《中国公路运输史》（第二册），人民交通出版社 1996 年版。

里。全国公路养护里程总计 58.6 万公里，绿化里程 23.4 万公里。公路旅客运输稳步发展，营运班车路线增长至 129675 公里①。

二、公路场站建设

"一五"期间，公路旅客运输稳步发展，客运站点也相应增多。其中新建的车站大多分布在边远地区、少数民族地区、革命根据地和人口稠密的城镇居民点上。到 1952 年底，全国各省（区、市）（除西藏自治区外）普遍建立起国营运输企业，运输站点增加到 1854 个②。

各省、自治区、直辖市的场站设置各不相同，按业务繁简程度不同将汽车站分为 4 等，有的设几个中心站或总站，下辖若干等级不同的车站，在车站之间另设代办站或售票所，站距一般在 50～60 公里。在开展支农运输以后，短途班车增加，各地站距又有所缩短。较大城市的客运站一般是独立的，无货运业务，其他站点多系客货兼办。1962 年前后，有的车站实行站队合一，将站务、机务、车务组成一体，统一指挥。截至 1965 年末，全国共设有 5948 个汽车站，基本满足我国公路旅客运输需求③。

第二节　公路运输装备的发展与成就

新中国成立初期，我国的公路运输装备面临着从零起步的困境，广

---

①②③　中国公路交通史编审委员会：《中国公路运输史》（第二册），人民交通出版社 1996 年版。

大公路运输人在党中央的带动下，发起了全民发展公路运输装备、服务公路运输、服务中国经济发展的运动，在汽车制造、改造、维修等方面取得了突破，在运输装卸机械、专用运输设备、专业化的运输装备等生产制造方面取得了举世瞩目的成就，最大限度地满足了我国公路运输对运输装备的需求。

一、营运汽车的发展

（一）整修废汽车摆脱依赖

中华人民共和国成立之初，西方国家对中国实行经济封锁、物资禁运，给长期依赖进口燃料和配件的汽车运输带来很大困难。在困难面前，中国共产党带领公路运输部门广大职工自力更生，艰苦创业，千方百计整修废旧汽车，积极增加运力，保障经济建设和人民生活的需要。

1950 年 2 月，中央人民政府政务院在《关于 1950 年公路工作的决定》中要求"把原有运输工具、工厂加以组织修整，提高运输生产力"。全国人民积极响应，本着先易后难的原则，先原样整修较完整的车辆，后整修难度较大的车辆，最后采取拆、拼、改、代、制等办法进行拼装。主要整修的废旧、停驶汽车涉及厂牌、车型近 40 种，其中美制军用汽车约占 60% 以上，主要包括奇姆西、万国、司蒂倍克、雪佛兰、福特等，民用汽车则以大道奇、小道奇、福特、雪佛兰等为主。1950 ~ 1954 年，共修复汽车 5000 辆，为基础薄弱的国营汽车运输企业增添了新的运输能力①。

（二）改制客车自力更生

中国公路客车的设计和生产始于 1952 年的上海。当时，全国废旧汽车整修委员会华东分会用上海接收的部分废旧汽车总成，拼装改制客车，选择了"福特 GTB""福特 F30"和"万国 M—2—4"三种车型，分别利用它们的发动机、变速箱、方向机、前桥以及雪佛兰的后桥和军架进行总体设计，制成客车底盘。客车车厢则采取型钢为主的全钢骨架镶木结构，多达 30 座。这批改制客车共 500 多辆，由交通部陆续分配给各省使用。此后全国不少省、自治区、直辖市的汽车修理厂以这批车为样本，将废旧汽车改制为公路客车。石家庄的华北交通工厂用旧丰田、尼桑改装客车，平均每年改装 20 辆客车②。

1. 改制公交车

1954 年 4 月，上海市客车修理厂用道奇 T－234 型载货汽车改装成 900型公共汽车。这种公共汽车系全金属结构，总长 7.05 米（不包括保险杠），宽 2.4 米，高 2.876 米，前悬 1.079 米，轴距 5 米，后悬 2.625 米。

2. 改制公路客车

1956 年，国产解放牌汽车问世，各地着手研究利用解放牌货车底盘改制公路客车。江苏省上海汽车修理厂率先于 1956 年底试制出解放牌全金属平头客车。这辆客车用薄板冲压的"U"型骨架代替了以往的型钢骨架。

1956 年底至 1957 年初，上海市公用事业管理局使用解放牌汽车的前桥、后桥、发动机、传动和制动设备等，将其改装成一辆总长 8.287 米、

---

①② 中国公路交通史编审委员会：《中国公路运输史》（第二册），人民交通出版社 1996 年版。

宽 2.45 米、载客 90 人的公共汽车，并在 1957 年完成 80 辆的成批制造①。

车辆的改制过程有效提升了我国汽车工业的技术水平，也在最短的时间里争取到了大量的运力，服务了社会经济的发展。

（三）改造车辆适应国情

20 世纪 60 年代初期，中国共产党在开始全面建设社会主义时期提出了恢复与发展国民经济，即"调整、巩固、充实、提高"，被称为"八字"方针。在贯彻执行"八字"方针的过程中，交通部对全国汽车运输企业开展了简化车型和技术改造工作。至 1961 年底，全国民用汽车保有量达到 26.5 万辆。其中，国产车型有 7 种，5.9 万辆，占总保有量的 22.3%；进口车型有 121 种，19.4 万辆，占总保有量的 73.2%②。在北京、上海、天津等大城市中，一个城市就有六七十种汽车车型。这种车型杂的状况给汽车运输企业的汽车管理、使用、维修和配件供应带来很大困难。

1962 年 6 月 11 日，国家计委、经委、交通部共同制定并经国务院批准《关于汽车运输工作中若干问题的请示报告》，提出改进汽车分配、逐步调整汽车车辆管理体制、加强汽车维修、简化车型、加强车辆的组织管理等方面的建议，并制定了具体实施方案，有效推进了我国道路运输的发展。

1. 简化车型

简化车型的原则是充分利用、合理改造、结合国产汽车车型发展方向，有计划地把过分复杂的车型逐步简化。确定将当时的车型分为：第一类为长期保留车型；第二类为定期保留车型；第三类为继续利用逐步改造的车型；第四类为以旧（件）养旧（车）逐步淘汰的车型。按照上述分

---

①② 中国公路交通史编审委员会：《中国公路运输史》（第二册），人民交通出版社 1996 年版。

类，国家有关部门共同制定了《国家规定供应配件的汽车厂牌车型目录》，其中基本车型 26 种、同类车型 36 种，共 62 种，比原有的 128 种车型减少约 51.6% 。这 62 种车型的保有量为 28.6 万辆，占总保有量的 78%。简化车型的重大措施，对改进汽车运输工作、提高汽车完好率、提高汽车运输效率起了重大作用。

（1）调整车型。1962 年 4 月，交通部在全国范围内普查汽车状况的基础上，把同一种车型的汽车集中供一个运输企业或少数几个企业使用，便于汽车配件供应和维修管理。企业的车型调整以二、三类车型为主，调整的原则是：以块为主，条块结合，个别省份试点取得经验后，分大区进行。

（2）控制进口车型。《国家规定供应配件的汽车厂牌车型目录》规定了 10 种允许进口的主要车型，其他车型车辆的进口一律由国家计委会同外贸部、交通部、第一机械工业部共同审查安排，原则是以第一、第二类车型为限，以从苏联和东欧各国进口为主。

2. 更新改造车辆

（1）旧车技术改造。按照技术上合理、经济上合算、讲求实效的原则，对第三类车型进行技术改造。改造应向第一类车型靠拢，通过试验、鉴定、比较、定型等程序进行。所需总成或零件由第一机械工业部安排生产，由交通部负责改造规划和分配。

（2）以旧养旧。对未列入《国家规定供应配件的汽车厂牌车型目录》的车型，采取充分利用、以旧养旧、逐步淘汰的办法处理。对仍在行驶且配件还能生产的汽车，仍列入计划供应。同时也采取拼修的办法，将停驶报废车辆的可用、可修零件或总成用于同车型车辆的维修上，尽可能延长车辆的使用寿命。

（3）严禁拼装汽车。1964 年交通部发布的《严禁以废旧汽车零件和新制汽车配件任意拼装汽车》中规定，汽车修理、保修企业不得承揽拼装汽车业务，交通监理机关对自行拼装的汽车，一律不予登记和核发牌照。

调整车型时期，针对汽车运输企业面临的特殊困难，我国采取了简化车型和更新改造的技术政策，对克服配件生产供应不足的困难、维护和使用好运力、延长一批杂牌老旧车使用寿命以适应国民经济建设和人民生活对汽车运输的需要，在新中国成立初期的公路运输发展中起到了重要作用。

（四）自主制造汽车服务经济

1. 货运车辆

新中国成立以后，我国一直致力于货车的制造研究。1958 年，公路运输部门在载货汽车的生产制造中取得了卓越的成绩。同年 10 月，就有 30 多个汽车修理厂造出 39 种各种型号的载货汽车近 100 辆；到 12 月发展到 50 多个汽车修理厂造出 60 多种型号的载货汽车 300 多辆[1]。同一阶段，新中国成立初期成立的汽车改装厂也逐渐升级为汽车制造厂。全国范围内的汽车制造企业全面发展起来（见表 2 – 1），为我国公路运输未来的发展提供了基础的载运设备保障。

表 2 – 1　　　　　　　　我国典型汽车制造企业成就

序号	名称	主要成绩
1	石家庄汽车制造厂和山西汽车制造厂	造成仿"解放"4 吨货车
2	上海重型汽车制造厂	制成交通牌 4 吨、8 吨货车和 15 吨自卸车
3	镇江汽车制造厂	造成 1 吨越野车
4	云南汽车改装厂	造成仿"万国"4 吨货车

---

[1]　中国公路交通史编审委员会：《中国公路运输史》（第二册），人民交通出版社 1996 年版。

序号	名称	主要成绩
5	贵州汽车改装厂	造成货车和三轮汽车
6	扬州汽车制造厂	造成三轮汽车和2吨、2.5吨货车

资料来源：中国公路交通史编审委员会：《中国公路运输史》（第二册），人民交通出版社1996年版。

公路运输部门汽车修理企业通过试制汽车，锻炼了公路运输工业战线的职工队伍，也为20世纪70年代公路运输部门再次制造汽车打下了一定的物质和技术基础。

在我国自主制造车辆事业全面展开的同时，我国的公路运输市场需求也呈现出井喷式的发展，运力不足的问题很快凸显出来。1966～1972年，公路运输部门又一次掀起了汽车制造热。先后有19个省、自治区、直辖市的20多个工厂制造汽车。与1958年"大跃进"时期掀起的"汽车制造热"明显不同的是，这次"汽车制造热"更加符合国情。

一是车型品种相对集中，为公路运输市场标准化奠定了一定的基础。这一阶段的主要车型有三类：第一类是仿解放牌4吨货车，有河北、山西、山东、云南、贵州、江苏、湖北、四川、新疆维吾尔自治区等仿制；第二类是仿跃进牌2.5吨货车，有江西、浙江、辽宁、广东（海南汽车修理厂）、江苏等省仿制；第三类是仿北京130轻型货车，除北京市研制外，还有天津、福建、河南、四川、辽宁、广东等地仿制。

二是从样品发展成产品，逐渐形成小批量生产。例如，在清华大学等单位的支持帮助下，北京市汽车修理二厂试制成功的北京130轻型货车轮距轴距较短，转向灵活，适合在城乡狭窄道路使用。这种货车受到了公路运输部门和城乡用户的欢迎，批量生产后，1971年产量达1620辆。扬州汽车修配厂生产的江苏130型（吨）和140型（吨）货车，莱芜汽车修制厂生产的泰山牌4吨货车，年产量都曾达到1000辆以上①。

三是原材料、配套件的供应改善促进了我国汽车产业发展。多数生产厂的汽车生产都列入了地方工业生产计划，使原材料、配套件得到了一定的保证。从原材料的角度来促进我国汽车产生发展，也使得我国汽车的自身生产条件大大改进。

1966～1976年的11年间，公路运输部门在第二次汽车制造热潮中，累计生产各种汽车31238辆，有效缓解了公路运力不足的问题②。

2. 客运车辆

1958年以前，全国没有专业的客车生产厂，只有少数骨干修理厂用手工作业的方法改制客车，远不能满足公路客运的需求。在1958年大造汽车热潮中，公路客车的制造也得到了重视。除交通部委托航空工业部的松陵机械厂生产一批公路客车分配全国使用外，各地交通部门的汽车修理厂也开始自行生产客车，特别是新型客车。

1958年，广东省交通厅运输局广州总站试制出一台南方牌通道式大客车；浙江省温州地区公路运输局和云南省昆明汽车修理厂分别造出双层客车。同时，宁波公路局汽车修理厂制成了灯塔牌大小客车，浙江交通机械修造厂制成了西湖牌小客车，福州运输机械修造厂制成了东方红牌大客车，上饶汽车修理厂制成了上饶牌小客车，青海格尔木汽车修理厂制成了昆仑牌小客车，山西汽车修造厂制成了前进牌大客车，西安汽车修配厂制成了超英牌长途客车。

1963年，交通部组织江苏、上海、辽宁、湖北、湖南、广东、江西、山东等省交通厅（局），在总结各地用解放牌货车底盘改制全金属公路客车经验的基础上，联合设计了解放牌货车底盘的平头公路客车，命名为JT660

---

① ② 中国公路交通史编审委员会：《中国公路运输史》（第二册），人民交通出版社1996年版。

型，并在四川、吉林、广东、云南、湖北、江西等省份的一批汽车修制厂正式投产。自此，我国自主的批量汽车制造拉开了帷幕。

1964年，交通部组织四川、广西、云南、贵州、福建、浙江、江西等省（区、市）的交通厅（局）在JT660的基础上，联合设计试制适合山区行驶的长途公路客车，定名为JT650型，由四川省交通厅成都汽车修理厂试制样车（见图2-1）。为满足西藏高寒缺氧地区的客运需要，交通部安排辽宁、山东省交通厅，为西藏地区设计生产带有取暖、供氧设备的客车35辆，命名为JT640P型。

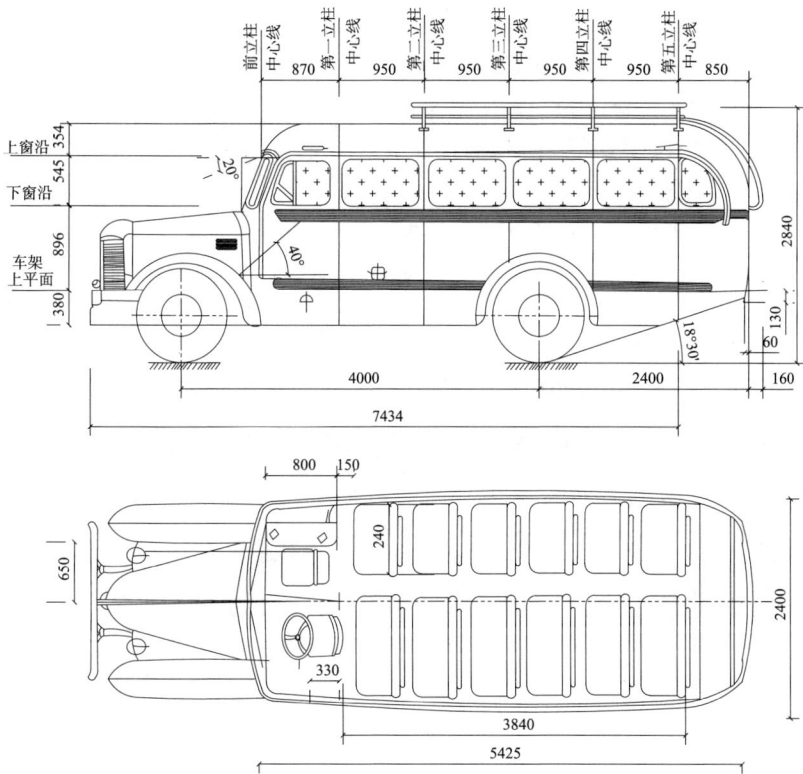

图 2-1 JT650 型长途客车外形

资料来源：中国公路交通史编审委员会：《中国公路运输史》（第二册），人民交通出版社1996年版。

　　随着经济的发展和人民生活水平的提高，我国对长途客车的数量和质量要求也越来越高。为不断提高长途客车质量，1973年，交通部组织吉林、四川、山东、山西、湖北、广东等省份的交通部门和交通部科学研究院的技术人员，组成了长途客车改型小组，在浙江省宁波市对JT660A型长途客车进行改型设计，并试制了样车。将改型后的长途客车定名为JT661型。新车总体布置和骨架结构基本上保留了JT660A型的原设计，对其前悬挂、座椅排列、外形和部分设备以及某些材料进行了较大改动，使新车在安全、舒适、经济、美观等方面相比JT660A型有了较大改善。

　　1973年11月，交通部组织广东、四川、江西、江苏、浙江、山东、辽宁、黑龙江等省份的交通厅（局）和交通科学研究院重庆分院的技术人员，在广东联合设计了采用黄河牌货车底盘改制的JT680型公路客车，该客车由广东客车厂试制，于1975年完成样车试制，经当年12月初步鉴定后小批量生产19辆，在海南进行运行试验。

　　1974年，江苏省交通厅苏州汽车运输公司修理厂采用北京130型载重3吨轻型货车的底盘，成功设计试制了小型公路客车（俗称面包车），定名为JT620型。当年生产30辆，由交通部分配各地交通部门使用。

　　上述新车型的生产与使用，标志着公路客车开始从单一车型向大、中、轻型协调发展的系列产品迈进。客车生产量逐年上升，1974年公路运输部门工业企业生产客车3489辆，到1975年上升为4218辆①。

---

① 中国公路交通史编审委员会：《中国公路运输史》（第二册），人民交通出版社1996年版。

二、运输设备的发展

（一）装卸机械的发展有效提升运输效率

我国公路运输的运力大步发展的同时，装卸设备也得到了充分的发展。为了避免汽车"跑在中间、窝在两头"，运输效率低下等问题，许多汽车运输企业从实际出发，自制脱底漏斗、滚动滑梯、吊车卷扬机、皮带输送机等装卸机械。

上海市汽车运输四厂把皮带输送机装在汽车上，制成能自动行驶、自动倒车移位、自动传送装车的汽车联合输送机，成为装载煤炭的专用车辆。我国还制成液压泵筒倾斜车，能够从左右两边或朝后倾斜，实现了散货卸车无人化。

（二）专用运输设备助力工业发展

新中国成立后国民经济全面发展，厂矿企业对专业车辆的需求大幅度增加。在冶金、矿山、石油、化工等厂矿企业中，出现了大量的油罐车、排碴车、散装化肥车、大型自卸车、牵引车和平板车等特种汽车。

同时，我国也开始着手大件货运运输车辆的研究与发展。1967 年，上海市汽车运输六场制成载货能力为 150 吨的大平板车。这辆平板车装有 7 根轴线、56 个轮胎，采用液压悬挂支承货台；采用液压机械传动的全轮转向，通过交叉油路使平板车前后各 3 根轴线围绕同一中心作反向转动，以取得较小转弯半径。由于采用了先进的结构和液压技术，平板挂车载重量大，行驶平稳，转向灵活。1969 年前后，北京、天津公路运输部门也按上海图纸自制了类似的平板挂车。上海的牵引车是利用交通牌 32 吨倾卸车加以改造而成的；天津则是利用进口的一辆威廉姆（Willeme）牵引车牵引；北京的牵引车是利用其他车辆改装后形成的。

1974~1975年，中国引进的化肥厂整套设备等大型设备陆续到货。一些省份的交通运输部门为承担本辖区的大型进口设备的运输任务，主动自制大吨位超重型车组。上海市自制了100~300吨的车组；北京市、山东省、辽宁省也分别自制了300吨的车组；山东省还自制了两辆160吨的车组，拼接后可成为320吨的车组；河北省沧州市自制了400吨的车组；四川省自制了450吨的车组；江苏省也自制了两台100吨的车组。这些省份的公路运输部门设计自制的超重型车组较最早制造的150吨平板挂车和牵引车在技术性能上有了明显的改进。在牵引车方面，制造厂选用了大功率柴油机，大多为400~500马力，加大了传动速比，采用了全轮驱动型式，提高了牵引力。在平板挂车方面，液压悬挂的升降行程大多增加至150毫米，有的可升至180毫米，方便了大件装卸作业；有的挂车纵向可分可合，扩展了大件运输的适应能力。

在公路运输自制超重型车辆的同时，国家和部分省份也陆续进口了一批超重型车组。1967年，新疆公路局从法国进口一套载重70吨的鹅颈式半挂车车组。这种车组适用于载运工程机械和超长物件，主要用于新疆地区的公路大件运输。1968年，交通部从联邦德国进口两套载重为100吨的超重型凹式平台车组（也称元宝车）。其中，挂车由法什克工厂（Fahrzeug Werke）制造，由三部分组成，前后为一辆3轴挂车，中间为凹式平台，用以载运体积较小而比重较大的集重大件；配套的两辆牵引车是法恩工厂（Faun Werke）产品，驱动型式为6×6，功率为300马力，牵引力较大，适于在高原多山地区重载行驶。这两套车组于1971年底完成攀枝花钢铁基地大型物件运输任务后，继续在西南、西北地区运载100吨左右的变压器等电力设备。[①]

1973年，我国着手进口化肥厂等的成套设备。为解决公路大件运输问题，经国家批准，交通部于1974年向法国尼古拉公司订购超重型平板、长货、轿式车组共11组，TG200和TG300型牵引车共25辆。这批车组的名义载重为100~600吨。此外，上海市公路运输部门也订购了一套名义载重为100吨的长货挂车和一辆TG300型牵引车。交通部还为新港船厂和上海船厂各订购一套载重为150吨的自行式平台车，供船厂内部大件运输使用。[②]

（三）汽车挂车开启货运专业化发展

1. 挂车试制成功

汽车挂车是公路货运的重要工具之一。自1953年北京市王子坟运输场试制1.5吨和2.5吨单轴挂车，并用吉姆西货车试拖成功后，其他省、自治区、直辖市也陆续制造挂车进行试拖。

1956年6月和8月，天津市汽车运输公司第三车队和北京市运输公司成功试制3吨双轴挂车。天津市汽车运输公司将2吨单轴挂车改成3吨双轴挂车，单轴挂车与双轴挂车在同一条道路同一个装卸点运输货物，运行班次也基本相同，双轴挂车的载重量提高了50%。天津市运输公司试制成载运超长物资的伸缩性挂车。这种伸缩性挂车，可用来载运长12米、重6.5吨的原木，载重量可达8吨。[③]

2. 挂车制造逐步走上正轨

1958年"大跃进"开始后，运量大于运力的矛盾极为突出。为克服汽车运力的不足，交通部提倡大力缩短汽车的在修车日以增加运力，把

---

①②③ 中国公路交通史编审委员会：《中国公路运输史》（第二册），人民交通出版社1996年版。

缩短大修车日后多余的修理能力用于制造配件、制造汽车、制造挂车、制造装卸和保修机具，从多方面提高运输效率，从而促进了公路运输工业的迅速发展。

"大跃进"期间，全国各地汽车运输企业都把拖挂化当作弥补运力不足的重要措施，许多汽车保修企业纷纷主动大造挂车。

1962 年，交通科学研究院与湖北省交通局根据 1958 年以来各地常用的 3 吨双轴挂车的结构特点和使用情况，按照标准化、通用化、好用、好造、好修、安全可靠、坚固耐用的要求，设计和试制了 JT841 型 3 吨双轴挂车。1964 年 12 月，交通部正式通过对 JT841 吨挂车的定型鉴定，汽车挂车生产逐步走上正轨，并在保证质量的前提下，年产量达到 2000 多辆。到 1978 年，公路运输工业企业年产挂车超过 5000 辆。[①]

第三节　公路运输服务和安全管理的复苏

伴随着公路基础设施建设和公路运输装备的发展，我国的公路运输服务和安全管理工作同步复苏。面对巨大的运输需求，我国的旅客运输、货物运输市场逐渐恢复，并引入了多元化的市场主体，从城市到乡村、从客运到货运、从班车到挂车、从日常的民用运输到特殊时期的重点物资运输，我国公路运输服务和安全管理尽全力去满足祖国大地各个角落的运输需求，为人民大众的生产、生活和抢险救灾贡献力量。

---

① 　中国公路交通史编审委员会：《中国公路运输史》（第二册），人民交通出版社 1996 年版。

一、旅客运输服务的发展

新中国成立后，我国旅客运输服务逐渐恢复发展，并从自主交通逐渐发展成为自立交通。由于当时的公路技术状况较差，营运客车数量有限，多以载货汽车代替客车，一般未分设汽车站和运输站，凡通车路线载货汽车都能通过，但开行的客运班车路线仅有 3.6 万公里，晴通雨阻，做不到定期定班。

经过全国人民的努力，积极整修、制造车辆，全民建设公路，截至 1978 年底，我国拥有客运车辆 3.34 万辆，完成客运量 15 亿人次，完成客运周转量 521.06 亿人公里（见表 2 - 2），客运供给紧张的状况得以缓解①。

表 2 - 2 　　　1958 ~ 1978 年全国公路运输部门的客车数量和运用情况

年份	客车（万辆）	完成客运量（万人）	完成旅客周转量（亿人公里）
1958	0.60	31063	116.14
1959	0.63	32569	139.71
1960	0.63	32524	146.01
1961	0.65	17601	112.83
1962	0.65	30737	141.46
1963	0.71	32858	134.25
1964	0.79	37313	146.34
1965	0.96	43693	168.20
1966	1.11	54859	208.08
1967	1.18	54741	202.33

---

① 中国公路交通史编审委员会：《中国公路运输史》（第二册），人民交通出版社 1996 年版。

年份	客车（万辆）	完成客运量（万人）	完成旅客周转量（亿人公里）
1968	1.22	47251	185.34
1969	1.35	56241	220.48
1970	1.53	61812	240.06
1971	1.76	71122	268.06
1972	2.00	80676	302.48
1973	2.23	88771	333.28
1974	2.29	95401	354.88
1975	2.56	101199	374.41
1976	2.76	108537	402.51
1977	3.03	122681	448.01
1978	3.34	148761	512.06

资料来源：中国公路交通史编审委员会：《中国公路运输史》（第二册），人民交通出版社1996年版。

（一）客运市场多元化发展

公路运输部门通过开展公私合营，发挥了私营汽车的作用；通过改善客运管理、调整运力比例等措施，有效地缓解了客运的紧张状况。

1. 发挥私营汽车的作用

公路运输部门大力恢复与开辟营运班车路线，鼓励私营汽车运输业的发展。为了促进私营汽车运输的发展，公路运输部门为其提供各式各样的代燃炉，设备较好的修理厂为私营车辆提供修车服务，将库存材料配件廉价让售给私营汽车运输企业。当私营汽车运输业遇到不可抗拒的灾祸时，公路运输部门的运输企业临时抽借周转金，使私营汽车运输业得以继续经营。公路运输部门运输企业以其自身的优质服务和经营作风，带动私营汽车运输业转变经营作风，提高业务信誉。

2. 提高公营企业的运力

1961 年起,国民经济全面实行"八字"方针,从调整、巩固、充实、提高四个方面发展运输企业。各地公路运输部门的运输企业调整客货运力的比例关系,组织力量抢修客车,或自力更生地制造客车,恢复和健全规章制度,加强客运管理,使公路旅客运输的紧张状况逐步得到缓解。至1965 年,全国公路运输部门的营运客车保有量增加到 9588 辆,完成的客运量上升到 4.37 亿人次,旅客周转量达到 168.2 亿人公里。1958～1965年,客运运力年平均增长速度为 8.68%,客运量年平均增长速度为10.5%,运力与运量的增长速度基本同步①。

(二)农村客运班车开始发展

为支援农业发展,公路运输部门也加强了对农村客运工作的领导与管理。在指导思想上,重视干线、城市间客运,重视农村客运,使运输事业面向短途支线和山区;在运力布局上,重视重点产粮区和经济作物区的中小县城和以县城为中心向农村腹地与边远山区延伸营运线路。同时,增设停靠站点,增开短途支线班车,改进服务设施,提高服务质量,千方百计发展农村客运。

这一时期,不少省、自治区、直辖市的农村客运班车发展较为迅速。例如,1963 年前,湖南省农村客运班车为数极少,且多为过路班车。1963年,由县到公社、大队之间开行的短途客运班车路线 96 条,设农村车站36 个、售票所 39 个、停靠点 150 处。1965 年又增开农村短途客运班车线159 条,设代办站 215 个。1963 年,河南省新开、恢复和延伸农村班车路线 53 条,线网长度达到 3955 公里,比原有路线增加46%;1965 年又开辟

---

① 中国公路交通史编审委员会:《中国公路运输史》(第二册),人民交通出版社 1996 年版。

和延伸农村班车路线 106 条，为原有班车路线的 1.5 倍①。

各地兴办农村客运班车时，通过总结农村旅客流量、流时的规律，改变了沿袭多年的陈规，让客运班车夜宿农村，早上从农村始发，下午再从城里开回农村。这种"早进城，晚归乡"的客运班车，满足了农民出行的要求，促进了公路运输的巩固和发展。

农村客运班车的主要服务对象是农民，农民往返于城乡、集市之间，出售农副产品，买回生产、生活资料，随身携带的杂货较多，箩筐、扁担、草包、麻袋样样俱有。农村客运班车使用的车辆与长途客车相似，但是缺少装运行包的货框，只能载人，不能载物，扁担、箩筐等体积较大的物品无处堆放，农民乘坐意愿低。针对这一特点，汽车站创新服务理念，对客车进行改装，把车厢内部分割成两部分，前面坐人，后面装货，人货同行，使客运实载率保持在了 80% 以上，还得到了老百姓的认可和好评。于是，我国各地纷纷发展客货混合车，或在客车后面拖带挂车，使农民随身携带的农副产品和其他物件有处可放，而且物随人走，乘客满意。

综上所述，我国公路运输领域中的旅客运输服务得到了长足的发展，发展势头良好。

二、货物运输服务的发展

（一）货运服务逐渐恢复

新中国成立初期，公路货物运输逐渐恢复生机，主要表现为各个地区

---

① 中国公路交通史编审委员会：《中国公路运输史》（第二册），人民交通出版社 1996 年版。

的货运市场逐渐恢复发展，资源的开发和输出量逐渐增加，制成品、稀缺品的输入逐渐增加（见表2－3）。

表2－3　　　　　　　　新中国成立初期各地区主要运输货物类型

地区	主要输出货物	主要输入货物
东北地区	汽油、杂粮、煤、木材、钢铁、皮货、药材	五金、杂货、食盐
华北地区	煤、布、盐、烟、皮货、纸张、棉花	鱼虾、钢铁、药材、木材、粮食、布匹杂货
内蒙古自治区	农产品、皮革	盐、布、茶、棉、日用品
华东地区	五金、布匹、棉纱	煤、杂粮、杂货、烟叶
西北地区	玉门石油、皮毛、药材、食盐、棉花	器材、五金、茶、布、烟、糖
中南地区	木材、棉花、大米、绸布	汽油、工程建筑材料、布、烟、纸张
西南地区	糖、药材、锡、纸、桐油、鬃、丝	食盐、布匹、棉纱、五金器材、汽油

资料来源：中国公路交通史编审委员会：《中国公路运输史》（第二册），人民交通出版社1996年版。

经过新中国成立后的恢复和发展，公路运输部门的营运汽车完成的客货运量、周转量逐年上升。汽车运输事业在国民经济恢复时期逐步成长起来。截至1978年底，我国拥有散货汽车14.81万辆，完成货运量54990万吨，完成货运周转量258.64亿吨公里，车辆完好率达到82.6%，车吨年产量达到46208吨公里，车辆利用效率也得到了明显的提升[1]。

---

①　中国公路交通史编审委员会：《中国公路运输史》（第二册），人民交通出版社1996年版。

（二）货运市场多元化发展

与公路客运市场类似，为了挖掘更大的社会运力潜力，公路运输部门运输企业将所承揽的大宗运输任务组织与分配给私营汽车运输企业，双方共同承运，为私营汽车解决货源，免受中间盘剥。私营汽车运输企业在进行大宗物料运输时，由于货物的规模小、分散性大，运输组织难度大，公路运输部门运输企业不仅要垫支一部分运费，而且要进行艰巨的组织工作。所以公路运输部门的运输企业既是汽车运输的经营者，又是货主与私营运输企业的媒介。公路运输部门的运输企业和私营汽车运输企业相互配合、积极合作，既能很好地满足经济发展对运输的需求，又能促进我国货运市场多元化的发展。

各地公路运输部门贯彻"公私兼顾，劳资两利"的原则，充分利用私营汽车，共同为促进物资交流而努力。这些私营汽车在公路运输部门的领导下，实行货源、调配、运价的"三统一"，稳定了运输秩序，建立起以国营经济为主体、多种经济成分并存的统一运输市场，公私合力共同发展生产、繁荣经济服务，对国民经济的恢复和交通运输事业的发展起到了积极作用。

"大跃进"时期，物资运量剧增。特别是钢铁运输，运量大、需求急、分布广、变化多，单靠公路运输部门的车辆远不能完成任务。于是，在全国范围内掀起了全党全民办运输、大搞短途运输的群众运动高潮。短途运输服务范围很广，城乡各种原材料和商品的调出调入均要经过一次或几次短途运输才能实现。据当时甘肃省的调查估算，铁路运 1 吨货，约需汽车运 4 个吨次，民间运输工具运 12 个吨次。这说明短途运输的运量要比干线运输的运量大得多。1959 年，中共中央、国务院《关于开展群众短途运输运动的指示》发出后，各省、自治区、直辖市坚决贯彻，很快在全国范围内形成了一个万车滚动、千帆竞扬、水陆并举的群众短途运输运动。

20世纪60年代初，商品流通过程的运输一般分为三线。第一线是从社、队到集镇之间或社、队之间的物资运输，主要由社队专业运输队和副业运输队承担；第二线是从集镇到县城、车站、港口之间或集镇与集镇之间的物资运输，由社队专、副业运输队和当地汽车运输企业共同承担，是当时最为薄弱的环节；第三线是县城以上的公路干线物资运输，主要由地方（市）汽车运输企业承担。第二线短途运输紧张的主要原因是载货汽车过多地集中在城市和工矿区，为此，各地汽车运输企业根据农业生产的需要，调整了运力布局，将驻城市和矿区的车队划分为若干小队，分驻粮食重点产区、经济作物区和边远山区，充实二线短途运输力量，以缩短农民取送货物的距离，节省出用于运输的劳力、时间，从事农业生产。

汽车运输企业在"支农转轨"中，通过以下一系列有效措施，基本适应了各行各业对汽车运输的需要：

（1）大兴调查研究之风，探索农业物资运输规律；

（2）调整运力，加强短途运输，把农村需要的生产、生活资料运进去，把各种农副产品运出来；

（3）抓节令、抢时间，不误农时地优先运送农业生产资料；

（4）强化调度，组织合理运输；

（5）调整运力部署，延伸营运路线，增设站点，提高服务质量，降低运价，为支农运输提供方便。

（三）大件运输踏上发展征程

1974年下半年，上海、沧州等地自制的超重型车组率先完成制造并投入运输。之后，交通部进口的超重型车组也开始交货，经组装验收后相继参加各地的公路大件运输。在此前后，北京、沈阳、成都、南京、济南、烟台等地交通运输部门自制的超重型车组也先后投产。一批公路大件运输企业随之崛起，成为中国公路大件运输发展史上的一个里程碑。据《中国公路运输史》（第二册）记载，发展尤为突出的有以下公司：

上海市运输公司第六厂（后改名上海市大型物件汽车运输公司，以下简称"上运六厂"）是中国较早创设的大件运输企业，拥有 100～300 吨的超重型车组 6 组。上运六厂拥有一批有实践经验丰富的技术人员和工人，在装卸滚拖起重作业中具有优势。1972 年，当上运六厂还没有 300 吨的平板挂车时，就巧妙地用两辆 60 吨的挂车和一辆 150 吨的挂车组成前两后一的倒"品"字形车组，承运南京"9424 工程"的重达 280 吨、长达 34.5 米、直径最大处为 10.5 米的高炉。

除此之外，还有北京市运输公司十五厂（后改名为"北京市大型物资运输公司"）、四川省大件运输公司（后改名为"四川省大型物资运输公司"）、山东省公路运输部门的运输企业、交通部汽车运输总公司天津大型车队（后改名为"中国汽车运输总公司天津公司"）、交通部汽车运输总公司武汉大型车队（后改名为"中国汽车运输总公司武汉公司"）等。

除天津、武汉的大型车队外，辽宁、江苏、云南等省份也有一些公路大件运输企业。在此期间，所有到达中国港口的引进设备只要交由公路运输承担，不论多重、多长、多高、多宽，都能安全及时地运达建设工地，做到了"完整无损，万无一失"，保证了国家重点建设的顺利进行。在完成大型设备运输的过程中，公路大件运输企业在车辆设备、运输组织和人员素质等方面都经受了严格的考验，在生产实践中逐步成长壮大起来。

综上所述，我国的公路运输领域中的货物运输服务得到了长足的发展，发展势头良好（见表 2-4）。

表 2 - 4   1949～1978 年全国公路运输货运数据

年份	货运量（万吨）	货运周转量（亿吨公里）
1949	10579	10.5
1950	11729	11.9
1951	13729	15.2
1952	17247	19.6
1953	26174	30.1
1954	30834	38.7
1955	33991	44.3
1956	43504	55.1
1957	46762	62.4
1958	71726	102.6
1959	117300	166.2
1960	117200	187.8
1961	61583	103.0
1962	38909	75.1
1963	39983	75.6
1964	51336	87.3
1965	59995	110.0
1966	64268	128.9
1967	58843	113.2
1968	52979	95.3
1969	62311	123.4
1970	72929	154.0
1971	86611	175.0
1972	95823	191.4
1973	104171	206.8
1974	106095	210.1

年份	货运量（万吨）	货运周转量（亿吨公里）
1975	117663	248.1
1976	122119	261.0
1977	142302	318.6
1978	151602	350.3

资料来源：国家统计局。

三、重点物资运输服务保障

（一）调运粮食保生产

中华人民共和国成立初期，粮食产需、供求矛盾十分尖锐。1949 年，全国各地区旱、涝、风、虫等自然灾害相继发生，急需救济的重灾区人民约 700 万人。我国从 1950 年开始了在全国范围内的粮食调运，其规模是前所未有的。为确保这项工作的顺利进行，中央和有关省份都建立了粮食调运指挥机构，中南和华东地区分别组成运粮委员会，有关省份成立了运粮指挥部，协调各方面的关系，统一布置运粮任务①。

粮食调运一般要经过两次以上运输，但不论是水路还是铁路运输，都要通过公路运输接转。在调粮过程中，公路运输部门打破行政区划，开展直达运输，选择经济线路，组织合理运输，依靠民间运输工具把粮食集中到公路、铁路沿线，然后再疏运到大中城市。1950 年原计划全国调运粮食51.2 亿斤，实际完成 60 亿斤②。粮食的及时调运保证了各大城市和灾区的

---

①② 中国公路交通史编审委员会：《中国公路运输史》（第二册），人民交通出版社 1996 年版。

粮食供应，对打击投机倒把势力和稳定粮食市场价格起到了重要的作用。

（二）调运物资保国防

1950 年，美国发动了朝鲜战争，把战火燃烧到鸭绿江边。中国人民为了保家卫国，广大汽车运输职工踊跃申请参加抗美援朝支前运输。

交通部派出了由中国汽车运输总公司副总经理张振宇带领的抗美援朝运输大队奔赴朝鲜战场，同时，中共中央东北局和东北人民政府、旅大市、热河省运输公司、湖北省运输公司、浙江省交通公司、苏南汽车运输总公司镇江分公司、苏北运输总公司南通分公司和民营南京江南汽车公司、福建省公路运输部门、上海市等各地的运输组织纷纷组成运输队，奔赴朝鲜战场，与中国人民志愿军战地运输部队一道，组成了打不断、炸不烂的钢铁运输线，为夺取抗美援朝的胜利立下丰功伟业[1]。

全国公路运输部门职工广泛开展抗美援朝、保家卫国活动，提前超额完成抗美援朝的军需抢运、军用汽车的修理任务，与此同时，还保质保量地按时完成了国防工程建设的紧急运输任务，为保家卫国贡献公路运输人的力量。

（三）抢险运输保平安

在我国发生自然灾害的时候，公路运输组织积极调运物质保障人民平安，将自然灾害的损失尽量减小。

1954 年入夏后，湖北省遭受历史上少见的洪水灾害，全省公路运输部门广大职工积极投入防汛抢险救灾斗争，把防汛抢险的物资运输作为压倒一切的任务来完成。在防汛期间，江北运输总站、武昌运输总站、武昌汽

---

[1]　中国公路交通史编审委员会：《中国公路运输史》（第二册），人民交通出版社 1996 年版。

车保养场、湖北省运输局以及武汉市 585 辆私营汽车不分昼夜地投入抗洪抢险物资的运输。防汛抢险胜利结束后，转入抢修水毁公路，并突击运输粮食、种子、食盐、百货等急需物资。每次受灾后，各级人民政府都组织公路运输部门抢运救灾物资，供应灾区人民生活、生产需要，并大力组织灾民从事运输，达到生产自救、保畜渡荒的目的。①

1956 年河北省连降暴雨，山洪暴发，凶猛下泄，冀中、冀南的河流及各淀、洼水位猛涨，堤坝决口，四处漫淹。公路运输部门立即组织抗洪救灾运输，运输职工与灾民同甘苦，共患难，奋力抢运，保障了灾区人民的物资供应。②

1976 年唐山大地震后，在极其短的时间内，全国各地军民参与救援工作的人数已经达到了十几万人，各个地方派出的不同的车辆达到 5000 余辆，配合航空运输运送伤员数千人，运送救援物资上千吨，第一时间支援了唐山，解决了震区的燃眉之急。在唐山的灾后重建中，各级人民政府积极组织公路运输部门为重建唐山运输一切所需的建设物资和生活用品。③

四、公路运输安全保障逐步落实

1953 年，交通部颁发《交通安全运动推行办法》，规定成立中央、大区、省（市）交通安全委员会，统一领导交通监理工作。各地据此相继成立了交通安全委员会，以协调和解决交通管理上的矛盾，并研究和监督交通管理状况。

1963 年，交通部颁布了《汽车运输安全生产工作实行条例》（以下简称《条例》）。公路运输部门的汽车运输企业在贯彻《条例》过程中，加强

---

①②③ 中国公路交通史编审委员会：《中国公路运输史》（第二册），人民交通出版社 1996 年版。

了安全生产管理的组织领导、安全教育和技术培训工作，建立了群众性的安全监督组织，强调在抓生产的同时必须抓安全，做好"三查"（查安全思想、查规章制度、查安全措施）和"四找"（找安全经验、找安全生产关键、找事故根本原因、找事故苗子和隐患），落实保证安全生产的具体措施，及时解决阻碍安全生产的关键问题。

（一）加强驾驶员的安全管理

驾驶员对汽车运输的安全生产负有直接责任，汽车运输企业普遍加强了对行车人员的安全生产教育，坚持实行每周一次的定期"安全活动日"制度，要求驾驶员在执行运输任务时，要做到"八不走，三不拖"。

对驾驶员的安全管理理论和安全管理教育制度不仅保障了当时的公路运输安全，更是为我国公路运输长远的安全保障奠定了坚实的基础。时至今日，当时的安全意识依然发挥着实时警示的作用，其影响力深远。

（二）广泛开展安全宣传教育

从 1963 年起，全国公路运输部门汽车运输企业结合《汽车运输安全生产工作试行条例》，展开了一场"为坚决消灭重大恶性责任事故而斗争"的大讨论，广泛深入地开展"百日无事故"的安全生产劳动竞赛活动，大规模地进行安全宣传教育，对防止违章和事故的发生发挥了积极的作用。1963～1965 年，公路运输部门营运汽车平均肇事间隔里程逐年延长。1962 年平均行车 10.91 万公里肇事 1 次，1962 年延长到 18.99 万公里，1964 年又延长到 20.06 万公里，1965 年再延长到 22.6 万公里。①

---

① 中国公路交通史编审委员会：《中国公路运输史》（第二册），人民交通出版社 1996 年版。

（三）统一全国交通管理法规

为进一步贯彻执行中共中央《关于加强安全生产的通知》，1971 年交通部在山东省烟台市召开了有 12 个省、自治区、直辖市参加的公路交通安全生产经验交流现场会。会后组织安全生产典型代表分赴陕西、四川等省份巡回宣讲，并就加强运输安全工作向国务院作了专门报告。同年 11 月，国务院批转全国认真贯彻执行。1972 年，交通部会同公安部将《城市交通法规》（1955 年公安部修订）和《公路交通规则》（1960 年交通部颁布）合并，草拟成《城市和公路交通管理规则（试行）》（以下简称《交通管理规则》），于 25 日以两部名义颁发实施。《交通管理规则》的公布实施，一是将城市和公路这两个长期分割的交通规则合并为一个统一的规则，结束了长达 20 多年分割管理的局面；二是加强了交通法规建设，使这一时期的交通管理有章可循，有法可依；三是方便了群众，便利了生产。

第四节　公路运输科技创新与人才队伍建设

公路运输的发展离不开科技创新和人才队伍建设，新中国成立后我国的公路运输科技创新与人才队伍建设从车辆的整修开始，从公路运输装备的探索和制造开始，逐渐扩大到装卸设备领域、特种车辆领域和汽车燃料领域，与公路运输相关的各个领域的科技创新都有了突破，为我国公路运输的发展奠定了良好的技术储备。人才队伍建设也伴随着科技创新发展起来，并逐步扩大范围，人才队伍的培养形式越来越灵活，培养效果越来越明显，为我国公路运输发展的未来做好了重要的人才储备工作。

一、公路运输技术创新

（一）汽车维修制造技术发展

新中国成立后，我国整修旧废汽车的活动不仅仅推动了汽车维修和配件制造厂点的恢复和发展，还集结和培养了一批技术力量，为公路运输工业奠定了初步的物质技术基础。特别是在整修旧废汽车时，由于采用焊、糊、镶、补等修理方法，反复修改工艺，制定了技术规范，从而较快地提高了参加整修工作职工的技术水平。在修旧利废中，测绘了多种汽车车架、传动系统、悬挂系统等主要零部件的图纸，化验零部件的原材料成分，为保证修旧质量提供了依据。此外，还根据拼装的客车底盘，设计了式样新颖的长途客车车身，为之后公路运输部门成批改装客车奠定了基础。在汽车维修方面，公路运输部门的广大职工在设备简陋、工料缺乏的情况下，用修复和自制的配件为恢复运输生产服务作出贡献。

（二）汽车燃料开发技术

中华人民共和国成立初期，汽车运输机务工作的主要任务，除大力拼装和整修旧废汽车外，还集中力量攻克燃料供应严重不足的难关。为了采用代用燃料，维持汽车运行，各地公路运输部门根据就地取材的原则，分别选用木柴、木炭、煤和酒精等代用燃料，改装代燃炉。为采用代用燃料，各地也创制了代燃炉。如北京市朱临等工程师研制的温控式煤气炉，上海市公共交通公司张德庆等工程师研制的公交第五式煤气炉，贵州的平吸式木炭炉，以及华北、中南等地的各式各样的代燃炉，均取得良好的使用效果。虽然代用燃料的热值均低于汽油，动力性较低，驾驶人员劳动强度较大，但在当时汽油供应严重不足的情况下，对粉碎西方国家的经济封锁、恢复运输生产，发挥了极大的作用。

（三）制定汽车技术标准与定额

1954 年 4 月，交通部召开全国汽车运输暨技术会议，讨论修订 1952 年 7 月在全国试行的《汽车运输企业暂行技术标准与定额》，并于 1954 年 9 月颁布了《汽车运输企业技术标准与技术经济定额》（简称"1954 年《红皮书》"），规定在全国汽车运输企业中实行。汽车技术标准与定额的制定对我国公路运输的标准化发展起到了重要的基础作用。

二、创办公路运输教育事业

（一）兴办中等专业学校

1949 年以前，公路运输教育事业十分落后，既没有一所专门培养高级技术人员的高等学府，也没有一个专门培养中级人才的专业学校。为数不多的汽车运输方面的技术人员一部分毕业于综合性大学的机械系，另一部分则来自工科职业学校。

中华人民共和国成立初期，公路运输急需恢复和发展，而从事生产建设的技术业务人员却严重不足，在这种情况下，兴办教育，培养人才，刻不容缓。公路运输教育事业起步于国民经济恢复时期，将重点放在培训大量中级和初级技术人员上。在此期间，除少数综合性大学设置的机械系继续为公路运输培养高级技术人员外，交通部和各大行政区创建了北京干部学校、华东交通专科学校、西南交通专科学校、西北交通学校、东北交通学校；四川、贵州、云南、辽宁、黑龙江、安徽、河北等省份先后创办交通学校，设置的专业有汽车驾驶、汽车修理、计划统计、财务会计等。另外，各级公路运输部门为提高在职员工素质，还开办了许多职工业余学校，为中国公路运输教育事业的发展开了个好头。

（二）广泛开展职业教育

"一五"期间，公路运输系统职工中小学和初中文化程度的所占比重较大，许多工人文化水平低下，很不适应工作和生产的需要。基于这种状况，各级公路运输主管部门和运输企业非常重视提高职工队伍的技术业务和文化水平，采取多种形式培训在职的工人、干部。

1. 文化补习学校

当时，在职职工的文化教育工作多由工会负责，人数较多的运输企业的工会下设有教育科或教育股等专职机构；人数较少的运输企业仅设专职或兼职干部管理这项工作。文化补习学校一般按照职工知识层次，设有扫盲班和初小、高小文化补习班，有的也设有初中班、高中班。扫盲班是当时全国成人教育工作的重点，公路运输系统的文化补习学校也把工作重点放在扫盲上。经过几年的努力，公路运输企业的绝大多数工人达到了粗通文字的脱盲标准。

2. 短期训练班和定期学习制度

短期训练班主要目的是提高干部、工人的技术和业务水平，开展每周一至两次的业务学习，是当时广泛提高职工业务技术水平的主要途径。干部一般每周学习一至两次，以本单位能者为师，或请外单位精通业务的专家、学者讲课，理论联系实际，边学边干，干什么学什么，缺什么补什么。工人的学习则指定专人负责，主要以师傅带徒弟的形式，在操作岗位上进行培养。培训班内容多样，时间长短不一，针对性极强。

3. 先进经验学校

公路运输部门在开展"安全、节约、十万公里无大修"劳动竞赛中，普遍举办先进经验学校，组织推广先进经验。先进经验学校的学习内容是组织生产工人学习先进经验，解决生产中的关键问题。教员由先进经验创造者、先进生产者和工程技术人员共同担任。先进生产者以现身说法的形式，通俗、具体地传授先进经验，工程技术人员则从理论上论证先进经验的科学性和优越性。学员采取听讲、讨论、操作表演和实习相结合的方法进行学习。

随着社会主义建设事业的发展，各项工作对从业者的要求越来越高。为适应这一要求，各地政府开办了广播电台和电视台，分别举办了广播或电视大学，许多大学和中等专业学校举办了函授班，业余大学、夜校也相继开办，许多单位利用这些有利条件动员和组织职工向更高层次的文化科学知识进军。

（三）建立公路运输科研机构

为了更好地开展公路交通科研工作，我国各地开始建立公路运输科研机构。据《中国公路运输史》（第二册）记载，1958 年 11 月 8 日，我国正式成立交通部公路科学研究所。公路科学研究所是一个全国性的公路交通科研和协调中心，设有汽车运用、汽车保修等专业研究室。该研究所除承担大量科研课题外，在一些重大科研课题上，还起着组织全国公路运输科研工作大协作的主导作用。

1958 年，公路科学研究所建立了上海、重庆及西安 3 个试验研究室，不久即精简下放所在地的市政工程和交通部门。1960 年，公路、水运两个科学研究所合并，组成交通部科学研究院。1962 年，交通部科学研究院与吉林工业大学合作，成立了长春汽车运用和保修研究所。与此同时，各省、自治区、直辖市的交通厅（局）也分别成立了公路交通科研机构，其中规模最大的达 100 多人。

1958～1965 年，公路科学研究部门将汽车运用、汽车保修、客车和挂车设计研究等方面取得的成果用于生产，获得了较好效果。如 1958 年"大跃进"中发生盲目拖带现象，出现了所谓"百吨列车"。1959 年，交通科学研究所对汽车合理拖挂进行研究，解决了全挂车制动同步和采用电制动等问题，促进了拖挂运输的健康发展。20 世纪 60 年代初期，一些省、自治区、直辖市公路运输部门与科研单位协作，开展了运筹学在汽车运输中的应用研究，并总结了上海经验，提出线性规划在汽车运输中的具体应用实施方案。公路运输部门与科研单位协作，对特殊地区行车的操作技术进行了一系列科学实验，还研制出并使用掺水抗爆节油、多极点火、三重喉管等节油装置，取得了显著效果。各地汽车保修企业通过开展技术革新，研制了许多减轻工人劳动强度的保修机工具。公路运输部门与科研单位协作，对汽车旧件的粘补、焊接、塑料应用等修复工艺展开了研究，其中交通部公路科学研究所研制的震动堆焊获得了国家的奖励。为提高轮胎利用率，交通部科学研究院重庆分院对翻胎技术、配方以及采用活胎面等进行了长期研究，并取得不少成果。交通部公路科学研究所与生产厂协作，研制了 3 吨、4 吨全挂车；浙江省公路运输部门试制了 6 吨全挂车；湖北、山东、辽宁等省份公路运输部门研制挂车也取得了不少成果。与此同时，各地还利用货车底盘改装了一些公路客车。

第五节　公路运输治理体系的搭建与改革[*]

　　伴随着新中国的成立，我国公路运输治理体系一步步搭建起来，并结合不同时期经济社会发展需求进行了相应的改革和完善。公路运输集中统一的管理体系确立后，汽车运输由交通部，到各省、自治区、直辖市交通厅（局）垂直领导，民间运输由省、地、县交通部门分级管理。这种集中统一的管理体制，适应了当时运力小、运量大而又必须保证重点物资运输的客观需要。自 1949 年至 1978 年，历经近 30 年的发展，我国的公路运输治理体系取得了长足的发展，充分发挥了计划经济的优势，为规划运输市场、保障运输安全、提高运输服务作出了突出贡献。

一、治　理　体　制

（一）运输管理体制的调整与完善

　　与其他行业一样，公路运输治理体系伴随着新中国的成立发展起来。1950 年 1 月，交通部成立公路总局，公路总局内设有主管公路运输的厂务处、业务处、运务处和监理处。后来发展成为机运处、汽车管理科等。同年成立国营汽车运输总公司，后改称为中国汽车运输总公司。1951 年，中

---

　　[*] 本节参考资料均来源于：中国公路交通史编审委员会：《中国公路运输史》（第二册），人民交通出版社 1996 年版。

国汽车总公司改组，成立交通部运输局，运输局作为交通部的职能机构，主管全国公路运输工作。

同期，我国各大区及地方公路运输管理机构建立。1950 年，全国公路运输机构已建立 899 个。其中，大区属运输公司 4 个、大区属运输分公司 26 个、省级运输公司 28 个、省属运输（转运）分公司 95 个、运输站点 746 个，共有职工 233686 人。

从 1953 年起，国家开始有计划地进行经济建设。为适应计划经济工业，对交通企业实行统一集中管理。1954 年前，全国设置了 6 个大行政区，一个大行政区管几个省份，各大行政区均设交通部，成立了大区运输公司，对所辖省份的公路运输业务进行督导。

1. 运输管理机构调整

1954 年 8 月，公路运输局与公路总局合并为交通部公路总局。

1960 年 11 月，交通部在组织机构调整中，按照运输、工业、基建分别设置业务局，撤销了水运总局和公路总局，成立运输总局。

2. 公路运输系统直属单位调整

1955 年 12 月，公路总局改为公路工程总局，交通部在北京成立公路总局设计局。此外，交通部另在大区公路设计公司的基础上设立 5 个公路设计分局，分设在重庆、武汉、上海、沈阳、西安（公路设计局与分局于 1956 年分别改为公路勘察设计院与设计分院），并在武汉、成都、重庆、上海、沈阳、西安、昆明成立 7 个直属公路工程局。这些施工、设计单位主要承担中央财政投资的干线公路勘察、设计和施工任务。

3. 运输局的建立

（1）交通部公路运输管理机构的调整。

1960 年 11 月，交通部在组织机构调整中，按照运输、工业、基建分别设置业务局，撤销了水运总局和公路总局，成立运输总局。运输总局掌管水上和公路运输工作，既管直属单位，又管地方交通。运输总局未设置人事、计划、财务等方面的工作，这些工作分别由交通部有关职能局直接管理。由于中央和地方的交通管理机构不对口，地方交通部门请示中央解决的问题往往要经过交通部几个职能局研究协商，影响了办事效率。

从 1961 年至 1962 年底，为加强公路运输的集中领导，地方交通部门收回了下放到县的汽车运输企业；为战备需要，交通部试建直属汽车运输企业；汽车配件的产、供、销统一划归交通部管理；民间运输业作为短途运输的一支重要力量，直接承担与支农有关的物资运输，需要由专门机构领导与管理。

1963 年 5 月，报经国务院批准，交通部再次调整组织机构，撤销了运输总局，恢复了公路总局，新成立了民间运输管理局。有关汽车运输、汽车维修和汽车配件的生产、供应、销售工作，均由公路总局管理。不久，又将公路总局改为公路运输局。这次机构调整，充分考虑了直属运输企业与地方公路运输的管理问题，交通部明确指出，中央直属的和地方的公路运输企业在管理体制上虽不一样，但所有制（都属于全民所有）和业务经营（都属于现代运输工具）都是一致的，交通部要加强有关统筹规划、规章制度、干支关系、运力调剂、维修力量、技术指导方面的工作，以适应支农、战备的需要。

（2）筹设交通部直属汽车运输企业。

20 世纪 60 年代初，为适应战备和重点物资运输的需要，交通部开始筹建直属汽车运输企业。根据国务院的批示，交通部于 1963 年组成 5 个汽车大队，每个大队拥有汽车 200 辆，大队下设 10 个小队，并在华北、华东、西北筹建汽车运输局，领导各汽车队，并不断发展壮大。

（3）地方公路运输管理体制的变更。

1958 年，国家经济体制试行改革，多数省、自治区、直辖市交通厅（局）精简机构，下放企业，把直属的汽车运输企业连同人权、财权、物权全部下放到专区（州、盟），有的还下放到县，运输企业的管理体制由原来省、自治区、直辖市的统一领导变为地、县两级管理，有的地、县则将运输公司撤销，与同时下放的公路、航运机构合并，组成地、县交通运输局，实行行政、事业、企业三合一的管理体制。

1961 年，国民经济各部门、各行业开始执行"八字"方针。据此精神，各省、自治区、直辖市人民政府决定将下放的汽车运输企业收回。收回的情况大体有两种：一是收回下放到专区和县的汽车运输企业，恢复省（区、市）汽车运输公司、分公司或地区运输公司、县运输管理站，由省统一领导，分级经营。这种情况属多数。二是将过去下放到县的汽车运输企业大部分收到专区经营管理，省汽车运输公司除保留少量机动运力外，只从方针政策、业务技术等方面对地区运输公司进行指导。

4. 公路直属单位的调整、下放

"文化大革命"初期，各级主管公路运输的职能部门有的合并，有的撤销。多数省、自治区、直辖市的汽车运输企业又一次从省下放到地区，有的直接下放到县。

1971 年 11 月，交通部下发通知，交通部直属第一汽车运输总公司从四川成都迁回北京，改组为交通部汽车运输总公司。1974 年 9 月，交通部决定在武汉、天津成立大型车队，实行汽车运输总公司和地方双重领导，业务以总公司领导为主。

1973 年后，不少省、自治区、直辖市陆续将下放的汽车运输企业上收，恢复成立了省运输公司，在交通局内设运输处（科）管理运输行政。

综上所述，我国的运输管理体制伴随着国家经济、公路运输的发展而不断调整、完善，以促进我国的计划经济和人民需求的协调发展，从而更好地规范管理公路运输业，促进其健康发展，为我国人民幸福和经济社会发展提供基础保障。

（二）国营运输公司的组建和规范

1. 组建并规范国营运输公司

1950 年，根据政务院决定，交通部设置国营汽车运输总公司（随后改名为"中国汽车运输总公司"），领导直属公司的运输生产，同时具体管理全国公路运输事宜。地方公路运输分别由大行政区（军政委员会）交通部和各省、自治区、直辖市人民政府交通厅（局、委）或其所属运输公司直接管理。由此初步形成中央、大区、省三级公路运输管理构架。中国汽车运输总公司是兼有行政管理职能并从事交通建设或从事交通部及直属系统运输生产的政企合一的组织，辖有为数众多的公司、分公司、修配工厂或派出机构，形成多级结构的子系统。中国汽车运输总公司的公司总部内设机构与直属公司如图 2-2 所示。

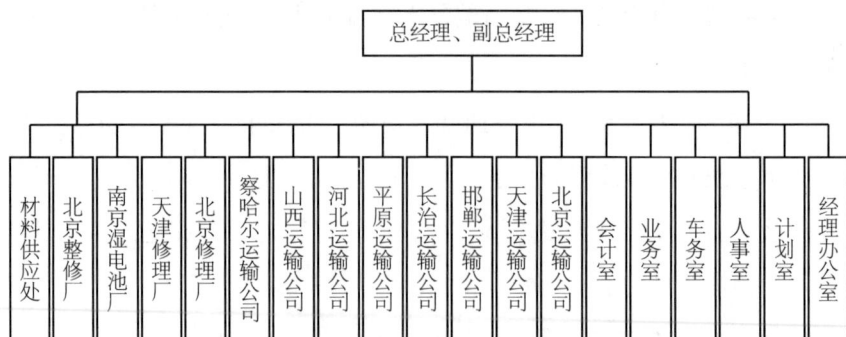

图 2-2　中国汽车运输中公司组织系统二级结构（1950 年）

资料来源：《交通部行政史》编委会：《交通部行政史》，人民交通出版社 2008 年版。

2. 企业管理体制调整

1951 年，交通部决定将中国汽车运输总公司改设为公路运输管理总局，原总公司直属的运输公司划归华北区运输公司管理。

1952 年，西南、西北设中央运输总局的派出机构，即运输分局，经费由中央行政费内开支，与省运输局是业务上的监督指导关系。其余各大区的汽车运输划归省（区市）领导经营。

3. 企业管理成效

（1）开始探索运输企业管理的有效模式。

提高道路运输企业的效率，尽量发挥道路运输工具的作用，是新中国成立初期开展公路运输行政的具体内容。交通部在调查研究和总结各地经验的基础上，努力探索道路运输企业管理的有效方式。其中比较重要的有下列几项：

第一，推行车务负责制。1950 年 6 月，交通部国营汽车运输总公司在北京召开车务会议，总结推广车务负责制，对汽车运输的车务、机务、保修、驾驶等工作的管理以及定额指标提出了原则要求。各地公路运输部门在推行车务负责制的过程中针对各地实际情况加以具体化，从而提高了国营运输企业的管理水平。

第二，试行成本管理。1950 年，交通部国营汽车运输总公司召开会议，重新制定了《汽车运输成本计算和账务处理办法》，决定自当年 10 月起，要求全国各地国营运输企业因地制宜，参照执行。这一决定对国营运输企业控制运输成本起到了积极的作用。

第三，整顿运价，制定价规。新中国成立初期，公路运输运价和计价单位比较混乱。交通部在全国首届航务公路会议上提出加强科学管理，实行低运价的基本政策。各地交通部门纷纷制定相应措施，作出地区性规定，要求利润不超过 15% 或 10%。1951 年，全国国营运输企业运价走向规范，从 1951 年至 1952 年，公路运价逐步走低。

第四，推动《安全、四定、车吨月产两千吨公里》运动。《安全、四定、车吨月产两千吨公里》由地方运输部门发起，交通部及时总结，加以推广，产生良好效果。

（2）统一汽车运输成本核算规定。

为了健全国营运输企业的成本管理制度，加强成本计划和成本核算工作，以利增产节约运动的开展，1959 年 12 月交通部首次颁发《汽车运输成本项目和成本计算的统一规定》，对分配生产费用的原则、成本分类、计算单位、时间、方法等作出比较详尽的、可操作的规定。为进一步规范统一汽车运输的成本核算工作，1965 年 12 月 25 日，交通部又颁发了《国营交通运输企业成本核算的若干规定（草案）》，对成本核算对象、计算单位和方法等又作出了规定。其中成本核算的内容分两大类：一是车辆费；二是管理费。至于成本计算单位和方法，则与 1959 年颁发的基本相同。前后颁发的两个规定对全国汽车运输企业加强成本管理起到了重要的促进作用。

二、治理依据

（一）运输企业管理

1954 年 3 月，交通部颁布《公路汽车货物运输规则》和《公路汽车旅客运输规则》。《公路汽车旅客运输规则》对售票与乘车、保障旅客安全措施、改班与退票、包车运输等环节都作了具体规定。同年 4 月，交通部发布了《汽车运输成本计算规程》。

1956 年 5 月，为改进汽车运输企业的内部管理，交通部公路总局颁发

《公路运输企业经济核算制试行条例》《公路运输企业车队经济核算试行办法》《公路运输企业单车经济核算试行办法》《修理厂保养场、班组经济核算试行办法》。

1956 年 9 月，交通部颁发《汽车运价计算暂行办法》《公路运输暂行货物分等表》。

1957 年 5 月，交通部会同邮电部联合颁发《公路汽车运送邮件原则规定》。同年 7 月，交通部颁发《修订公路汽车旅客遗失行李、包裹最高赔偿标准的通知》。

（二）加强公路运输及运输企业的规范化管理

促使公路运输及国有运输企业走上规范化运行轨道是公路运输行政的一项重要任务。在贯彻中共中央"八字"方针的过程中，交通部逐步加强公路运输及运输企业的规范化管理，主要行政措施除整顿运价以外，还有以下方面。

1. 建立运输计划管理制度

国民经济全面恢复和快速发展客观上要求公路运输必须先行一步。为了提高运输业管理水平，交通部召开全国汽车运输暨技术会议，强调汽车运输要加强计划管理，按作业计划进行均衡运输。

（1）推动汽车运输企业三大改革。

随着经济快速发展，客货运量迅猛增加，汽车运输任务日益繁重。1956 年，为提高运输效率，交通部在全国汽车运输企业推动三大改革：实行双班运输、拖挂运输和总成互换修理法，取代传统的单班运输、就车修理和单车运输，以充分挖掘汽车运输潜力。各地汽车运输企业结合自身条件积极实施三大改革措施，提高了运输效率，有效地缓解了当时运输紧张的状况。

（2）召开专门会议，制定《汽车运输企业技术标准与技术经济定额》。

1954 年，交通部在北京召开全国汽车运输暨技术会议，会议讨论、修订并通过了新的《汽车运输企业技术标准与技术经济定额》（以下简称"红皮书"）。1954 年 9 月，交通部发出通知，要求在全国汽车运输企业中予以实施。"红皮书"建立了以计划预防保修制度为主的标准、定额、规范，初步奠定了我国汽车运输技术管理基础，提高了职工技术和管理水平，使我国汽车运输管理工作有了明显进步，并产生了深远影响。

2. 推进全国私营汽车业社会主义改造

根据交通部指示，结合当时国营营运工具少而私营营运工具多的状况及其运输业特点，各地交通部门采取了私营与国营合并的方法，对私营汽车进行编组编队。在对它们实行统一分配货源、统一运价、统一调度的"三统"办法管理的基础上逐步对其进行改造，此举取得了很大成绩。一方面，它限制了私营运输业的资本主义自发势力泛滥，取缔了中间剥削及其他违法乱纪行为，稳定了运输市场，保证了国营运输企业的主导地位；另一方面，将营运工具纳入计划管理，提高了整体运输效率，降低了运输成本和运价。

1955 年召开的全国地方交通工作会议作出《中华人民共和国交通部关于资本主义运输业及个体运输业社会主义改造的指示（修正草案）》，要求各地全面规划，加强领导，加快改造速度，对私营汽车运输业实行定息合营，并将原来一些实行"四马分肥"的合营企业通过协商转为定息合营。截至 1955 年底，成立 40 个公私合营公司，并对个体汽车进行了合作化改造试点。

公私合营后，职工积极性进一步提高，公路运输的生产效率也随之上升。1956 年，全国 1 万余辆私营汽车全部实行定息合营，合营后货运汽车的车吨年产量提高了 46%，客运汽车的车吨年产量提高了 69%。

3. 加强公路运输及运输企业的规范化管理

（1）健全汽车运输工作的相关制度。

为防止旅客运输过程中的某些错乱现象，交通部组织专人开展调查研究，制定了《公路汽车旅客行李和包裹运输规则》，并于 1962 年 5 月 1 日起施行。随后，为全面规范汽车运输，1963 年 3 月 26 日，交通部颁发《汽车运输工作条例（草案）》，对汽车运输的性质和任务、汽车队的组织和运作以及运输企业的计划管理、技术管理、定额管理、车辆调度、安全质量、奖惩办法和生活福利、政治工作等内容作出系统的规定。在此基础上，为整顿和简化公路汽车营运票据和原始凭单，交通部通过试点和总结经验，于 1965 年 12 月 18 日颁发了《公路汽车营运票单统一格式和使用办法》，自 1966 年 1 月 1 日起实施。上述关于汽车运输工作制度的各种规定对促进全国各地汽车运输企业的规范化管理和有序运作起到了重要作用。

（2）颁发技术管理规范，加强汽车机务管理。

汽车机务管理，特别是汽车机务技术管理是运输企业经营管理中的重要组成部分。1961 年 1 月，交通部在全国交通会议上强调必须扭转重造轻修、重使用轻维修的不良倾向，把保养维修工作放在首位，提出"先维修、后制造"的具体方针。此后，交通部于 1962 年和 1963 年分别组织有关技术人员，总结以往的经验，分析"大跃进"中有章不循、保修失调、车况下降的问题，将以前编写的《汽车运输技术规范（初稿）》修改为《汽车运输企业技术管理制度》和《汽车运用技术规范（试行）》，并于 1964 年 1 月颁发。与此同时，还将组织编写的《汽车运用技术手册》作为技术参考资料一并印发。上述文件的颁发及实施标志着汽车运输企业的技术管理工作进入了一个新的阶段。

（三）颁发试行运输规则

公安部、交通部于 1972 年 3 月联合下发试行《城市和公路交通运输管理试行规则》，交通部于 12 月颁发试行《公路汽车货物运输规则（试行）》和《公路汽车旅客运输规则（试行）》，坚持交通运输的规范化运作。

为了规范跨省公路客货营运管理，1975 年 9 月 23 日，交通部重新颁发了《关于跨省公路客货营运分工的规定》，要求跨省货运以专责营运为原则，跨省客运以共同营运为原则，并规定了跨省路线的运费、机构等问题。1975 年，全国公路部门共计完成客运量 10.1 亿人次，货运量 7.3 亿吨，货物周转量 202.7 亿吨公里。

自新中国成立至 1978 年，交通部关于公路运输的主要行政管理文件汇总如表 2-5 所示。

表 2-5　　　　1949~1978 年交通部主要行政管理文件汇总（部分）

政策文件	发布年份	主要内容
《关于 1950 年公路工作的决定》	1950 年 2 月	决定在交通部下设公路总局及运输总公司，领导公路建设、管理与运输工作
《中央人民政府政务院关于加强地方交通工作的指示》	1953 年 11 月	（1）地方交通工作管理范围，决定将国营汽车运输企业及其附属企业均划归地方领导，由省、自治区、直辖市负责经营； （2）地方交通事业的经费和计划程序问题； （3）地方交通工作的领导关系和组织机构
《关于对私营工商业、手工业、私营运输业社会主义改造中若干问题的指示》	1956 年 6 月	要求在进行社会主义改造过程中，严格贯彻执行国务院相关文件精神，并结合运输业特点，制定出具体办法，及时解决存在问题，总结和推广经验
《关于加强运输工作的指示》	1958 年 9 月	强调要组织机关、企业、军队、学校等部门的汽车、兽力车、人力车等运输工具参加运输，并推广辽宁省动员机关、学校、军队的力量，组织装卸后备大队进行快装、快卸、快运的经验

政策文件	发布年份	主要内容
《关于开展群众短途运输运动的指示》	1959 年 9 月	要求加强行政管理和统一指挥，贯彻统一领导、分级管理、层层包干的原则，在各地党委统一领导下，建立和健全包括运输部门参加的运输指挥部
《关于当前民间运输业调整工作中若干政策问题的指示》	1962 年 5 月	对民间运输业所有制、社员入社财产处理和退赔、收益分配和生活福利、企业经营管理以及组织领导和物资供应等问题，都作了比较详细具体的规定
《关于加强安全生产的通知》	1970 年 12 月	强调各单位、各部门要对安全生产作深入认真的检查，总结经验教训，堵塞漏洞，防患于未然。对一切违反安全生产制度、不遵守劳动纪律、工作不负责任以致造成重大事故者，必须追究责任。各级公路运输管理部门在贯彻执行中共中央的通知过程中，组织了安全大检查，发现导致交通事故增多的主要原因是，交通监理机构瘫痪，规章制度无法执行，有法不依，违法不纠，安全工作无人管的问题十分严重

第三章

改革开放蓬勃发展（1978～2012 年）

新中国成立后至 1978 年，在中国共产党的带领下，中国交通实现了自立。1978 年 12 月中国共产党召开了十一届三中全会，开始了改革开放的历史征程。1978～2012 年，在中国特色社会主义思想的科学指引下，在中国共产党的坚强领导下，伴随着中国改革开放 30 多年经济蓬勃发展的历史进程，我国公路交通运输事业得到了迅速发展，实现了从"自立交通"到"自足交通"的重要转变。30 多年来，我国公路交通运输无论是在路网规模、技术等级、运输服务等方面，还是在行业治理、体制机制等方面，都发生了翻天覆地的变化，取得了令人瞩目的成绩。影响道路畅通、制约经济发展的低质量公路、断头公路、危桥等问题得到了彻底解决；高速公路基础设施建设实现了从无到有再到快速发展的历史性突破；公路运输行业治理与政策制度的制定从不完善到完善，并且逐步地迈向现代化创新阶段。

第一节　公路交通基础设施建设

公路交通基础设施包括公路线网、公路桥梁、公路隧道以及其他与公路交通产业相关的基础设施投资。"要致富，先修路"，社会经济的发展和交通建设、投资之间存在着显著的正相关关系。1978～2012 年，我国公路交通基础设施建设逐步进入快车道，到 2012 年基本满足了社会经济发展和人民群众出行对公路交通运输服务的需求。同时，公路交通基础设施的建设有力地促进了我国国土开发、产业布局、区域经济发展、广大农村发展和农民脱贫致富。

一、公路建设与经济腾飞"并驾齐驱"

1978～2012 年，我国公路交通规划、建设与投资和我国经济发展时代背景和发展需求密切相关。1978 年改革开放伊始，公路交通总里程仅 89 万公里，且基本上是 20 世纪 50 年代的底子，其中 40% 达不到最低技术等级，属于等外公路；46% 属于通过能力很低的四级公路，一级和二级公路不到 2%[①]。落后的公路交通基础设施限制了要素的流动，制约了当时经济发展的内在要求。虽然党的十一届三中全会提出实行改革开放，明确了将党的工作重心转移到经济建设上，但是在重大历史转折下，要将思想和行动统一到发展问题上来仍需较长一段时间的努力，因此，改革开放初期社会经济发展依然相对缓慢。从 1978～2012 年国内生产总值变化趋势（见图 3-1）可以看出，20 世纪 90 年代之前，我国经济发展十分缓慢，同样地，这段时期我国公路交通基础设施建设与发展速度也相对缓慢（见图 3-2）。

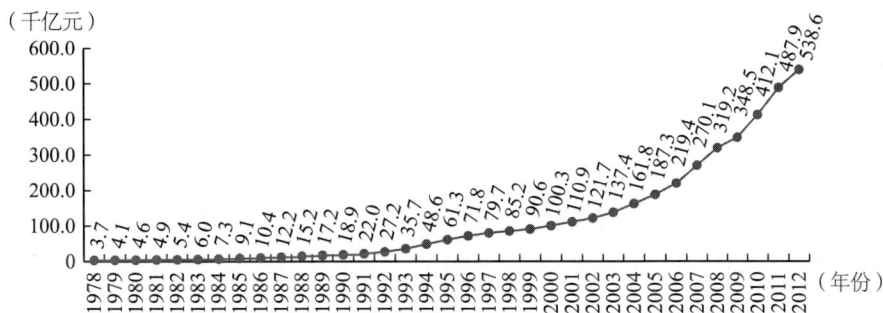

图 3-1　1978～2012 年我国国内生产总值变化趋势

资料来源：国家统计局网站。

---

① 交通部综合规划司：《新中国交通五十年统计资料汇编》，人民交通出版社 2000 年版。

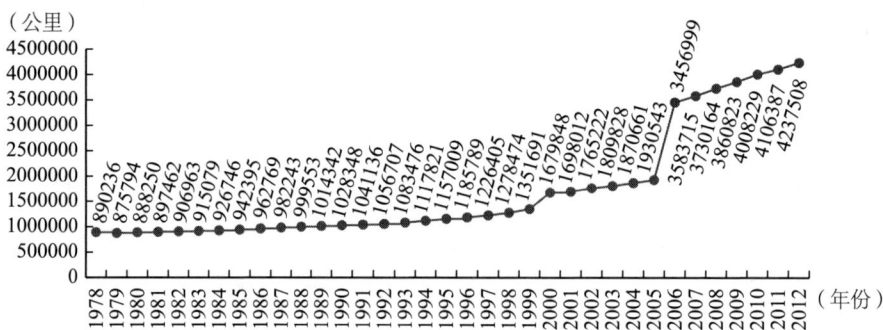

图 3-2　1978~2012 年我国公路总里程变化趋势

资料来源：国家统计局网站。

　　到 20 世纪 90 年代，中国共产党第十四次全国代表大会提出发展社会主义市场经济，中国的改革开放进入一个新的历史时期，接下来的 20 年我国社会经济取得了突飞猛进的发展。经济发展的内在要求和内在驱动力对快速、通畅的公路交通提出了迫切的需求，已有的公路交通基础设施无法满足社会经济发展的需求，对经济发展的局限日益凸显。因此，20 世纪 90 年代中后期开始，我国公路基础设施建设提速，公路交通发展进入大规模投资时期。到 2012 年，我国公路总里程达 423.75 万公里，比 1978 年增长了 300.76%。

　　20 世纪 90 年代，经济开始快速发展，而公路交通供给滞后导致大多数交通干线和城市出入口交通严重阻塞。为解决公路交通供给滞后的问题，1992 年交通部提出建设"公路主骨架"—"五纵七横"国道主干线，其先期建设的"两纵两横三个重要路段"于 2003 年贯通，"五纵七横"于 2007 年实现基本贯通。2004 年国务院审议通过《国家高速公路网建设规划》。由此，我国逐渐建立起了覆盖广泛的国家公路路网体系框架。到 2012 年，全国通车公路路网密度（以国土面积计算）由 20 世纪 90 年代初的每百平方公里 12 公里左右提高到每百平方公里 44.14 公里。我国公路路网密度变化趋势如图 3 - 3 所示。

（公里/百万平方公里）   （公里/万人）

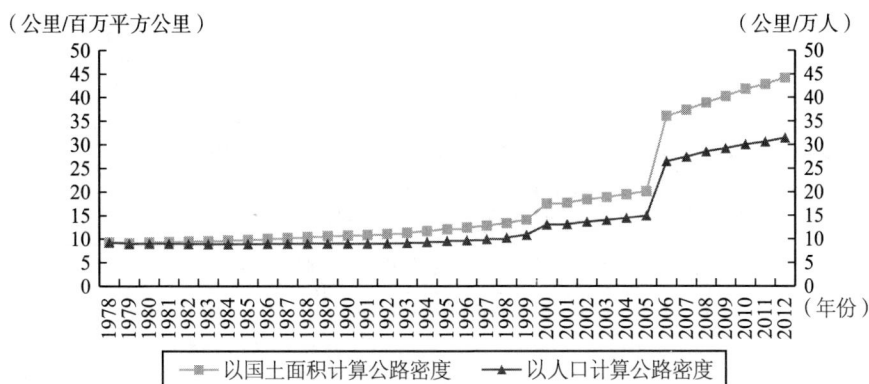

图 3 - 3 1978～2012 年我国公路密度变化趋势

资料来源：《中国交通运输统计年鉴》。

    另外，作为国民经济中的基础产业部门和先行部门，公路交通运输产业对社会再生产过程有着非常重要的作用，对区域经济发展意义重大，也因此在区域发展战略实施中占据重要地位。中国的改革开放从优先发展东部沿海地区起步，所以 2010 年之前我国东部地区公路交通基础设施投资所占比重较大。后来根据不断变化的趋势，党中央又适时提出了西部大开发和振兴东北老工业基地等战略，公路交通资源开始向西部和中部地区倾斜，西部和中部地区所占公路交通固定资产投资比重有所增加，这一趋势可以从 2001～2012 年我国东、中、西部地区公路交通固定资产投资情况中看出（见图 3 - 4）。

（万元）

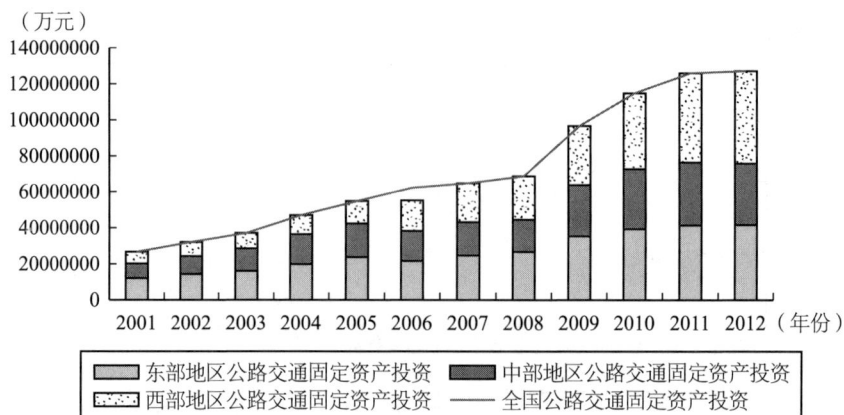

图3-4 2001～2012年我国东、中、西部地区公路交通固定资产投资情况

资料来源：交通运输部网站。

二、高速公路"后来者居上"，建设进入快车道

第二次世界大战以后，以美国为首的发达国家掀起高速公路建设高潮。相对于欧美等资本主义发达国家，我国高速公路建设起步较晚，但从1988年第一条高速公路——沪嘉高速公路建成通车，到2000年中国高速公路总里程以1.63万公里位居世界第三，仅用了十几年时间走过了发达国家几十年走过的路程，成绩斐然，为世界瞩目[1]。进入21世纪，由于高速公路速度快、运量大、节约土地、节能环保等优势特征明显，符合我国经济社会发展需要，高速公路建设进入快车道。2004年12月中国国务院讨论通过《国家高速公路网规划》，大批高速公路成为规划项目。到2012年底，我国高速公路总里程达到9.62万公里，全国高速公路车道里程达到42.46万公

---

① 国家统计局：《2000年公路水路交通行业发展统计公报》。

里①。1988～2012年我国高速公路里程变化趋势如图3-5所示。

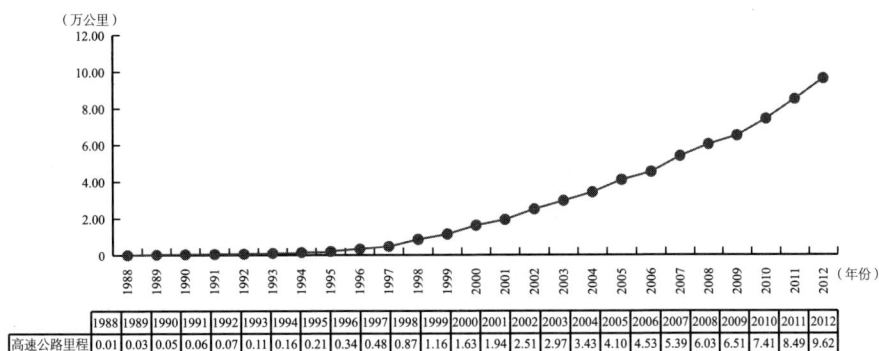

	1988	1989	1990	1991	1992	1993	1994	1995	1996	1997	1998	1999	2000	2001	2002	2003	2004	2005	2006	2007	2008	2009	2010	2011	2012
高速公路里程	0.01	0.03	0.05	0.06	0.07	0.11	0.16	0.21	0.34	0.48	0.87	1.16	1.63	1.94	2.51	2.97	3.43	4.10	4.53	5.39	6.03	6.51	7.41	8.49	9.62

图3-5　1988～2012年我国高速公路里程变化趋势

资料来源：国家统计局网站。

　　高速公路是社会经济发展的标志，在现代的物流以及市场运作当中都有很重要的位置。高速公路经济效益好、资金回收率高，但是我国高速公路建或不建的问题，最初也面临着争议。20世纪80年代，正值世界发达国家考虑建设跨区域、跨国的高速公路网络时，中国内地多数人还无法理解高速公路"全封闭和全立交"这一理念，仍习惯于"有路大家跑车、有水大家行船"的传统观念。也有部分人以投资大、占地多、能耗高等理由反对国家修建高速公路。有关领导和专家力排众议，作出了在经济较发达地区先行建设高速公路的决定。1988年1月5日，交通部、财政部、国家物价局发布《贷款修建高等级公路大型公路桥梁、隧道收取车辆通行费规定》，即"贷款修路、收费还贷"政策，该政策在1984年初具雏形，1988年正式推广，对我国高速公路建设事业意义重大，解决了政府资金不足而高速公路需求大的矛盾。

　　20世纪80年代，一批高速公路建设项目被正式纳入国民经济发展计

---

① 国家统计局：《2012年公路水路交通行业发展统计公报》。

划，我国高速公路建设逐渐始走上了正轨。1984 年 6 月 27 日，沈阳至大连高速公路（最初为一级公路标准）动工建设，为中国内地第一条开工兴建的高速公路，并先于中国首条规划的京津塘高速公路施建。1988 年 10 月 31 日，上海至嘉定的沪嘉高速公路建成通车，为中国内地首条投入使用的高速公路。1990 年，被誉为"神州第一路"的沈大高速公路全线建成通车。1993 年京津唐高速公路建成，我国拥有了第一条利用世界银行贷款建设的、跨省市的高速公路。1992 年，交通部制定了"五纵七横"国道主干线规划并付诸实施。

1997 年底，我国高速公路通车里程达 0.48 万公里，1988～1997 年，我国高速公路年均增长 477 公里①。为应对 1998 年的亚洲金融危机和 2008 年的国际金融危机，国家采取了宽松的货币政策，交通部门和各地方政府抓住了这两次机遇，将我国高速公路发展推进到快速发展时期。到 2012 年底我国高速公路通车里程达 9.62 万公里，1998～2012 年我国高速公路平均每年增长 6093 公里②。

三、农村公路建设大有作为，成就美丽新农村

1978 年，全国范围内的农村公路总里程 58.6 万公里，公路修建的等级相对来说很低，且大量的乡镇以及村庄都没有公路通行③。到 20 世纪 80 年代，农村第二、第三产业比重上升，机动车保有量大幅度增加，对农村公路数量、质量提出了更高要求。1984 年以后，国家先后安排了 7 批以工代赈计划，以加大基础设施建设力度。1994 年，第 7 批以工代赈计划开始

---

① ② 中华人民共和国交通运输部：各年《中国交通运输统计年鉴》，人民交通出版社。
③ 交通部综合规划司：《新中国交通五十年统计资料汇编》，人民交通出版社 2000 年版。

实施，这批以工代赈是根据中央农村工作会议精神和《国家"八七"扶贫攻坚计划》提出的。这批以工代赈计划强调集中资金、确保重点，主要解决贫困地区行路难、饮水难问题，决定原则上每年要有 7 亿元投资用于扶贫公路建设。20 世纪 80～90 年代，小康村的建设、农村改革和乡镇企业发展等带动了农村公路发展，我国农村公路在这一时期稳中有升，但农村公路的发展速度远远落后于我国社会主义市场经济的发展速度，无法满足我国经济发展的需求。

2003 年，中央提出全面建设小康社会、建设社会主义新农村的宏伟目标。同年交通部下发《关于进一步加强农村公路建设与管理工作的通知》，农村公路建设迎来了前所未有的大发展机遇，一场覆盖全国的农村公路大建设热潮在全国铺开。从 2004 年开始，中央连续多年发布的一号文件高度重视"三农"问题，并把农村公路建设当作新农村建设的核心组成部分。2005 年 10 月，中国共产党十六届五中全会通过《"十一五"规划纲要建议》，提出要按照"生产发展、生活宽裕、乡风文明、村容整洁、管理民主"的要求，扎实推进社会主义新农村建设。我国全面建设小康社会的重点开始转向农村，农村公路建设成为整个社会主义新农村建设部署中的重要组成部分，具有极其重要的意义。2005 年，国务院审议通过了《农村公路建设规划》，标志着我国农村公路建设进入了一个全新的、复兴的时期。

在各项政策的支持下，经过各级政府和广大人民群众的努力，农村公路发展取得了喜人的成绩，农村公路建设情况发生了天翻地覆的变化。到2012 年，全国农村公路（含县道、乡道、村道）里程达 367.84 万公里，其中村道 206.22 万公里，全国通公路的乡（镇）占全国乡（镇）总数的

99.97%，通公路的建制村占全国建制村总数的99.55%①。

农村公路在农村运输网络中居于主导地位，关系到农民群众的生产、生活，也关系到农业和农村经济发展。1978～2012年，我国农村公路（县道、乡道、村道）里程变化趋势如图3-6所示。可以发现从20世纪末开始，农村公路建设速度不断加快，国家对农村公路的重视度越来越高。农村公路建设速度不断加快使农村道路面貌焕然一新，进而促进农民更好地适应市场需求，搞活农产品流通，提高农业综合效益；引导农村企业合理集聚，完善小城镇功能，改善农村生产生活条件；改善各种生产要素流动条件，促进农民思想的转变，促进农业增效、农民增收，极大地助力了我国新农村建设。

（万公里）

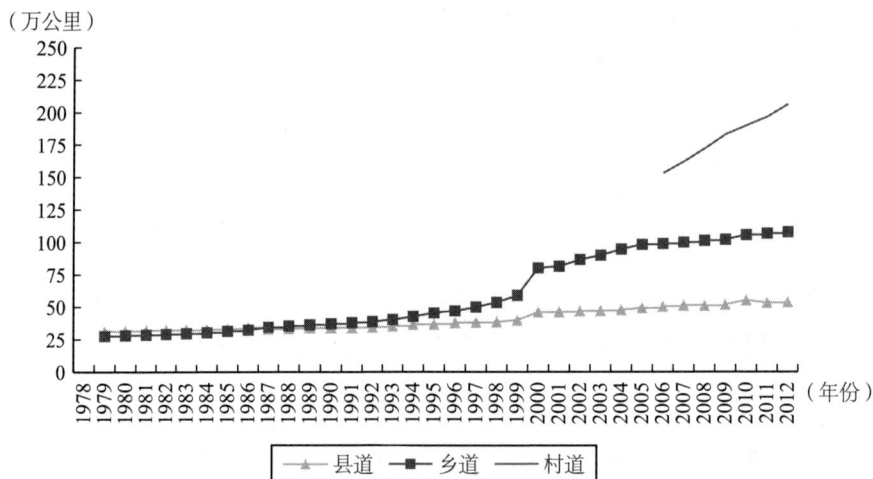

图3-6　1978～2012年我国县道、乡道、村道里程变化趋势

资料来源：中华人民共和国交通运输部：各年《中国交通运输统计年鉴》，人民交通出版社。

---

① 国家统计局：《2012年公路水路交通行业发展统计公报》。

四、各等级公路保"质"重"量",推动城镇化发展

公路按行政等级可分为国家公路、省公路、县公路和乡公路（以下简称"国道、省道、县道、乡道"）以及专用公路五个等级。一般把国道和省道称为干线，县道和乡道称为支线。依据我国《公路工程技术标准》,根据使用任务、功能和流量的不同，公路又可划分为高速公路、一级公路、二级公路、三级公路、四级公路。其中，高速公路和一级公路统称为高等级公路。一级公路是供汽车分向、分车道行驶，并部分控制出入、部分立体交叉的公路，主要连接重要政治、经济中心，通往重点工矿区，是国家的干线公路。二级公路是连接政治、经济中心或大工矿区等地的干线公路，或运输繁忙的城郊公路。三级公路是沟通县及县以上城镇的一般干线公路。四级公路是沟通县、乡、村等的支线公路。

改革开放之初，我国公路等级低、通行能力低。1979 年，公路总里程为 875794 公里，其中等级公路和非等级公路分别为 506444 公里和 369350 公里，分别占总里程的 57.83% 和 42.17%[1]。1979 年各技术等级公路发展状况如表 3-1 所示。

表 3-1　　　　　　1979 年我国各技术等级公路发展状况

等级	高速公路	一级公路	二级公路	三级公路	四级公路	等外公路
里程（公里）	0	188	11579	106167	388510	369350
比例（%）	0	0.0002	0.0132	12.1224	44.3609	42.1732

资料来源：交通部综合规划司：《新中国交通五十年统计资料汇编》，人民交通出版社 2000 年版。

---

[1]　交通部综合规划司：《新中国交通五十年统计资料汇编》，人民交通出版社 2000 年版。

20 世纪 80 年代初，为了适应改革开放的新形势、满足公路运输现代化的需要，交通部在公路普查的基础上，向国务院提出了《关于划定国家干线公路网的报告》。1981 年，国务院授权国家计委、国家经委和交通部联合发布《关于划定国家干线公路网（试行方案）的通知》，正式颁布实施《国家干线公路网（试行方案)》（以下简称"国道网试行方案"）。国道网试行方案由以下公路组成：通向并连接各省（区、市）的政治中心和 50 万人口以上城市的干线公路；通向各大港口、铁路干线枢纽、重要工农业生产基地的干线公路；连接各大军区之间和具有重要国防意义的干线公路；连接省际和省内个别地区的重要干线公路。

1982 年 2 月，交通部在北京召开"全国交通工作会议"，彭德清部长在《调动各方面积极性，加速交通事业发展》的主报告中提出，要积极建设国道网，改造"卡脖子"路段和接通"断头路"。同年 4 月，交通部正式下达《关于国家干线公路网建设的实施意见》，要求在国民经济调整时期，把国道网的建设放在优先地位。同时，国务院发出《关于限期修通国家和省级干线公路断头路的通知》，要求加快国省道的建设进程。其中国家干线公路中的"断头路"，除边疆人口稀少地区及路段过长、工程特别艰巨的以外，一般应在 3 ~ 5 年内修通。"断头路"修通的技术标准不得低于三级。

随着国道网贯通，交通部针对国道等级低、通行能力低、质量差等问题，实施了干线公路标准化、美化工程（GBM 工程）。1988 年和 1989 年，交通部先后组织开展 G107、G102 两条国道 GBM 工程，显著提高了公路技术标准，提高了公路的通行能力和抗灾能力，平均行车时速由 30 ~ 40 公里提高到 50 ~ 60 公里。20 世纪 90 年代后，GBM 工程开始在全国推广。到 2012 年全国公路总里程达 423.75 万公里，其中等级公路 360.96 万公里，占公路总里程的比例由 1979 年的 57.83% 提高到 85.18%①。随着国道干线公路建设标准和建设质量的提高，我国一级、二级公路建设里程也迅速增加。1978 ~ 2012 年我国一级公路和二级公路里程的变化趋势分别如图 3 – 7 和图 3 – 8 所示。

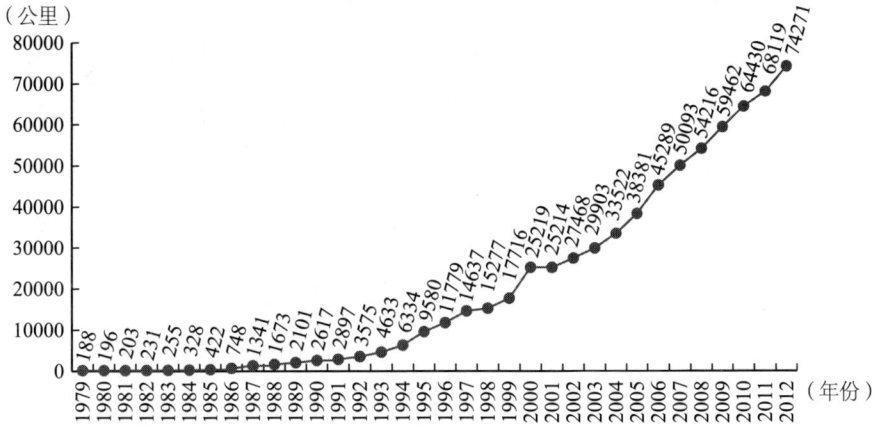

（公里）

图中数据（1979~2012 年）：188、196、203、231、255、328、422、748、1341、1673、2101、2617、2897、3575、4633、6334、9580、11779、14637、15277、17716、25219、25214、27468、29903、33522、38381、45289、50093、54216、59462、64430、68119、74271

图 3 – 7　1978 ~ 2012 年我国一级公路里程变化趋势

资料来源：国家统计局网站。

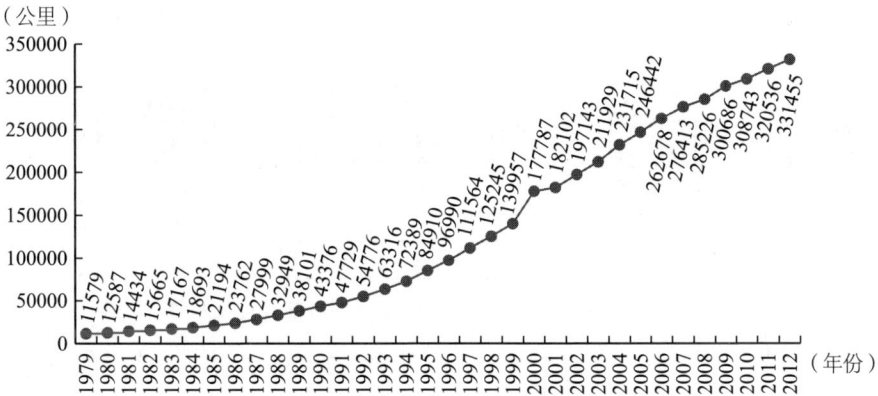

（公里）

图中数据（1979~2012 年）：11579、12587、14434、15665、17167、18693、21194、23762、27999、32949、38101、43376、47729、54776、63316、72389、84910、96990、111564、125245、139957、177787、182102、197143、211929、231715、246442、262678、276413、285226、300686、308743、320536、331455

图 3 – 8　1978 ~ 2012 年我国二级公路里程变化趋势

资料来源：国家统计局网站。

---

① 中华人民共和国交通运输部：各年《中国交通运输统计年鉴》，人民交通出版社。

　　从 1978 年到 2012 年，改革开放 30 多年以来，我国干线公路规模和覆盖面不断扩大、技术等级和质量大幅提高，对沿线经济、城镇发展起到了重要的推动和支撑作用。同样地，低等级公路是我国公路网络中的重要组成部分，低等级公路的施工建设和对社会经济起到的作用也不容小觑。从 1978～2012 年我国各等级公路里程变化的趋势中也可以看出，三级和四级公路规模也在快速地逐年增长（见图 3－9）。三、四级公路的发展有力地推动了农村城市化的规划和布局，改善了公路沿线中小城镇原先的孤立分散布局，更强有力地推动了沿线农村经济的发展，使沿线农村城市化与农村工业化互相促进，步入良性互动发展轨道，同时还推动了城—镇—乡体系的完善，从而促进农村城镇化发展水平的提高。

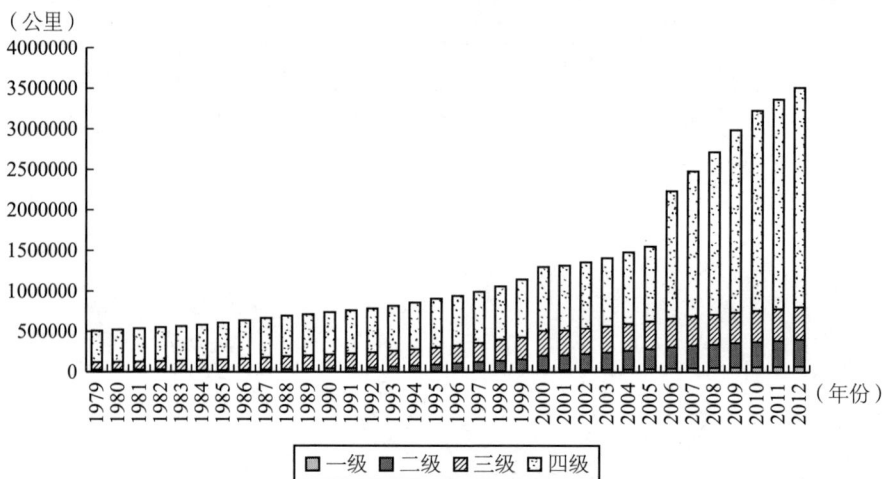

图 3－9　1978～2012 年我国各等级公路里程变化趋势

资料来源：中华人民共和国交通运输部：各年《中国交通运输统计年鉴》，人民交通出版社。

五、公路枢纽建设与时俱进，科学规划合理布局

　　公路枢纽是指在公路运输网络中两条或者两条以上交通干线交会的场

所，是具有运输组织与管理、中转换乘与换装、装卸存储、多式联运、信息流通和辅助服务六大功能的综合性设施。公路运输枢纽包括公路主枢纽、二级枢纽及其他地区性集散枢纽。

改革开放初期，公路运输站场设施不足的问题逐渐暴露，随着公路运输的发展，公路汽车客货运站点的建设不断加快。到1989年底，全国已有客运站场约15万个，其中，一级站402个，二级站1788个，三级以下的客运站（包括停靠站）超过14.6万个。1986年开始，交通部从车辆购置费中拿出一部分资金，补助各省（区、市）建立货运站，到1989年底，全国共建成集装箱站30个，汽车零担货运站150多个①。

为进一步加快我国交通运输事业的发展，交通部于"七五"末提出了"三主一支持"的交通建设长远规划，即从"八五"开始，用几个五年计划的时间建设公路主骨架、水运主通道、港站主枢纽和交通支持系统，以适应国民经济和社会发展需要。1992年，在公路、水路交通"三主一支持"长远发展规划的指导下，交通部组织编制了《全国公路主枢纽布局规划》，确定了全国45个公路主枢纽的布局方案，这45个公路主枢纽覆盖了全国30个省会城市。交通部于1996年1月颁布《公路主枢纽总体布局规划编制办法》，公路主枢纽城市总体布局规划全面展开。

1998年，交通部规划的全国45个公路主枢纽已有44个通过了规划审查，进入建设阶段。到1999年，全国45个公路主枢纽项目的前期规划全部完成，其中部分枢纽项目已开始兴建，有的项目已建成投入使用。大部分省（区、市）交通主管部门在全国公路主枢纽规划的基础上，进行了本地二级枢纽项目的规划，并在建设实施中投入了大量人力、物力，不仅为

---

① 中华人民共和国交通运输部：《中国交通运输改革开放30年·公路卷》，人民交通出版社2009年版。

提高公路客运组织化程度和运输效率创造了条件，而且为开辟快速客运、旅游客运等新的经济增长点提供了基础条件。

进入 21 世纪，公路主枢纽所在城市的社会和经济环境不断发展变化，公路的建设内容、建设规模、服务功能、运营方式、管理机制、实施进展等方面都有了新的变化。到"十五"末，随着《国家高速公路网规划》《农村公路建设规划》等全国性公路建设规划以及长三角、珠三角、环渤海湾、振兴东北老工业基地以及中部崛起等区域性公路建设规划的相继出台，公路运输站场建设也被纳入相关规划。

从 2002 年开始，交通部开始着力于在规划的全国 45 个公路主枢纽货运站场中增加物流功能，修订和完善交通基础设施规划，促进现代物流的发展。2002 年下半年，交通部启动的 22 个"十一五"交通发展重大研究课题中，包括《全国集装箱一体化运输系统及枢纽站场布局规划》和《公路水路交通在现代物流业中的作用及以港站主枢纽为依托的物流中心规划》。2003 年，公路主枢纽建设涵盖客运站、货运站场以及部分枢纽信息中心建设项目，年度完成投资 3.6 亿元[①]。

2004 年以后，大批高速公路建设成为规划项目，为适应新时期公路交通发展的要求，加快建设与国家高速公路网相协调，与铁路、港口等其他运输方式紧密衔接、布局合理、运转高效的国家公路运输枢纽，在《全国公路主枢纽布局规划》的基础上，交通部开始着手制定《国家公路运输枢纽布局规划》。2007 年 4 月交通部公布了《国家公路运输枢纽布局规划》（以下简称《布局规划》），这是继《全国公路主枢纽布局规划》后的又一项国家级公路运输枢纽规划。《布局规划》贯彻了"依托国家高速公路网，完善综合交通运输体系，覆盖主要城市服务全国城乡"的布局思路，最终

---

① 中华人民共和国交通运输部：《中国道路运输发展报告》(2003)，人民交通出版社 2004 年版。

形成 179 个国家公路运输枢纽，其中 12 个为组合枢纽，共计 196 个城市。《布局规划》体现了"以人为本"的原则，突出了"服务经济"的思想，强化了"综合运输"的理念。在《布局规划》中，国家公路运输枢纽覆盖了所有直辖市、省会城市和计划单列市及地级城市 137 个，覆盖城市占全国地级以上城市总数的 60%，覆盖总人口占全国总人口的 60%。

伴随着我国公路运输事业的快速发展，作为运输体系重要组成部分的公路运输枢纽对实现各种交通运输方式相互沟通、综合运输体系的形成、运输效率的提高、运输市场的规范等方面所产生的重要作用已日益凸显。为转变交通运输发展方式，实现各种运输方式的一体化发展，2012 年国务院发布了《国务院关于印发"十二五"综合交通运输体系规划的通知》，提出按照零距离换乘和无缝化衔接的要求，全面推进综合交通枢纽建设，基本建成 42 个全国性综合交通枢纽。

六、公路桥梁、隧道建设突飞猛进，跻身世界前列

1978~2012 年，我国公路桥梁和隧道建设突飞猛进，且随着技术的不断进步，桥隧建设不断实现新突破，相继建成了一批令世界瞩目的公路桥梁、隧道。我国桥隧建设技术水平已跻身世界先进行列。

（一）公路桥梁、隧道建设突飞猛进

在桥梁方面，1979 年我国共拥有公路桥梁 12.72 万座，计 363.65 万米。1981~1990 年，10 年间年均建成桥梁 3564 座，计 12.62 万米，截至 1990 年底，全国公路桥梁达到 16.85 万座，约计 505.56 万米，公路通行能力显著增强。1991~2000 年，年均建成桥梁 105726 座，计 50.86 万米，截至 2000 年底，全国公路桥梁已达到 27.88 万座，计 1031.18 万米。进入

21 世纪，2001～2010 年，年均新增桥梁 3.74 万座，年均建成近 198.33 万米，截至 2010 年底，我国公路桥梁达到 65.81 万座、3048.31 万米。1978～2012 年我国桥梁建设情况如图 3－10 所示。

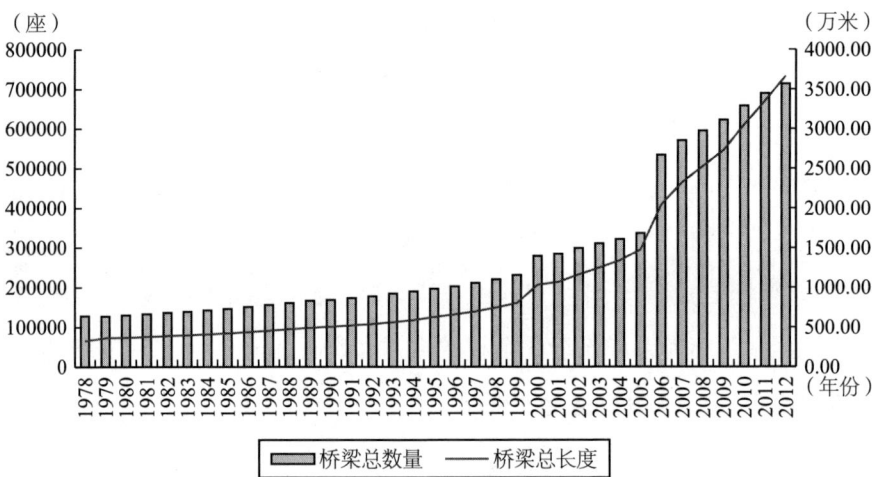

图 3－10　1978～2012 年我国桥梁建设情况

资料来源：《新中国交通五十年统计资料汇编》和各年《中国交通运输统计年鉴》。

在隧道方面，改革开放之初，全国仅有 374 处隧道。伴随着高等级公路的兴起，公路隧道建设开始加快，20 世纪 70 年代末到 90 年代初的十几年里，年均建成隧道 20 多座，年均增长约 6 千米。20 世纪 90 年代以后，随着高速公路的飞速发展，公路隧道也随之进入了快速增长时期。截至 2012 年底，全国公路隧道达到 10022 座，总长度达 8052.7 千米，比 2002 年的 1972 座和 835.1 千米在数量和长度上分别增长了 408.22% 和 864.28%，实现年均建成隧道 730 多座，年均增长 656.14 千米。1978～2012 年我国隧道建设情况如图 3－11 所示。

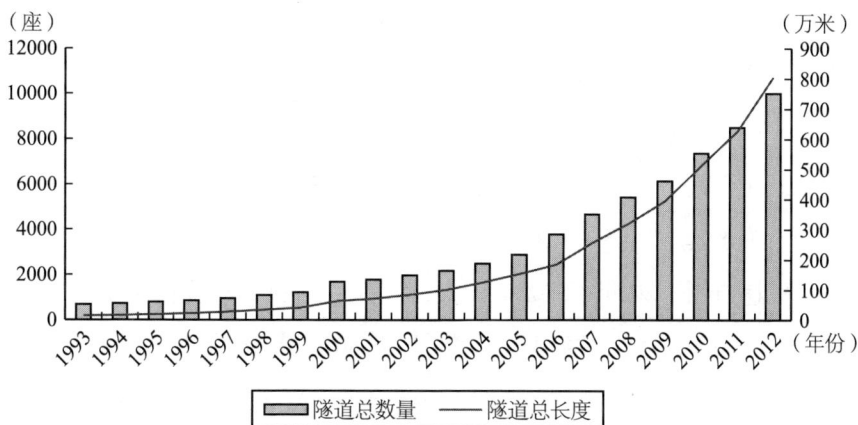

图 3 - 11 1993 ～ 2012 年我国隧道建设情况

资料来源：《新中国交通五十年统计资料汇编》和各年《中国交通运输统计年鉴》。

（二）公路桥梁、隧道建设技术跻身世界前列

在桥梁方面，改革开放之初，我国桥梁形式较为单一，主要以梁式桥和拱桥为主。20 世纪 80 年代初，以济南黄河公路大桥为代表的一批公路斜拉桥建成通车，加快了我国公路斜拉桥追赶世界先进水平的进程。20 世纪 90 年代，我国大跨径悬索桥、斜拉桥、钢管拱桥等多种桥型迅速发展。1991 年，具有里程碑意义的组合梁斜拉桥——上海南浦大桥建成。1994 年，中国第一座现代悬索桥——汕头海湾大桥建成。1997 年，我国具有里程碑意义的拱桥万州长江大桥建成。进入 21 世纪后，我国相继建成了南京长江第二大桥、润扬长江公路大桥、湖北宜昌长江大桥、苏通长江公路大桥等。与此同时，我国大型跨海工程也取得新进展。改革开放到 2012 年间，我国先后在长江、黄河等大江大河和海湾地区，建成了一大批深水基础、大跨径、技术含量高的世界级公路桥梁。先后建成了杭州湾跨海大桥、舟山连岛工程等。这一时期建成了的苏通、鄂东、嘉绍等大跨径斜拉桥，润扬、西堠门、泰州、马鞍山等大跨径悬索桥，卢浦大

桥、朝天门大桥、合江长江一桥等大跨径拱桥，使我国桥梁结构形式更为丰富多样。在世界桥梁领域，无论是斜拉桥、悬索桥，还是拱桥、梁式桥，中国公路桥梁都占据了重要的一席之地。到 2012 年 9 月，世界上已建成的主跨跨径最大的前 10 座斜拉桥、悬索桥、拱桥和梁式桥中，我国分别占有 8 座、5 座、5 座和 5 座。[1]

在隧道方面，20 世纪 70 年代末，我国公路百米以上隧道数量很少，公路隧道领域的技术非常薄弱。自 20 世纪 80 年代中期以后，随着公路建设的发展和需要，开始大规模修建公路隧道，隧道建设技术不断实现突破。1989 年底，我国第一座高速公路双洞隧道——重庆机场高速公路渝北隧道建成，长 384 米。20 世纪 90 年代以后，公路隧道进入了快速增长时期，隧道的勘察设计、施工、运营监控等技术均实现了很大进步，跻身国际先进行列。90 年代开通的成渝高速公路的中梁山隧道和缙云山隧道把我国公路隧道单洞长度提高到 3000 米以上，并在处理通风、塌方、瓦斯、地下水和营运管理与交通监控技术等方面取得了突破性进展。20 世纪 90 年代末，四川省川藏公路上的二郎山隧道、四川广安地区华蓥山公路隧道、云南楚大高速公路的九顶山隧道通车，开创了我国山岭长大隧道的建设史；广州珠江沙面水下公路隧道的建成通车和上海穿越黄浦江江底隧道标志着我国水下沉埋隧道修建技术达到了新的水平；此外，重庆铁山坪路隧道双线、北京至八达岭高速公路的谭峪沟隧道、重庆市川黔公路的真武山隧道、辽宁沈大高速公路韩家岭隧道（亚洲最宽的四车道公路隧道）等都在我国公路隧道建设史上留下了浓重的一笔。进入 21 世纪以来，我国公路网交通逐渐向崇山峻岭迈进，向离岸深水延伸，秦岭终南山隧道、上海崇明隧桥、厦门翔安海底隧道等重大工程相继建成。终南山隧道打通了秦岭

---

[1] 《桥梁建设跻身世界前列（数字·十年）》，共产党员网，2012 年 9 月 28 日。

这一黄河与长江之间的天然屏障，其工程浩大、技术复杂，令国际注目；上海崇明长江隧道采用"南隧北桥"方案，是世界上最大的隧桥结合工程之一，南侧长江隧道长 8955 米，主跨江段全长 7470 米。[1] 厦门翔安海底隧道是我国大陆第一座海底隧道，是国家"863"计划专题项目的重点工程，由中国自主设计、施工建设，同时厦门翔安海底隧道也是世界上断面最大的钻爆法公路海底隧道，是具有国际意义的重大工程。[2] 一条条长大、高风险隧道的贯通，背后是我国科技实力的不断增强，标志着我国隧道建设技术跻身世界前列。

第二节　公路运输与服务

公路运输是交通运输的一个重要组成部分，公路运输系统是一个十分复杂的人工经济系统，它涉及客货运输市场的组织、运输设备、基础设施、运输企业管理等等，本节介绍的公路运输与服务主要涉及运输市场组织以及运输设备。

一、旅客运输快速发展，服务质量大幅提高

改革开放前，我国道路客运以国有运输企业为主，市场没有放开，运

---

[1] 黄融：《上海崇明越江通道长江隧道工程综述（一）——长江隧道工程设计》，载《地下工程与隧道》2008 年第 1 期。

[2] 《中国大陆首条海底隧道厦门翔安海底隧道建成通车》，新华网，2021 年 4 月 26 日。

力严重短缺。改革开放后，客运开始走上健康发展的轨道。党的十一届三中全会之后，公路客运企业开始由高度计划生产逐渐向自主经营转变。20世纪90年代，道路客运开始向社会全面开放。进入21世纪后，我国经济迅速发展，民众出行频率不断提高，车辆技术和道路等级不断提升，特别是高速公路的迅速发展和高科技的大量运用，推动了道路客运行业的迅速发展，带来了道路运输行业"欣欣向荣"的局面。但是，由于承包经营主体众多，经营分散使得同业竞争激烈、行业整合难度大、安全监管难以到位。在这种背景下，国家出台政策引导行业由多主体的"分散"经营向融资渠道多元化、经营方式和主体集中化的"集中"经营转变。因此，改革开放30多年来我国公路客运经营主体经历了从国有到国家、集体和个体混合所有，再到资质企业的转变。

30多年来，公路旅客运输快速发展，且公路客运在整个公共客运服务系统中占据着重要的地位。改革开放之初的1978年，我国公路全年客运量14.92亿人，旅客周转量521.30亿人公里。随着公路基础设施建设的加快，公路客运在整个公共客运服务系统中的地位不断提高，公路运输完成的旅客运输量在各种运输方式中的比重增加较快。到2008年底，公路全年客运量达到268.21亿人，旅客周转量达到12476.11亿人公里，分别是30年前的近18倍和24倍，分别占当年客运总量的93.5%和客运周转量总量的53.8%。2012年，全年共完成公路客运量达355.70亿人，旅客周转量为18467.55亿人公里，分别是1978年的近24倍和35.5倍，分别占当年总客运量和总旅客周转量的93.5%和55.35%。1978～2012年我国公路客运量和公路客运周转量变化趋势如图3-12和图3-13所示。

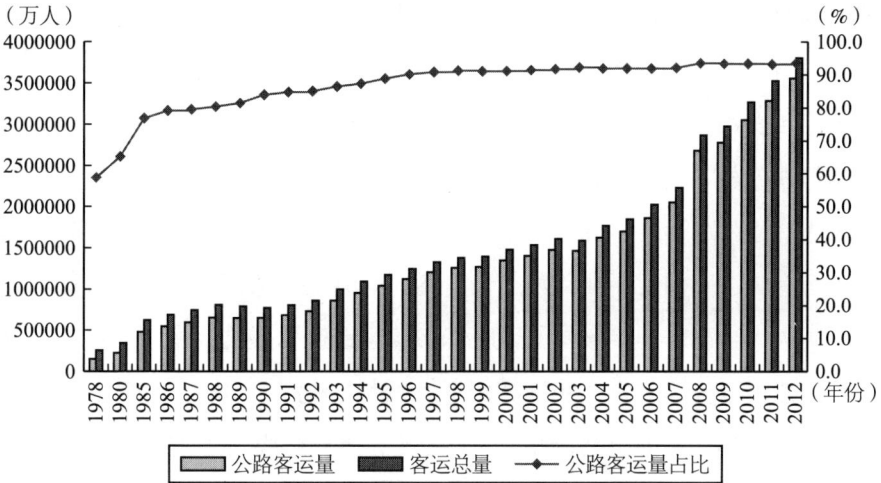

（万人）   （%）

图 3 – 12   1978～2012 年我国公路客运量及其占比的变化趋势

资料来源：国家统计局网站。

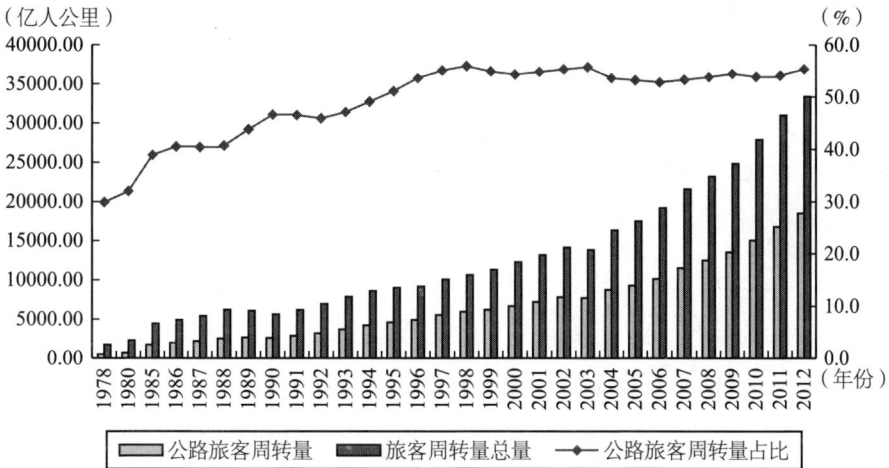

（亿人公里）   （%）

图 3 – 13   1978～2012 年我国公路旅客周转量及其占比的变化趋势

资料来源：国家统计局网站。

公路旅客运输快速发展的同时，服务质量也大幅提高。1995 年 7 月，成渝高速公路建成并全线通车。在市场机制的驱动下，这条高速公路在很短时间内就出现了竞相投放高级豪华客车的"高速客运热"。现代化的高速公路与现代化的运输工具相结合，彻底改变了传统的公路客运的面貌。成渝高速公路的好路、好车、舒适、快捷、直达并辅之以全程优质服务，标志着高速公路客运从此进入了一个崭新的阶段。继成渝高速公路之后，武汉至宜昌、广州至深圳、西安至宝鸡、上海至南京等高速公路都相继投入了高级大客车，初步形成了高速公路客运迅速发展的高潮，并且开始显示出高速公路客运安全、快捷、舒适、低耗的优势。2004年12月国务院讨论通过《国家高速公路网规划》，大批高速公路成为规划项目，到2012年我国高速公路总里程达到9.62万公里。进入21世纪，社会经济和生活节奏的加快、高速公路及高等级公路的迅速发展以及现代车辆技术水平的提高推动了我国公路快速客运网络的形成和发展。快速公路客运对车辆配置、驾驶员素质和运行组织管理等提出了更高、更严格的要求，使得我国公路客运服务质量也大幅提高。

二、货物运输市场发展壮大，服务产品多样化

公路运输是一种机动灵活、简捷方便的运输方式，在短途货物集散运转上，它比铁路、航空运输具有更大的优越性，尤其在实现"门到门"的运输中，其重要性更为显著。经济的发展为货物运输带来了巨大需求，自1978年起，我国货运量持续上升，且公路在承担货物运输方面的作用和地位有了很大的提高。依据统计数据，1978年我国货运量总计248946万吨，到2012年增长为4099400万吨，增长了16.47倍；公路货运量由1978年的85182万吨增长到2012年的3188475万吨，增长了37.43倍。1978年公路货运量占全社会货运量的比例为34.2%，2012年占比为77.8%。从货

物周转量统计情况来看，1978 年全国货物周转量为 9829 亿吨公里，2012
年全国货物周转量总计为 173771 亿吨公里，增长了 17.68 倍；其中 2012
年公路货物周转量为 59534.9 亿吨公里，与 1978 年公路货物周转量的
274.1 亿吨公里相比，增长了近 217.2 倍。从各运输方式承担的货物周转
量占全社会货物周转量的比例来看，1978 年公路货物周转量占全社会货物
周转总量的比例为 2.8%，2012 年则为 34.3%，增加了 31.5 个百分点。
1978～2012 年我国公路货运量和公路货运周转量变化趋势分别如图3－14
和图 3－15所示。

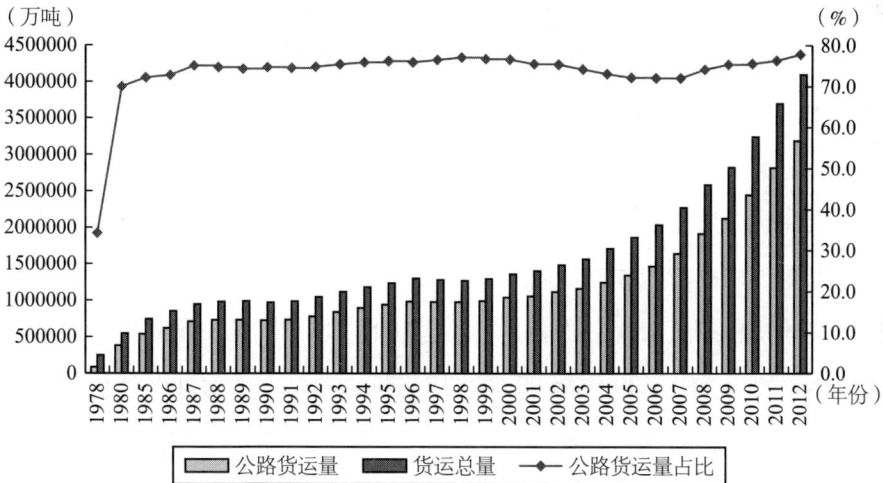

图 3－14　1978～2012 年我国公路货运量及其占比的变化趋势

资料来源：国家统计局网站。

　　20 世纪 80 年代初，道路货运业还在计划经济保护的摇篮里，一切都
按计划进行。而改革开放的不断深入打破了计划经济时期国有运输企业在
运输市场中一统天下的局面。1983 年，我国道路货运业全方位向社会开
放，致使货运业市场上运输个体户逐渐增多，客观上给垄断的货运业带来

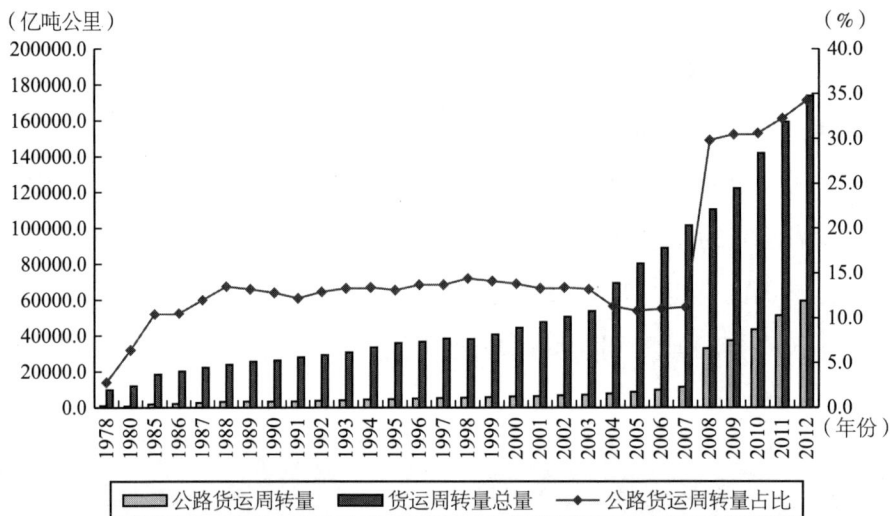

图 3 - 15　1978 ~ 2012 年我国公路货运周转量及其占比的变化趋势

资料来源：国家统计局网站。

了蓬勃生机，货运业的服务质量大幅提升。1984 年开始，国有运输企业下放使其规模缩小，并派生出数量众多的小型运输企业，这使得公路运输市场的竞争主体数量增加，竞争激烈程度也相应增加，这一现象的产生使得规模经济难以发展。20 世纪 90 年代中后期，公路运输行业开始提出网络化、规模化、集约化发展策略。1998 年之后，我国公路运输业经历了跨越式的发展，公路运输市场也在快速发展当中。随着交通主管部门全面开放公路货物运输市场，货运运力额度的限制被取消，运输市场体系逐步建立并不断完善。更为突出的是公路运输业的科技含量不断提高，为促进现代物流业和智能运输系统（intelligent transportation system，ITS）的发展，越来越多的公路运输业主已开始把高新科技手段引入运输管理中。

　　另外，进入 21 世纪后，我国高速公路建设进入加速期，随着高速公路逐渐成网，高速公路网络发生了结构性的变化，公路网络整体结构及其在综合运输网络中的功能发生转变。再加上生产消费方式的变化等因素，导致公路货运活动范围扩大，统计数字上表现为货物运距的较大幅度增长（见图 3 - 16）。

随着我国公路货物运输市场发展壮大，服务和产品也越来越多样化。为了满足国民经济对公路运输新需求，公路货物运输生产方式和经营内容不断扩展，包括传统的整车运输、零担运输以及集装箱、大件笨重货物、危险品货物等运输不断发展和完善，快件运输、社会性储运服务等也崭露头角；运输市场的多元化和运力的快速发展使得为车货双方提供配载、货运代理和货运信息的货运服务业应运而生；相应地，公路运输市场调控和管理体系也逐步建立并不断完善。

（公里）

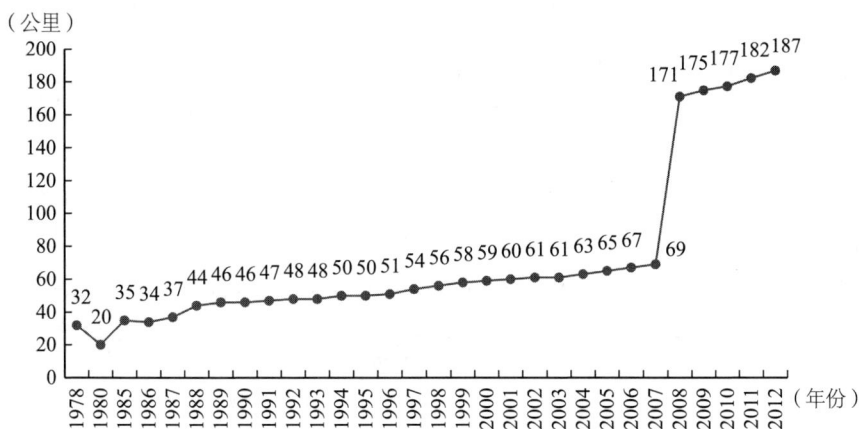

图 3 - 16　1978 ~ 2012 年我国公路货运平均运距变化趋势

资料来源：国家统计局网站。

三、运输车辆和装备发展日新月异，结构性调整持续推进

改革开放以前，我国运输车辆和装备保有量低、技术水平相对落后。进入 20 世纪 80 年代，我国运输装备规模开始大幅度增加，运输装备的发

展进入了以数量增加为主的发展起步阶段。截至 1985 年底，全国民用汽车 321.12 万辆，与 1978 年相比增长了 2.4 倍①。

20 世纪 80 年代中期至 90 年代末期，我国运输装备发展进入了以更新换代为主的稳步发展阶段。通过全面更新换代，我国运输装备技术结构逐渐趋于合理，技术水平有了显著提高。道路运输车辆发展的阶段性特征主要表现在：（1）客车种类逐渐增多，对客车舒适度要求不断提高。20 世纪 80 年代末期，我国交通运输企业在更新车辆的同时，购置了一大批空调车、高档舒适车、中小型旅游车等高档客车，客车结构发生了较大改变，初步形成了大、中、小型相配套，高、中、低档相结合的格局。（2）货运柴油车比重加大，零担集装箱专用车和大吨位平板车开始受到货主的青睐。1987~1997 年，我国公路运输部门营运汽车中柴油货车的比重由 23% 提高到了 40%；全国民用汽车中专用载货汽车的比重也由 2% 上升到 15%②。（3）车辆技术更新改造速度加快。1990 年，卧铺客车开始在全国范围内推广，到 1992 年，全国近 20 个省、自治区、直辖市的长途客运班线上都出现了卧铺车，并在两年内由运输企业自行改装，由专业客车厂定型批量生产。

表 3-2 为 2002~2012 年民用载货和载客汽车拥有量。进入 21 世纪后，我国运输装备保有量大幅度增长，运输装备发展步入了以满足各层次需求和提高运输装备现代化水平为主的发展阶段。随着高速公路的快速发展，大型豪华旅游客车越来越受到旅客的青睐；集装箱货运汽车的比重也越来越大，大吨位、低油耗重型货车和轻型货车逐年增加，民用载货汽车中的重型、轻型车辆从 2002 年的 148.3 万辆和 360.6 万辆增长为 2012 年的 472.5 万辆和 1179.7 万辆，分别增长了 2.19 倍和 2.27 倍③。另外，集

---

① ② 交通部综合规划司：《新中国交通五十年统计资料汇编》，人民交通出版社 2000 年版。

③ 国家统计局：《中国第三产业统计年鉴—2012》，中国统计出版社 2012 年版。

装箱车、零担车、油管车、冷藏车、大型平板车和散装货物车等专用货车有了较大发展，到 2012 年，专用货车数量达到 68.6 万辆，吨位数达 1098.9 万吨①。同时，随着信息技术的不断发展，车辆卫星定位系统、3G 技术等信息技术也在道路车辆上得到了广泛的运用。

表 3-2　　　　　　　　　　2002~2012 年民用汽车拥有量

年份	载货汽车（万辆）					载客汽车（万辆）				
	总计	重型	中型	轻型	微型	总计	大型	中型	小型	微型
2002	812.2	148.3	218.7	360.6	84.7	1202.4	75.5	104.8	789.7	232.3
2003	853.5	136.8	243.7	390.8	82.2	1478.8	75.8	116.0	1017.2	269.9
2004	893.0	153.9	233.9	425.7	79.4	1735.9	78.1	124.5	1248.9	284.4
2005	955.6	168.1	236.7	484.5	66.3	2132.5	82.1	131.7	1618.4	300.3
2006	986.3	174.0	235.4	532.1	44.8	2619.6	87.3	137.0	2083.4	311.8
2007	1054.1	186.7	243.5	587.2	36.6	3196.0	93.8	140.5	2646.5	315.2
2008	1126.1	200.8	249.7	645.0	30.5	3838.9	100.4	143.2	3271.1	324.2
2009	1368.6	315.1	262.2	765.3	26.0	4845.1	108.0	145.8	4246.9	344.4
2010	1597.6	394.8	269.8	911.9	21.1	6124.1	116.4	146.1	5498.4	363.9
2011	1788.0	460.6	267.8	1042.1	17.5	7478.4	126.5	147.4	6827.5	376.9
2012	1894.8	472.5	229.2	1179.7	13.4	8943.0	128.1	131.8	8302.6	380.5

注：小轿车包括在载客汽车中。
资料来源：《中国第三产业统计年鉴—2012》。

通过不断改造、升级和革新，我国公路运输行业装备结构趋于合理。截至 2012 年底，我国民用客运车辆为 8943.01 万辆，其中大型客车 128.13

---

① 中华人民共和国交通运输部：《2012 年公路水路交通运输行业发展统计公报》。

万辆，中型客车 131.78 万辆，小型客车 8302.63 万辆，微型客车 380.47 万辆（见图 3 - 17）；载货汽车总计 1894.75 万辆，其中重型货车 472.51 万辆，中型货车 229.19 万辆，轻型货车 1179.65 万辆，微型货车 13.40 万辆（见图 3 - 18）。

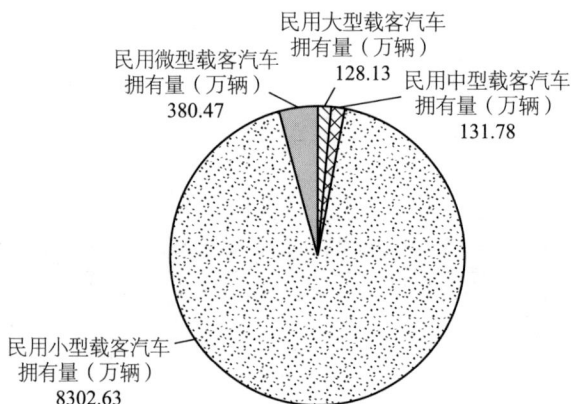

图 3 - 17　2012 年我国民用载客汽车拥有量

资料来源：国家统计局网站。

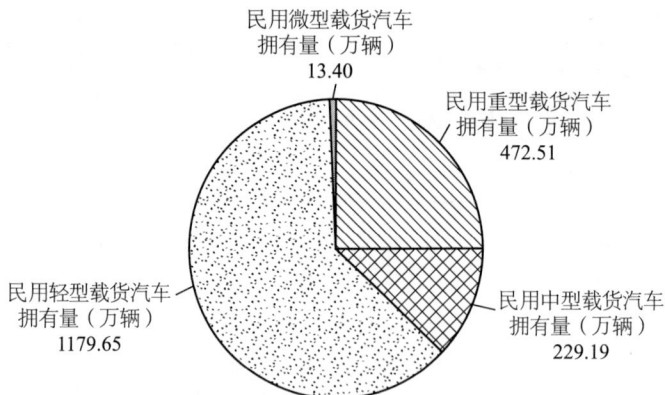

图 3 - 18　2012 年我国民用载货汽车拥有量

资料来源：国家统计局网站。

第三节　行业治理与改革

1978～2012 年，改革开放 30 多年来，我国不断推进公路运输行业发展，从体制机制建立到不断改革完善，体现了党和国家对公路运输行业的重视，也体现了我国公路运输行业治理体系和治理能力逐步趋向现代化。本节从法制规则、技术标准、管理体制、投融资体制、养护体制等几个方面展开介绍公路运输行业的治理与改革。

一、法制建设逐渐完善，规则体系日趋成熟

随着党的十一届三中全会召开，我国社会主义法制建设进入了新的历史时期，交通法制建设开始步入恢复和重建的轨道。1982 年宪法对我国立法体制方面作出了重大改革，赋予国务院各部委立法权，各部委可以制定部门规章，交通部门开始有了真正意义上的立法活动。

(一)《中华人民共和国公路法》

1992～2005 年为交通立法快速发展时期，交通法制建设实现了历史性突破，我国交通立法逐步实现了交通行业发展有法可依，交通法律法规数量大幅增长，对交通事业的发展发挥了重要的保障作用。1992 年之后，公路建设开始突飞猛进，但由于公路立法滞后于公路建设速度，有关公路管理的法律问题不断出现。1997 年 7 月 3 日，第八届全国人大常委会第二十六次会议审议通过了《中华人民共和国公路法》，并自 1998 年 1 月 1 日起

施行。《中华人民共和国公路法》成为公路建设和管理的一部母法。随后，党和国家根据社会主义市场经济条件下转变政府职能的要求，为了进一步深化和完善财税体制改革，正确处理税费关系，规范政府行为，提出了进行"费改税"的改革任务，公路法也分别于 1999 年和 2004 年进行了两次修正。1992～2005 年交通立法快速发展期间，各省为了落实公路法，也都制定了相应的实施办法，如在《广西壮族自治区实施〈中华人民共和国公路法〉办法》中广西根据自身的实际情况将一些规定进行具体化。

（二）《中华人民共和国道路运输条例》

《中华人民共和国道路运输条例》（以下简称《条例》）是我国道路运输的主体法规。改革开放后我国道路运输得到迅速发展，形成了多层次、多渠道、多种经济成分和多种经营方式并存的新格局，迫切需要用法律形式调整道路运输业的管理关系和经济关系，改善和加强行业管理。1985 年，交通部起草并将《条例》送审稿上报国务院，后经多方调研，数易其稿，最终历时近 19 年之久，于 2004 年 4 月经国务院常务会议审议通过，自 2004 年 7 月 1 日起施行。在《条例》颁布实施之前，全国既无道路运输管理的法律，又无行政法规，主要依据是部门规章和地方性法规，法律层次较低，力度有限。《条例》的颁布实施填补了我国道路运输管理法规的空白，为各级政府、交通主管部门、道路运输管理机构规范和加强道路运输管理，保障运输安全和维护人民群众的切身利益提供了法律依据。且《条例》颁布实施后，可以更好地贯彻执行《行政许可法》《行政处罚法》《行政诉讼法》等法律、行政法规的规定和精神，为其提供规范和依据。

（三）重点领域立法

交通运输管理部门越来越重视发挥立法引领和推动作用，针对公路运输行业重点领域的治理问题，在重点领域不断制定和完善相应的法规。例如，颁布《收费公路管理条例》《公路安全保护条例》《公路建设监督管理办法》《关于建立公路建设市场信用体系的指导意见》《交通运输行政执法评议考核规定》《加强交通运输行政执法队伍建设的指导意见》等。

二、技术政策现代化，标准建设高水平化

（一）技术政策现代化

技术政策是公路交通运输产业政策体系的重要组成部分，不仅包括国家为促进技术进步而专门制定的技术政策，在产业政策、科技政策、创新政策等综合性政策文件中，也出现了促进技术创新、技术进步等政策内容，这些都属于产业技术政策范畴。1978～2012 年，改革开放 30 多年我国公路交通技术政策体系的构建与完善演进过程可分为以下三个阶段。

1. 改革开放初期（1978～1991 年）

改革开放初期，我国产业技术水平十分落后，1978 年党的十一届三中全会重申了新中国成立初期要把工作重心转移到经济方面和技术革命方面的决定，并指出要在自力更生的基础上努力采用世界先进技术和先进设备。党的十二大提出，"四个现代化"的关键是科学技术的现代化，要积极引进一些适合我国情况的先进技术并努力加以消化和发展。党的十三大提出，要着重推进大规模生产的产业技术和装备现代化，加速企业技术改造。在这一思路下，一是鼓励和支持企业技术改造。如 1980 年国家颁布了

《关于加强现有工业和交通企业挖掘、革新、改造工作的暂行办法》；二是促进技术开发与成果推广。为促进科学研究和技术开发，政府陆续制定了各类发展规划，如《1978～1985 年全国科学技术发展规划纲要》和《1986～2000 年科技发展规划》，确定了包括交通运输在内的国家支持的重点科学技术领域和重点项目。

2. 全面改革时期（1992～2001 年）

通过改革开放初期的政策实施，交通运输行业的技术改造取得了一定成效，但整体来看，行业的产业技术装备水平仍然十分落后。同时，由于当时发展目标主要放在经济建设上，用于科学研究和技术开发的资金相对匮乏。大多科学研究规划只停留在政策制定层面，政策实施的效果并不理想，因此党的十四大、十五大报告分别强调了科技工作要面向经济建设和制定中长期科学发展规划。

3. 深化改革时期（2002～2012 年）

党的十六大、十七大报告均强调要坚持以信息化带动工业化、以工业化促进信息化，走出一条科技含量高、经济效益好、资源消耗低、环境污染少、人力资源优势得到充分发挥的新型工业化路子。为适应新形势，交通运输部 2012 年启动了行业技术政策的修订和完善工作。新《技术政策》的体系框架分为技术领域、专业方向、技术环节、主要技术 4 个层级，主要内容包括公路工程、水运工程、运输服务、城市交通、安全应急、节能环保和信息化 7 个领域，共计 70 项主要技术，涉及公路、桥梁、隧道、港口、航道、运输、城市交通、出租车、环保、清洁能源、信息服务等专业。

（二）标准建设高水平化

交通运输标准是指交通运输行业内的国家标准和行业标准。目前，我国公路交通运输标准经过多年不断的发展，已渗透到行业内的各个专业领域，在提高行业技术、产品竞争力、建设质量和运输服务水平等方面取得了明显成效。

1. 公路工程标准建设

第一阶段（1980 年以前）：这一时期我国还没有高速公路，进入 20 世纪 80 年代后，高速公路开始进入人们视野。这一时期公路行业标准的发展特点主要是与我国当时的计划经济体制相适应，体系构成和管理以政府为主导，实施以行政命令为手段，用以满足公路建设基本需求。这一时期的公路技术标准主要参考借鉴苏联的标准体系编制，所发布和实行的标准虽然数量不多，但对当时的公路建设起到了极其重要的作用，同时也为后来的发展奠定了基础。第二阶段（1981～1996 年）：这一时期计划和筹备建设高速公路，学习借鉴美国和日本等国经验，边建设边总结，集中全国力量进行前期研究和设计，形成标准和成套经验并对其不断改进，探索性地建成高速公路以及一批汽车专用路。经过十年的发展，我国高速公路从无到有，在经济发展中所起到的独特作用也得到了充分的体现。在借鉴国外先进经验并总结国内建设经验的基础上，在这一时期，逐步完善了涉及路线、路基、路面、桥梁、隧道、交通工程等多个专业的公路工程标准体系，并新增了涉及环境保护、四新技术以及质量检测等方面的内容，基本适应了这个阶段公路基础设施建设的需求，为指导我国高速公路安全、经济、环保建设提供了有力的技术支持。第三阶段（1997～2008 年）：这一时期的特征是高速公路在西部大开发、中部崛起和振兴东北老工业基地的大环境中初步成网。国家陆续出台了西部大开发以及中部崛起等发展战略，作为落实这一发展战略的重要手段，公路建设也被放在前所未有的重要地位。这一时期的公路建设标准全面总结了我国高速公路建设的实践经验，立足于我国公路建设技术和管理需求，系统研究了我国高速公路在向中西部延伸中所遇到的新问题，并陆续反映在制定及修订的行业标准之中。第四阶段（2009年至今）：这一阶段整个交通行业的发展已实现了由"总体缓解"向"基本适应"的重大跃升，国家着力调整经济结构和转变发展方式，加强资源节约和环境保护，坚持用科学发展和深化改革的办法解决前进中的问题。为落实国家提出的"标准走出去"战略，交通运输部首次大规模地组织编译了现行公路工程行业标准外文版，截至目前，已经编译并发布了50余本英文、法文、俄文的外文版标准。这些标准已经陆续在部分国家的公路建设中被采用，这极大地促进了中国设备、材料、技术"走出去"，同时，技术标准的输出也极大提高了中国在这些国家的影响力，提高了中国的软实力。①

2. 道路运输标准建设

伴随着道路运输发展，为了在一定范围内获得最佳秩序，经协商一致制定并由公认机构批准，大量道路运输标准被制定出来并不断完善，这些标准涉及运输行业的各个方面，例如，人员与培训要求、服务规范、客货运企业条件、客货运驾驶员技能素质要求和技能培训、客货运企业服务规范、客货运服务质量评定质量考核等服务标准；车辆技术要求、客运站场设施、安全要求等技术标准；客货通用的条码、报文格式、信息系统、卫星定位系统、数据交换、电子单证等信息化标准；客货通用的能耗、节能技术等环保标准。2012年，专门负责全国道路运输专业技术领域标准化的技术归口工作的全国道路运输标准化技术委员会成立，标志着我国道路运输标准化工作有了协调统一的管理，初步建立了专家队伍，进入了规范有序的发展阶段。道路运输标委会成立初期即建立了标准体系，根据标准发布、标准计

---

① 中华人民共和国交通运输部：《中国交通运输改革开放40年·综合卷》，人民交通出版社2018年版。

划下达和标准规划等情况更新标准明细表，每年滚动更新标准体系。

三、深化管理体制改革，行业管理科学化

管理体制是指国家行政机构部门的综合设定以及相关权利、管理范围及上下层级关系的划分。我国公路交通管理体制的发展历程与我国公路交通发展历程以及经济体制改革密切相关。改革开放之前，我国主要实行计划经济，各个省区市的交通厅局成立了城市运输公司，这个时期的国有运输公司既有服务大众的企业职能，又有调控市场、把握整体的政府管理职能。党的十一届三中全会之后，为了解放生产力和提高运输效率，交通部开始进行运输体制改革。1979 年 8 月，交通部召开全国汽车运输座谈会，根据中央"调整、改革、整顿、提高"的方针，研究加强运输市场管理和改革汽车运输管理体制等问题。1985 年，原交通部又提出了"三个一起干、三个一起上"，即各部门、各行业、各地区一起干，国营、集体、个人以及各种运输工具一起上的政策。这些政策的贯彻落实极大地解放了运输生产力，令多元主体的道路运输市场逐步开始形成。同时，新局面使得加强对道路运输市场的管理、建立一个独立的道路运输管理机构的需求变得十分迫切。

1986 年交通部、国家经委颁布了《公路运输管理暂行条例》和《公路运输管理费征收使用管理规定》。1987 年交通部又出台了《公路运输管理部门工作条例》，规定公路管理工作实行统一领导、分级管理原则。国道和省道由省、自治区、直辖市公路主管部门负责修建、养护和管理；县乡道路分别由县乡人民政府负责修建、养护和管理。这些条例和规定开创了依法管理公路工作的新局面，帮助我国公路运政管理工作逐步走向制度化和规范化。《公路运输管理部门工作条例》颁布 11 年后，公路

的发展要求出台一部法律，对公路的养护、建设、市场管理进行全方位的规范。1998 年 1 月《公路法》正式施行，进一步明确了交通主管部门和公路管理机构建设、养护、管理公路的职责，完善了公路建设和养护制度。

1992 年之后，公路建设得到了飞速的发展，我国公路通车里程迅速增加，公路等级不断提高，为适应公路快速发展要求，各地都在根据自身实际情况探索公路管理体制的改革。1998 年 6 月，交通部在福州召开"全国加快公路建设工作会议"，会议提出改革公路管理体制，依据《公路法》，公路管理机构从中央到地方分四级设置，每一级设立一个公路管理机构，在政府交通主管部门的领导下，行使本辖区内公路的规划、建设、养护、路政和收费公路等有关行政管理职责，同时，各级公路管理机构在改革中，都要做到政企分开、事企分开，转变职能，精简机构，压缩编制，加强对公路管理人员的培训，严格按照标准录用公路管理人员，建立起精简高效、运转协调的管理机构，培养一支高素质的管理队伍。1999 年 6 月在重庆召开的全国公路工作会议总结了公路管理体制改革的经验和教训，要求各地公路交通部门切实加强公路行业管理，推进公路管理体制改革，合理设置公路管理机构，科学划分职能。省级公路管理机构的设置应采取一厅一局的模式，即省交通厅只设置一个公路管理机构（即省公路局），并遵循权责一致的原则，省厅要将该管的管好，把该放的下放给省公路局管理。公路管理机构要在省厅的领导下，充分发挥管理作用，完成公路建设、养护、管理等各项工作。同时，会议指出，高速公路作为整体路网的一部分，应纳入整体路网进行统一管理。这次会议对公路事业的科学发展奠定了坚实基础。

进入 21 世纪以后，行政管理体制改革的步伐进一步加快，改革的目标和理念也由相对单一的"精简、统一、效能"向"着力转变职能、理顺关系、优化结构、提高效能"转变。同时，改革的内涵也从单一的以政府机构设置调整为主进一步扩展到法律法规、制度建设等相关领域，行政管理体制改革日益成为一项综合性、系统化的改革。2004 年国务院颁布实施了《中华人民共和国道路运输条例》，以行政法规的形式授权县级以上道路运输管理机构负责具体实施道路运输管理工作，对道路运输管理机构的建设和相关管理职能进行了立法规范。而且，在立法上统一并基本形成了中央、省级、市级和县级四级道路运输管理体制。2008 年国务院机构改革（"大部制"改革），撤销原来的交通部，新组建交通运输部，原公路司升格为公路局。政府机构改革的推进也为下一步公路管理体制改革指明了方向和重点，即以转变职能为核心，逐步实现政、事、企相分离。

四、推动投融资体制改革，投融资模式多样化

从 1978 年改革开放初期到 2012 年，国家对原有的投资体制进行了一系列改革，打破了传统计划经济体制下高度集中的投资管理模式，初步形成了投资主体多元化、资金来源多渠道、投资方式多样化、公路交通运输建设市场化的新格局。

计划经济体制下，我国实行的是单一的政府投资管理方式，由于投入限制，公路基础设施建设严重不足。改革开放后社会经济快速发展，公路瓶颈作用凸显，此时政府财政资金的限制影响了公路事业的正常发展。进入 20 世纪 80 年代后，国务院多次强调要动员各方面力量加强公路建设，并上升到战略思想的高度。1981 年，广东省率先提出"贷款修路、收费还贷"的设想，省交通主管部门向外商集资 1.5 亿港元，并自筹资金 8000 万元人民币，将广深线的两个渡口和广珠线的四个渡口改渡为桥，于 1984 年

1月建成，同期开始收取车辆通行费来偿还贷款①。1983年，交通部开始对扩大公路建设问题进行研究，并建议国家采取适当措施。1984年11月国务院决定从当年冬季开始，在三年内从商业库存中动用一部分粮棉布，按以工代赈的方式用于贫困地区的道路修建整治。② 1984年12月，在国务院第54次常务会议上，国务院领导听取了交通部关于公路建设问题的汇报，经过讨论原则同意交通部征收汽车购置附加费、提高养路费征收费率和允许贷款修建的公路、桥梁、隧道等收取通行费等意见。③ 1984年国务院出台的公路投资三项政策标志着公路投融资格局的重大变化，市场化融资的闸门得以打开。1986年12月，公路债券首次发行，为建设高崎至集美海峡大桥筹集资金，使公路基础设施建设增加了新的资金来源渠道。④ 1988年交通部颁发《贷款修建高等级公路和大型公路桥梁、隧道收取车辆通行费的规定》，对贷款修路予以肯定和规范。

虽然推出了公路投资的三项政策，但20世纪90年代之前并未掀起利用银行贷款修建收费公路的热潮，收费公路投资建设的主要资金来源是地方政府所征收的车购费与养路费。1992年社会主义市场经济体制确立，党的十四大明确提出"引导外资主要投向基础设施、基础产业"，随后吸引外商直接投资工作有了新的发展，形成了外商投资建设交通基础设施的高潮。⑤ 同年，面对经济新时期对高等级公路基础设施的迫切需求和公路供不应求的现状，交通部为进一步深化改革、改变交通运输滞后的局面，提

---

① 《从"贷款修路"到"政资分离"粤大手笔打造"大交通"》，南方网，2004年10月3日。

② 乔陆印、何琼峰：《改革开放40年中国农村扶贫开发的实践进路与世界启示》，载《社会主义研究》2018年第6期。

③ 马士茹：《重大政策的实施促进公路现代化》，中国交通新闻网，2018年10月10日。

④ 戴东昌、徐丽、马俊：《收费公路的融资之道》，中国公路网，2002年11月1日。

⑤ 中国公路学会：《中国公路史》（第三册），人民交通出版社2017年版。

出了《关于深化改革、扩大开放、加快交通发展的若干意见》。随后在 1993 年 6 月召开了对公路行业改革具有重要意义的"济南会议",会上国务院副总理邹家华明确指出,加快交通基础设施建设要充分依靠地方、动员群众,发展综合运输,坚持"统筹规划、条块结合、分层复杂、联合建设"的方针,把中央、地方、社会各方面积极性都发挥出来;解决建设资金不足的问题,必须坚持改革开放,扩大资金筹措渠道,建立良性循环机制。[①]

收费公路所具有的明显的经济效益使其市场化融资深度和广度也远非普通公路可比,进入 20 世纪 90 年代中后期,收费公路融资市场机制作用的效果逐渐显露,各种创新式的融资工具层出不穷,诸如债券、股权、经营权转让等市场化融资手段如井喷般出现并快速发展。1994 年,我国首例由民营企业发起兴建的"建设—经营—转让"(build-operate-transfer,BOT)融资项目——福建省泉州刺桐大桥,全长 1530 米,宽 27 米,双向六车道,于 1997 年 12 月建成通车。该项目由投资法人建设经营 30 年,期满后全部无偿移交给政府,标志着 BOT 方式开始引入公路建设[②]。1996 年 8 月,广东省高速公路发展股份有限公司上市,这是我国第一家公路上市公司,并向境外投资者发行 B 股。[③] 此后,发行股票融资逐渐成为我国高速公路建设资金的重要来源之一。1996 年 10 月,交通部发布《公路经营权有偿转让管理办法》,使我国有了规范收费权转让行为的法规依据。

2003 年以来,随着新农村建设的推进,中央政府通过车购税和国债资金加大对农村公路建设的投入,地方政府通过养路费资金和其他一般财政

---

① 邹家华:《对公路建设提出五点要求》,载《交通企业管理》1993 年第 8 期。

② 贾康、孙洁、陈新平、程瑜:《PPP 机制创新:呼唤法治化契约制度建设——泉州刺桐大桥 BOT 项目调研报告》,载《经济研究参考》2014 年第 13 期。

③ 中国公路学会:《中国公路史》(第三册),人民交通出版社 2017 年版。

资金加大对农村公路建设的投入，农村公路得以迅速发展。2004 年，《国家高速公路网规划》和《投资体制改革的决定》的发布使高速公路发展进入新的加速期。2008 年 12 月，国务院发布了《国务院关于实施成品油价格和税费改革的通知》，从 2009 年开始对公路行业成品油价格和养路费进行税费改革，并逐步开始取消二级公路的收费。在这一背景下，收费公路投融资的公私合作（PPP）模式逐渐开始兴起并成为收费公路主要的投融资模式。

五、重视公路养护，推进公路养护体制改革

1978 年党的十一届三中全会以后，各省份重新恢复了公路局、总段（分局）和段三级养护管理机构。经过一段时间的调整，公路养护体制逐渐恢复。全国各省区市基本健全了省公路局、地方公路总段（处、分局）和县公路管理段的三级公路管理体制，重点针对干线公路进行管理。同时，随着高速公路的迅速发展，全国公路养护管理机制也逐步建立完善。

20 世纪 80 年代末到 90 年代初，部分省份开始在车流量较大的路段修建高速公路，由此诞生了中国第一批高等级公路。在这些初始路段建设指挥部的基础上，组织成立了高速公路建设指挥部，后续建设高速公路的省份一般也是遵循这一做法。此时的高速公路管理机构职责一般被定位为"高等级公路建设项目管理以及建成路段的路政、养护和收费管理"，基本上实行建、管、养一体化的管理模式。

进入 20 世纪 90 年代，由于我国经济发展模式由计划经济向社会主义市场经济转变，公路养护体制也随之发生了变化。在社会主义市场经济体制理论的指引下，交通运输行业大力推进政企分开，积极转换交通运输企业经营机制。在这一背景下，1995 年的合肥全国公路养护管理工作会议

后，原交通部发布了《交通部关于全面加强公路养护管理工作的若干意见》，提出改革完善公路养护管理运行体制，确立了"管养分离、事企分开"的目标。全国各地公路交通部门开始努力探索、大胆实践，在培育养护市场方面做了许多改革尝试。吉林省在 1996 年首推"国路民养"，经审计与财政部门清理后，对全省范围内净资产为正的国道养护机构以契约的形式进行招标承包，由承包人总体负责承包路段的养护任务，交通部门进行监督；将净资产为负的机构转为国有独资或国有控股公司。一些沿海经济发达、路网密度高的地区，如上海、江苏、浙江等省份也加快了养护模式市场化改革的进度。沿海省份的财政实力相对较强，管理思想超前，公路养护模式改革的基础好。因此，它们大多选择以直接购买的形式实现公路养护工作的管养分离，将养护作业单位整合后推向市场。

进入 21 世纪，为了切实提高公路养护与管理水平，交通部颁发了《公路养护与管理发展纲要（2001～2010 年)》，提出要"深化公路养护运行机制改革"。2002 年 10 月，第十六次全国公路局长工作研讨会在湖北武汉举行，座谈上，各省区市交流公路改革与发展经验以及当前公路改革与发展面临的机遇与挑战等。针对公路养护市场化改革，各地逐步认识到"因地制宜、因时制宜"的重要性，各地改革的形式越来越多样化，全国公路养护管理呈现出"百花齐放、百家争鸣"的改革局面，涌现出如甘肃省推行的"一分局四实体"的市场化过渡模式、宁夏回族自治区和辽宁省推行的改革"三步走"、湖北省进行的"增量突破"的试点、浙江余姚开展的"两置换、两公开"改革、北京和青海对公路养护生产单位进行的整体转制、广东省组建的养护大道班等。

2009 年我国开始实施成品油价格和税费改革，并逐步有序取消二级公路收费，交通运输部提出了统筹发展"两个公路体系"（以非收费公路为主、收费公路为辅）的战略思路，这对我国公路养护工作产生了较大影响，使之步入新的发展阶段。在推进公路养护运行机制深化改革的过程中，国家和公路养护行业针对出现的问题与矛盾进行反思与调整，2006年全国公路养护管理工作会议在济南召开，我国公路养护行业开始对市场化改革过程中出现的矛盾进行思索。在全国公路养护管理工作会议上，时任交通部副部长冯正霖指出，"顺利推进这项改革，必须要有政策支持、资金支持和养护职工的理解"①，只有政策到位改革才能顺利推进。2011年2月国务院常务会议通过《中华人民共和国公路安全保护条例》，明确授权国务院交通运输主管部门制定公路养护作业单位资质管理办法，对公路养护市场主体依法进行管理。该条例的颁布使我国公路养护市场化改革进入新的时期。2011年5月，交通运输部正式将公路养护市场管理体系研究作为该部门软科学研究项目立项启动，着眼公路养护市场化推进与公路养护市场管理等问题，研究我国公路养护市场化的顶层设计方案。

第四节　道路安全与应急

随着我国国民经济和公路交通事业迅速发展，机动车、机动车驾驶人、公路里程、公路交通流量、公路客货运量逐年攀升，对交通出行安全的需求不断提高。公路交通发展过程中，国家道路运输安全意识不断增强，投入明显加大；相关体制机制不断完善，道路运输安全管理能力不断加强；应急管理和突发事件应对水平不断提高。

---

① 冯正霖：《认真落实科学发展观 努力提高公路交通网络的公共服务能力——在全国公路养护管理工作会议上的讲话》，载《公路》2006年第6期。

一、道路运输安全意识不断强化，投入明显加大

改革开放之前，由于我国汽车（机动车）保有量极低，每年的道路交通事故死亡人数为几百至几千人，道路安全问题并没有引起国家社会的关注与重视。随着汽车（机动车）保有量的不断增加，道路交通事故死亡人数也不断增加。我国的交通事故自 20 世纪 80 年代中期开始呈快速增长态势，至 2002 年死亡人数达到历史峰值 109381 人，较 1984 年（25251 人）增长了 3.33 倍[①]。道路交通系统造成的伤害严重危害了我国社会经济和公共卫生安全事业的发展，成为危害我国人民群众生命财产安全的第一事故杀手，道路交通安全问题成为人民生活中的重要问题之一，越来越引起政府对道路交通安全治理的重视。2003 年国家出台了《中华人民共和国道路交通安全法》，在全国范围加大了对道路交通安全的整治力度。2003 年以后，得益于道路的改建、2003 年《中华人民共和国道路交通安全法》立法、驾驶员执照考试规范、交通执法、汽车安全技术的发展等，我国道路交通安全治理效果显著，交通事故增长的势头开始得到扼制，死亡人数除 2004 年因为统计标准变化而较上年有所增加外，均呈逐年减少态势。从 2004 年到 2012 年，交通事故起数由 46.5 万减少到 20.4 万，死亡人数从 9.4 万下降到 5.9 万人，分别降低了 56% 和 37%[②]。

道路交通安全是公共安全的重要组成部分，直接关系到人民群众的生命财产安全，关系到经济社会的协调发展，2006～2010 年我国"十一五"期间，安全发展的理念更加深入人心。交通运输系统坚持"安全第一、预防为主、综合治理"的方针，坚持把保障经济社会发展和人民生命财产安

[①②] 各年《中国统计年鉴》，国家统计局官方网站。

全放到至高无上的地位，采取了一系列强有力的措施，将安全生产融入工作的方方面面。建立了"一把手"负总责、分管领导具体负责、所有部门各司其职的安全生产良好格局，使安全生产责任制得到不断强化和进一步落实。各级交通运输管理部门大力推进"一岗双责"，各交通运输企业进一步提升了对安全生产的认识，建立健全了安全生产管理体系，并强化督查考核；加大了资金投入，公路安保工程建设加快，五年共累计投入资金121亿元，组织实施了12万公里。地方各级公路管理部门也积极筹措资金，加大了公路安保工程的实施力度。例如，青海省交通运输厅实施安保工程路线30余条，治理路段1000多处；广西壮族自治区共自筹资金超过1.4亿元实施安保工程。各级政府、交通运输主管部门、交通运输企业加大对安全生产和应急体系建设的投入，将交通运输安全生产和应急工程建设投入纳入交通运输基础设施建设总体和年度预算；将安全生产和应急方面的运行维护、科学研究、宣传教育、培训演练、应急补偿等资金纳入各级政府财政预算和企业的专项支出。按照事权划分原则，交通运输安全生产和应急工程建设项目由中央、地方和企业分别承担，并积极引导社会资金投入。[1]

"十一五"期间，国家层面加大了各类安全监管投入，地方各级交通运输主管部门也加大了投入力度，加强应急运输能力建设，配备了应急运输和救援装备设施。例如，辽宁省高速公路管理部门配备了拖车、救援专用车以及大型挖掘机等救援设备；黑龙江省交通运输管理部门依托较大规模运输企业，建立了应急运输保障车队和战备钢桥储备库。同时，加大了科技兴安的力度，依靠现代科技手段，强化对路网、重点桥梁、长途和旅

---

[1] 李盛霖：《抓住机遇　迎难奋进　推动交通运输安全生产工作再上新台阶》，载《交通标准化》2010年第24期。

游客运、危险品运输车辆的动态监管。经过试点和推广，长途客车、旅游包车和危险化学品运输车辆基本安装了自动行车记录仪。上海、江苏、浙江、安徽等省份为保障上海世博会交通运输安全，实现了长途客车、旅游包车和危险化学品运输车辆的联网联控；北京、山东、江西、新疆等省（区、市）初步实现了治超信息系统部省站三级联网。

二、体制机制不断完善，道路运输安全管理能力不断加强

随着道路交通安全防控意识的增强，为了预防和减少群死群伤事故以及重特大交通事故，提高交通安全综合治理能力，国家和交通管理部门陆续修订、出台了相关法律及规定，使体制机制不断完善。

（一）建设安全生产法规制度体系

一是规范道路旅客运输企业安全生产工作。严把运输经营者市场准入关、营运车辆技术状况关、营运驾驶员从业资格关，是预防和减少道路交通事故的安全管理基础。为进一步加强道路运输安全生产监督管理工作，保障人民生命财产安全，加强对道路运输经营者、营运车辆、营运驾驶员和汽车客运站的源头管理，2002年交通部提出了《关于加强道路运输安全生产监督管理工作的意见》；2010年交通运输部、公安部、国家安全生产监督管理总局印发《关于进一步加强和改进道路客运安全工作的通知》；2011年交通部发布《关于进一步深化和拓展道路客运隐患整治专项行动的通知》。二是加强和规范客运安全管理。交通部2004年发布《关于进一步加强道路客运安全生产管理的紧急通知》；2012年印发《关于进一步加强客货运驾驶人安全管理工作的意见》；同年联合公安部、国家安全生产监督管理总局联合部署，组织开展"道路客运安全年"活动等。三是规范客

运站安全管理。2001 年交通部发布了《关于加强道路运输安全生产工作的通知》，指出要加强汽车站的安全生产管理；2005 年交通部印发了《道路旅客运输及客运站管理规定》，并于 2008 年、2009 年、2012 年多次修订完善；2007 年交通部发布《关于促进道路运输业又好又快发展的若干意见》；2012 年交通部发布《关于征求汽车客运站安全管理相关规范标准意见的函》《关于印发汽车客运站营运客车安全例行检查及出站检查工作规范的通知》《关于修改〈道路旅客运输及客运站管理规定〉的通知》。在国家法规、制度建设的过程中，地方各级交通运输部门也在此基础上结合实际加强了地方法规建设，完善地方交通法规体系，颁布了公路桥梁养护、建设工程安全监管等相关道路运输安全管理规定。

（二）完善驾驶员培训和从业人员管理制度

一是加强从业资格管理工作。交通运输部相继印发了《关于进一步加强客货运驾驶人安全管理工作的意见》《关于发布中华人民共和国道路旅客运输驾驶员及道路货物运输驾驶员从业资格考试大纲的通知》《关于印发道路旅客运输驾驶员和道路货物运输驾驶员从业资格培训教学大纲的通知》《关于印发机动车驾驶培训教学与考试大纲的通知》《关于认真贯彻〈机动车驾驶培训教学与考试大纲〉的通知》；二是加强道路运输经理人工作。下发了《关于印发〈道路运输经理人从业资格考试大纲〉和〈中高级道路运输经理人考试大纲〉的通知》。

（三）建立健全交通安全管理责任机制

对道路运输安全监管，交通主管部门负有组织领导责任，道路运输管理机构负有行业监管责任，道路运输企业负有安全主体责任。"十一五"期间，各级交通运输管理部门成立了专门负责安全生产监督和应急管理的机构，进一步加强了与外交、公安、农业、国土、水利、安监、环保等部门在安全应急工作中的协调联动。2009 年经国务院和中央军委批准，军队和武警交通部队正式纳入国家交通运输应急救援力量体系。各级交通运输主管部门配备了专职安全和应急管理人员，各级公路和港航管理部门初步建立了专兼职安全生产监管与应急队伍，全国已初步建立了一支年龄结构合理、专业结构基本配套、以技术骨干为主的交通运输建设安全管理和监理专业队伍，部分交通运输企业建立了专兼职安全管理队伍。

（四）建立农村交通安全管理制度

农村交通安全管理工作是建设社会主义新农村的前提和基础，为进一步加强农村交通运输安全工作，2010 年交通部印发《关于加强农村交通运输安全生产工作的意见》。"十一五"期间，交通部对农村交通运输安全生产工作进行了大量调研，建立健全农村交通运输安全生产监管机构或配备专职安全监管人员，加大安全生产基础设施设备投入，扩大农村交通运输安全管理覆盖面，完善了农村道路交通安全工作机制，使农民交通安全意识普遍提高，农村交通事故明显下降。

（五）加强校车安全管理制度体系建设

为了加强校车安全管理，保障乘坐校车学生的人身安全，2012 年国务院发布实施《校车安全管理条例》；同年，交通部发布《关于认真做好〈校车安全管理条例〉贯彻实施工作的通知》，教育部、交通部等 20 部门下发《关于贯彻落实〈校车安全管理条例〉进一步加强校车安全管理工作的通知》和《关于印发〈校车安全管理部级联席会议成员单位职责〉的通知》。

三、重视应急管理，突发事件应对水平不断提高

2003 年"SARS"事件之后，中国政府开始建立以"一案三制"（应急预案、应急体制、应急机制、应急法制）为核心的应急管理体系。我国公路交通突发事件应急工作也是围绕"一案三制"体系开展的。

（一）制定了我国公路交通突发事件应急预案

在"SARS"之后，交通部于 2004 年联合卫生部出台了《突发公共卫生事件交通应急规定》，这是真正意义上有关公路交通应急管理的第一个政府性规定。2005 年，交通部下发了《公路交通突发公共事件应急预案》，这是公路交通领域作为总纲领性的第一部应急预案，为整个公路交通突发事件的应急管理工作奠定了坚实的基础。2009 年交通部总结 2008 年抗击低温雨雪冰冻灾害和汶川特大地震抗震救灾经验，重新修订了《公路交通突发事件应急预案》，包括总则、应急组织体系、运行机制、应急处置、应急保障、监督管理和附则七个部分，提高了可操作性和执行力。各省也相应建立了部门预案和专项预案，如河南省先后制定印发了《河南省公路、水路突发事件应急预案》《全省高速公路冬季保通预案》《防汛工作预案》等。

（二）确立了我国公路交通突发事件应急管理体制

我国公路交通突发事件应急工作在各级人民政府的统一领导下，由交通运输部门具体负责，分级响应、条块结合、属地管理、上下联动；充分发挥各级公路交通应急管理机构的作用。公路交通应急组织体系由国家级、省级、市级和县级交通运输主管部门四级应急管理机构组成。国家级

应急管理机构包括应急领导小组、应急工作组、日常管理机构、专家咨询组和现场工作组。应急工作组分为综合协调、公路抢通、运输保障、通信保障、新闻宣传、后勤保障、恢复重建和总结评估八个工作小组，分别由部内相关司局牵头成立，按职责承担应急任务。同时，在交通运输部设立公路网管理与应急处置中心作为日常管理机构，专职负责国家高速公路和重要干线公路网的运行监测及有关信息的收集和处理，向社会提供公路出行信息服务等。省级、市级、县级交通运输部门根据各地的实际情况成立应急管理机构，明确相关职责。

（三）确定了我国公路交通突发事件应急管理机制

我国公路突发事件应急管理坚持统一指挥、反应灵敏、协调有序、运转高效的原则，建立健全了预测与预警机制、应急处置机制、恢复与重建机制和信息发布机制。预测预警机制根据突发事件发生时对公路交通的影响和需要的运输能力分为四级预警，分别为Ⅰ级、Ⅱ级、Ⅲ级、Ⅳ级预警，分别用红色、橙色、黄色和蓝色来表示；应急处置机制实行分级响应，交通运输部负责Ⅰ级应急响应的启动和实施，省级交通部门负责Ⅱ级应急响应的启动和实施，市级交通部门负责Ⅲ级应急响应的启动和实施，县级交通部门负责Ⅳ级应急响应的启动和实施。后又增加了指挥与协调、应急物资调用与跨省支援；恢复与重建机制包括善后处置、调查与评估、补偿和恢复重建；应急信息报告机制主要指建立条块结合的应急信息平台。

（四）形成了我国公路交通突发事件应急管理法制体系

包括国家、省法律法规与交通运输部门规章、规范性文件两部分。其中，国家法律法规包括《中华人民共和国突发事件应对法》《中华人民共和国公路法》《中华人民共和国道路运输条例》《国家突发公共事件总体应急预案》等，地方政府根据这些法律、法规，颁布了适用于本行政区域的地方立法。交通运输部的规范性文件包括《公路交通突发事件应急预案》《交通部关于全面加强交通应急管理工作的指导意见》等，以及省、市、县级交通部门印发的相关规范性文件。

第五节　公路交通科技创新与可持续发展

公路交通作为国家重要的基础设施和服务业，是社会经济发展的重要物质保证。要建成现代化交通运输系统，仅依靠投入大量的资金、人力和土地等生产要素是远远不够的，还必须借助于科学技术的应用和科学技术的发展。改革开放三十多年来，我国公路交通创新政策和保障机制逐步完善，科技人才队伍不断壮大；科技创新成绩斐然，推广应用效益显著；可持续发展理念逐步深化，绿色、环保、可持续成为公路交通领域关注的热点。

一、创新政策和保障机制逐步完善，科技人才队伍不断壮大

科学技术是交通发展的重要推动力量，交通工具的发明和运输方式的改进，极大地推动着经济发展和社会进步，改变着人们的时空观念和生活方式，对人类文明进步产生着重大而深远的影响。交通行业实施"科教兴交"战略，深化科技体制改革，推进创新能力建设，提升了交通科技创新

实力。改革开放以来，交通主管部门加强交通科技发展规划、管理制度和政策问题研究，完善了科技计划管理体系，制定并修订了科技项目管理办法、行业重点实验室建设、知识产权保护等管理办法，建立了交通科技统计报表制度；采取科技示范工程、专项行动计划等多种方式，促进科技成果转化应用；与科技部建立了部际会商机制，与地方交通运输主管部门加强了科技合作与信息交流。地方交通运输科技管理部门、交通科研机构、交通企业等组织制定并有效实施科技发展规划，建立健全了具有各自特点的科技管理制度，采取多种措施加大科技投入，积极探索成果推广应用的工作机制和途径，构建了较为完善的科技管理体系，推进了科技创新体系建设。

1999 年，交通部加强交通系统普通高等院校和科研院所的实验室建设和管理，在交通部直属科研单位和高等院校建设了 17 个"交通部重点实验室"，重点在公路工程、水路工程和运输工程方面进行了布局。2006 年发布《公路水路交通中长期科技发展规划纲要（2006～2020年)》，行业科研平台建设进入快速发展阶段。截至 2007 年底，运行交通行业实验室达到 32 个，到 2011 年重点实验室达到 43 个，行业重点实验室完成布局①。行业重点实验室覆盖了公路交通运输科技发展的主要领域，在开展高水平研发活动、培养优秀科技人才、进行高层次学术交流等方面发挥了重要作用。各地交通运输主管部门和企业更加注重科研基地建设，科研基础条件显著完善，有效提升了全行业科技创新能力；建立了交通科技信息资源共享平台建设的标准体系，整合形成了科技信息资源基础数据库，促进了科技信息资源的共建共享和有效利用，提升了

---

① 中华人民共和国交通运输部：《中国交通运输改革开放 40 年·综合卷》，人民交通出版社 2018年版。

科技管理信息化水平。

改革开放以来，交通行业坚持以人为本，注重利用市场机制优化配置人才资源，依托重大科研项目、重点科研基地和专项培训计划加快交通科技创新型人才队伍建设，已培养、锻炼和会聚了一批交通科技人才。

二、科技创新成绩斐然，推广应用效益高

改革开放三十多年，我国公路交通事业取得了举世瞩目的成就。到2012年，公路总里程已达423.75万公里，高速公路从无到有，突破9万公里，位居世界第一；跨江跨海大桥和长大隧道建设水平跻身世界一流；公路客货运输周转量占社会客货运周转总量的比重不断攀升，在综合运输体系中的地位进一步提高，有力支撑了国民经济持续、健康、快速的发展。我国公路交通事业发展过程中，科技进步发挥了重要作用，一大批科技成果的应用，有力促进了交通运输质量、服务和效益的提高，保障了公路交通的快速发展。

（一）关键技术的突破促进了交通运输快速发展

针对交通建设、运输和管理中的关键问题，我国大力开展了应用基础研究和关键技术研究，重视标准规范体系建设和成果推广应用，采取科技重点攻关、行业联合攻关、重大技术装备开发、引进消化吸收等多种形式，在交通科技的众多领域取得了重大突破。在高等级公路建设成套技术、特大跨径桥梁和长大隧道建设技术、深水筑港和航道整治技术等方面均取得了重大成果，部分领域达到和接近国际先进水平，有力地支持了我国公路水路交通建设的大发展。公路快速客货运输技术、集装箱运输成套技术、内河分节驳顶推运输成套技术等的推广应用，提高了公路水路交通

运输能力和效率，增强了我国国际航运的竞争力。

（二）信息技术的应用提高了交通运输整体效能

我国紧跟世界潮流，深入开展了现代信息技术的研究和应用，在交通规划、勘察设计、运输组织和运营管理等方面取得了显著成效。卫星定位、航测遥感和计算机辅助设计集成技术极大地提高了交通规划、勘测设计的效率和质量；高速公路监控收费系统、路面桥梁养护管理系统、船舶交通管理系统、智能交通技术、集装箱运输电子数据交换技术等的应用，有效地增强了运输组织能力，提高了运营管理水平；交通电子政务建设取得了进展，明显提高了政府管理效能。

（三）软科学的研究支撑了交通运输科学决策

紧紧围绕事关交通事业发展的全局性、战略性和政策性等重大问题，相继开展了一系列软科学研究，在交通发展战略规划、政策法规、体制改革、结构调整、职能转变等方面取得了重要研究成果，为科学决策提供了依据，极大地提高了各级交通部门的行政能力。

（四）多学科技术的综合应用增强了交通可持续发展能力

针对日益突出的交通安全、环境保护和资源紧缺等问题，广泛开展了多学科技术的综合应用研究，在交通工程安全技术、水上立体救助技术、溢油应急处治技术、建设项目生态保护技术和车船节能技术等方面取得了重大进展，有效地改善了公路水路交通安全状况，提高了环保水平，部分缓解了资源压力，促进了交通与自然的和谐发展，增强了交通的可持续发展能力。

2012 年，交通运输行业科研工作取得丰硕成果。其中，专利申请、软件著作权登记、标准制定等方面成绩斐然：（1）形成研究报告 1939 篇，发表科技论文 3356 篇，出版专著 72 本、1590 万字；（2）专利申请受理 666 项，获得专利授权 415 项，形成新产品、新材料、新工艺、新装置 224 项；（3）鉴定科技成果 529 项，登记科技成果 409 项，软件产品 46 个，软件著作权 88 项；（4）共获政府设立科技奖 46 项、社会设立科技奖 318 项；（5）共有 560 个科技项目研究成果得到推广应用；（6）通过交通运输科技项目建立实验基地 39 个，形成示范点 290 个，建立数据库 87 个①。

三、可持续发展理念逐步深化，交通
与环境协调发展备受关注

公路交通可持续发展是在环境资源承载许可之内对交通生产要素进行有效配置，以适应经济社会发展对交通运输的需要，是实现公路交通供需平衡和生产平衡的过程。实现交通运输的可持续发展，是新时期贯彻落实科学发展观的必然要求。

从新中国成立到改革开放之前，我国处于工业化准备阶段和工业化初期，经济发展较为落后。这一时期，我国交通运输整体发展水平不高，公路交通发展整体滞后。1978 年改革开放以后，20 世纪 80 年代中期，国家还相继出台了开征车辆购置附加费、港口建设费和"贷款修路、收费还贷"等一系列加快发展交通基础设施的政策举措；通过了国道网规划、"三主一支持"规划、《国道主干线系统规划》《全国 30 年公路网规划》《国家重点公路建设规划》《西部开发公路规划》等一系列的中长期建设规

---

① 中华人民共和国交通运输部：《中国交通运输改革开放 40 年·综合卷》，人民交通出版社 2018 年版。

划来突出交通建设重点。经过十几年的交通规划与建设，公路交通基础设施有了很大发展，面貌有了明显改观，交通全面紧张状况得到明显缓解。1994 年国务院批准的《21 世纪议程》是全球第一部国家级可持续发展报告，该报告详细阐述了中国对可持续发展的认识和理解。我国资源相对短缺，生态环境比较脆弱，交通发展要占用一定的土地和岸线资源，消耗大量能源。进入 21 世纪，我国公路交通的发展模式有所调整，发展的理念和方式逐步转变，公路交通的发展目标从重视数量提升转变为质量数量并重，发展的重点也从基础设施建设到建设运输并重。重视依靠科技进步，发展高效低耗运输装备，开发交通环保新技术，节约资源，减少能耗，保护环境，建立节约型交通行业。

我国交通运输事业根据交通发展理念转变以及国家战略调整，相应调整了发展战略和规划，制定了三阶段发展战略、《全面建设小康社会公路水路交通发展目标》《建设节约型交通指导意见》《国家高速公路网规划》《全国农村公路建设规划》等行业发展战略和目标，这些发展理念和战略对策的调整，改变了以往过度强调交通发展速度，尤其是强调基础设施建设速度的思路，改变"先发展，后治理"的粗放式发展模式，改变不惜过度占用土地、岸线等资源和牺牲环境来保证发展速度的路径，开始强调"全面、协调、可持续"的发展，把资源节约、环境友好摆在突出的位置上，对可持续发展理念进行了深入的实践。

第四章

新时代新辉煌（2012 年至今）

2012～2020 年是我国全面建成小康社会的收尾阶段，同时也是实现经济转型发展、进入中国特色社会主义新时代的重要历史阶段。这一阶段对经济增长、创新驱动发展、生态文明建设、区域均衡发展、人民生活水平、经济结构优化、市场经济体制、开放程度等方面提出了更高的要求。

交通运输业是我国的基础产业，同时也是经济社会中最基本的子系统之一，联系着不同的产业、部门和地区，承载着国民的各种经济活动。公路运输更是其中最具灵活性、可达性最高且成本较为低廉的一种运输方式，承担了大量的客货运输任务，因此公路的规划建设一直被置于关键地位。《交通强国建设纲要》中将现代化高质量综合立体交通网络建设作为重要目标之一，公路交通是这一网络的重要组成部分，是建设高质量、现代化交通体系的关键。在中国共产党的领导下，这一阶段的公路交通实现了由"自足"向"自强"的过渡，当前的公路交通体系不仅仅能满足经济社会发展的基本需求，更为实现经济的高质量发展注入了强劲动力。本章将从基础设施、运输服务、治理体系、绿色交通、智慧交通、安全建设、重大工程、交通强国战略等多个方面对该阶段公路发展的成就进行介绍。

第一节　基础设施建设不断完善，路网发达支撑经济发展

一、公路规模与路网建设

该阶段经济形势复杂多变、发展任务艰巨繁重，但在中国共产党的领

导下，公路建设一直稳步推进。2012 年至今，公路的规模持续扩大，路网结构不断完善，可达性显著提高，打破了不同发展水平地区之间的壁垒，经济发展需求得到进一步满足，要素配置趋于优化，经济结构更加合理，促进了经济的高质量发展。

（一）公路运营里程稳步提升，路网结构不断优化

近年来，政府一直在增加对公路建设的投资力度且成效显著。全年的公路建设投资总额从 2012 年的 12714 亿元增长到了 2019 年的 21895 亿元，提高了 72.2%（见图 4 - 1）。得益于政府的大力支持，过去十年内公路建设成效显著。

（亿元）

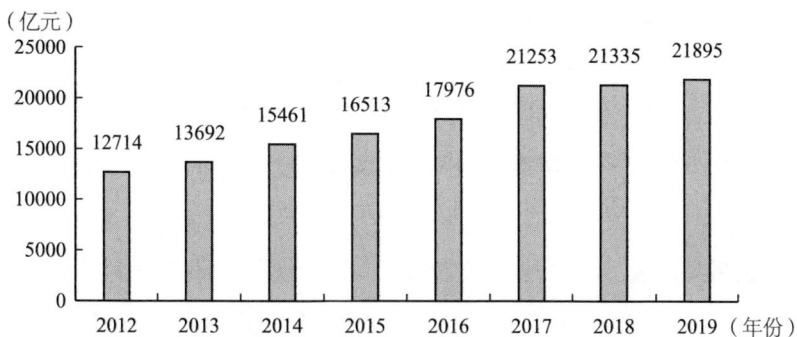

图 4 - 1　2012 ~ 2019 年全国公路建设投资额

资料来源：各年度《公路水路交通运输行业发展统计公报》，中华人民共和国交通运输部网站。

公路的规模和路网结构最能直接反映公路运输的建设成效。2012 年末，全国公路总里程为 423.75 万公里，公路密度为 44.14 公里/百平方公里。① 近年来公路建设一直稳步推进，截至 2019 年底，全国公路总里程

---

① 《2012 年公路水路交通运输行业发展统计公报》，中华人民共和国交通运输部网站。

已经增加到了 501.25 万公里，公路密度增加到了 52.21 公里/百平方公里，路网规模较 2012 年提高了 18.3%。① 图 4 - 2 展示了 2012～2020 年的全国公路总里程及公路密度，可见公路规模一直保持着稳定的增长趋势。

图 4 - 2　2012～2019 年全国公路总里程及公路密度

资料来源：各年度《公路水路交通运输行业发展统计公报》，中华人民共和国交通运输部网站。

按道路交通量、使用任务和功能等，我国现有公路可以划分为五个等级：高速公路、一级公路、二级公路、三级公路以及四级公路。2012 年末，全国四级以上的公路共有 360.96 万公里，占总里程的 85.2%；二级及以上的公路共 50.19 万公里，占总里程的 11.8%；高速公路共 9.62 公里，占总里程的 2.3%。② 截至 2019 年末，该数据有了显著提升，此时全国四级及以上等级的公路里程共 469.87 万公里，占总里程的比重达到了

---

① 《中国交通发展综合报告》编委会：《中国交通发展综合报告（2019）》，中国铁道出版社有限公司 2019 年版。

② 《2012 年公路水路交通运输行业发展统计公报》，中华人民共和国交通运输部网站。

93.7%；二级及以上等级公路里程 67.2 万公里，占总里程的 13.4%；国家高速公路里程 10.86 万公里，占总里程的 3%。① 整体而言，全国公路的质量有了较大提升，四级以上的公路占比显著增加，基本实现了全覆盖。

按照道路的行政等级，我国的公路还可以划分为国道、省道、县道、乡道和村道。区域发展不均衡是当前我国高质量发展阶段亟待解决的问题之一。完善的农村交通体系能够显著增加落后地区要素流动的灵活性，因此农村公路的建设情况值得关注。2012 年，我国国道里程 17.34 万公里、省道里程 31.21 万公里、县道里程 53.95 万公里、乡道里程 107.67 万公里、专用公路里程 7.37 万公里、村道里程 206.22 万公里，即农村道路共367.84 公里。② 到 2019 年底，国道里程 36.61 万公里，省道里程 37.48 万公里；农村道路共 420.05 万公里，包括县道里程 58.03 万公里，乡道里程119.82 万公里，村道里程 242.2 万公里。③ 2012~2019 年农村公路里程整体呈现上升趋势（见图 4 – 3），2019 年的农村公路里程较 2012 年增加了14.19%，有较大提升。截至 2017 年底，只有极少数的农村没有通公路，或是道路质量较低，未能修建硬化路面的公路。在 2012 年，全国通公路的乡（镇）占全国乡（镇）总数的 99.97%，2017 年该数据增长到了99.99%，基本实现了全覆盖。2012 年通硬化路面的乡（镇）占全国乡（镇）总数的 97.43%，而到 2017 年增长到了 99.39%，提高了 1.96 个百分点。2017 年，建制村的通公路比例也由 5 年前的 99.55% 提高到了99.98%；通硬化路面的建制村比例更是有了显著提升，由 2012 年的

①③ 《中国交通发展综合报告》编委会：《中国交通发展综合报告（2019）》，中国铁道出版社有限公司 2019 年版。
② 《2012 年公路水路交通运输行业发展统计公报》，中华人民共和国交通运输部网站。

86.46% 提高到了 98.35%。① 乡镇和建制村的通公路情况已经有了较大改观，尤其是公路质量的提升更为显著，为缩小城乡差距、实现经济均衡发展提供了基础。

（万公里）

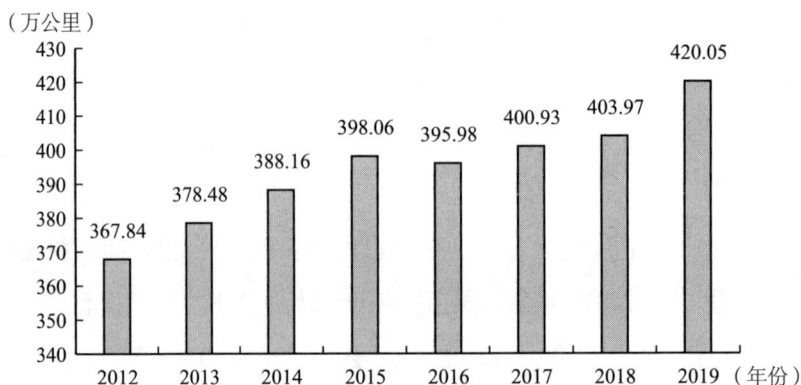

图 4-3 2012~2019 年全国公路总里程及公路密度

资料来源：各年度《公路水路交通运输行业发展统计公报》，中华人民共和国交通运输部网站。

（二）国家干线公路交通流量不断增加

公路里程从基础设施这一角度反映了公路运输体系的规模，干线公路交通流量则能够从运输主体——车辆的角度直观地体现公路运输的发展情况。

2012 年，全国国道网机动车全年日平均交通量为 14515 辆（标准为小客车，下同），而这一数据在 2019 年增长至 14852 辆。但是这一数据在不同地区之间存在异质性，北京、天津、上海、江苏、浙江、广东和山东等东部发达省份的日平均交通量均超过 2 万辆，远远超过了全国平均水平。

---

① 《2012 年公路水路交通运输行业发展统计公报》《2017 年公路水路交通运输行业发展统计公报》，中华人民共和国交通运输部网站。

另一指标是全国国道网日平均行驶量，在 2012 年该指标值为 244883 万车公里，2019 年末提升至了 322599 万车公里，进步显著。[①] 可见，经过近年来的不懈努力，国道网全年日平均交通量和日平均行驶量均呈上升态势。随着公路运输提供的服务质量不断提高，可达性不断增加，其所承担的运输任务也会随之增长，在全国的交通体系中发挥着举足轻重的作用。

总体而言，近年来的公路建设成效卓著，不仅注重"量"，更注重"质"，逐步将公路交通推向新的高度。2012～2020 年，公路运营里程不断增加，技术等级不断提高，路网结构趋于完善，通达水平稳步提升，逐步适应高质量发展的要求并成为新时代经济发展的有力支撑。

二、农村公路建设助力脱贫攻坚

（一）政策梳理

党的十八大以来，习近平总书记多次就农村公路发展作出重要指示和批示，对农村公路助推广大农民脱贫致富奔小康寄予了殷切期望，2020 年 5 月 19 日国务院新闻办公室召开的新闻发布会上，交通运输部部长李小鹏提出："小康路上，绝不让一个地方因交通而掉队。"2012 年是"十二五"规划的第二年，根据《交通运输"十二五"发展规划》，交通运输部对"十二五"时期全国农村公路建设提出了指导意见，在交通部提出发展意见后，各省各地区根据自身情况，都分别制定了相应的措施以完善农村公路的建设。

---

① 《2012 年公路水路交通运输行业发展统计公报》《2019 年公路水路交通运输行业发展统计公报》，中华人民共和国交通运输部网站。

2014 年 5 月 22 日，交通运输部就学习贯彻习近平总书记重要指示批示精神，提出"四个结合"：与当前正在深入开展的党的群众路线教育实践活动结合起来，通过认真整改抓落实，进一步把农村公路建设作为改善民生、服务"三农"的重要内容；与推进国家治理体系和治理能力现代化结合起来，不断提升农村公路的安全水平、畅达水平和服务水平；与改革创新结合起来，创新体制，完善政策，不断深化农村公路管理体制改革；与地方的实际情况结合起来，因地制宜，以人为本，积极稳妥地稳步推进农村公路建设。[①]

为深入贯彻落实党中央、国务院对"三农"工作的部署和习近平总书记对农村公路发展的重要指示精神，加快推进农村公路建管养运协调可持续发展，在 2015 年初，交通运输部出台了《关于推进"四好农村路"建设的意见》，明确 2020 年实现"建好、管好、护好、运营好"的总目标。2015 年底，交通运输部印发了《农村公路养护管理办法》，为农村公路养护实现规范化、专业化、机械化发展作出了制度安排。

以 2016 年为开端的"十三五"是全面建成小康社会的决胜阶段，我国扶贫开发进入"啃硬骨头"，攻坚拔寨冲刺期，而交通运输正是贫困地区脱贫攻坚的基础性和先导性条件。在深入学习习近平总书记的重要批示指示精神和中央扶贫开发工作会议精神后，交通运输部把交通扶贫作为工作的重中之重，按照全面建成小康社会目标和《中共中央　国务院关于打赢脱贫攻坚战的决定》的任务要求，于 2016 年 8 月 11 日制定出台了《"十三五"交通扶贫规划》，对"十三五"时期六大工作和重点任务目标进行了明确，体现出了协调发展、共享发展、创新发展、绿色发展和合力

[①] 杨传堂：《推进公路建设　更好保障民生——深入学习习近平总书记关于农村公路建设重要指示精神》，载《中国公路》2014 年第 11 期。

攻坚的五个突出特点，为有效解决贫困地区出行困难、完善内通外联的网络结构支撑贫困地区特色产业发展、改善各贫困村的生产生活条件、创造就业机会提供了政策保障。

《"十三五"交通扶贫规划》颁布的第二年，"四好农村路"建设所取得的显著成绩得到了习近平总书记的充分肯定。为了更好地贯彻落实总书记指示，为"四好农村路"建设提供政策保障，交通运输部于2018年4月8日印发了《农村公路建设管理办法》，该办法是对2006年颁布的《农村公路建设管理办法》进行的修订，进一步完善了"四好农村路"建设的顶层设计。该办法首次明确乡镇人民政府是村道的建设主体；进一步明确了县级人民政府承担农村公路建设主体责任；提出了农村公路建设规划要与国民经济社会发展规划、城乡规划、土地利用总体规划、乡村振兴规划等相融合；明确了村公路建设技术标准应当密切联系地方实际，符合有关标准规范和省级以上交通运输主管部门相关要求等管理制度和监管机制，与2015年的《农村公路养护管理办法》形成了姊妹篇，为推进农村公路高质量发展，让农民群众享受便捷、安全、高效的交通服务条件提供制度保障。

同年11月，交通运输部修订发布了《农村公路建设质量管理办法》（以下简称《办法》），并于2019年1月1日起正式实施。《办法》是对2004年颁布的《农村公路建设质量管理办法（试行）》的全面修订，更加符合新时代党的十九大提出的交通强国、质量强国战略，符合打赢脱贫攻坚战、全面建成小康社会、实施乡村振兴战略的要求。同时为深入贯彻落实《办法》有关要求，交通运输部印发了《关于提升农村公路工程质量耐久性的实施意见》作为配套措施对《办法》进行补充。2018年11月发布的《办法》的主要修订内容包括明确农村公路建设从业单位质量责任及要求、质量监管职责及要求、质量关键环节管控、鼓励引导农村公路质量管理创新等方面。同时，为深入贯彻落实《办法》有关要求，交通运输部印发了《关于提升农村公路工程质量耐久性的实施意见》，提出以建设"四好农村路"为总目标，坚持问题导向，着力解决影响农村公路工程质量耐久性的突出问题，将质量耐久性理念贯穿到农村公路建设全过程，实现"五大提升"。力争到 2020 年，农村公路实体质量和安全保障水平普遍提升，工程质量耐久性、抗灾能力得到显著增强。让广大人民群众不仅能走得上，更要走得久。建设让党放心、让人民群众安心的民心工程。

（二）建设现状

2012～2020 年，我国农村公路交通实现了跨越式发展，农村地区出行难、运输难局面得到根本缓解。同时，为提高农村公路的安全水平，交通运输部还组织实施了危桥改造和安全保障工程，农村公路危桥数量逐年下降。

另外，全国农村运输服务更加便利，资金保障机制进一步完善。农村客运站总数不断攀升，通客车建制村和直接通邮建制村数量不断增加，到 2019 年覆盖率分别达到 96.5% 以上和 98.9% 以上，农村物流节点覆盖率稳步提升。同时农村公路建设完成投资金额不断增加，在 2019 年达到 4663 亿元。① 交通运输部新闻发言人介绍，到 2020 年的目标，是要实现所有具备条件的建制村通硬化路，形成西部贫困地区"通村畅乡"、东中部地区"互联互通"的农村公路网络，所有乡镇都拥有等级客运站、建制村

---

① 《2019 年交通运输行业发展统计公报》《中国交通发展综合报告》，中华人民共和国交通运输部网站。

有客运站，并基本建立县、乡、村三级农村物流服务体系。[①]

除此之外，自2014年以来，交通运输部投入了超过1550亿元的车购税资金到集中连片特困地区进行交通建设，并同陕西、甘肃、青海、宁夏回族自治区四个省份的人民政府，以农村交通基础设施建设、养护和农村客货运发展为重点，在六盘山片区选取5个贫困县开展扶贫攻坚试点工作[②]。同时，交通扶贫体制机制创新改革试点的开展，为"十三五"期间制定扶贫工作目标、重点、标准和政策积累了经验，提高了交通扶贫精度，能更好地利用交通建设引领集中连片特困地区脱贫致富。八年来，交通运输扶贫攻坚取得新成效，"四好农村路"工作成果显著，"百万农村公路里程公路建设"和"227项交通扶贫骨干通道"工程有序推进，交通精准扶贫取得新进展。

2020年，广东省开平市交通运输局投资1170万元建设"四好农村路"示范路项目。该项目由赤马线、交四线、交锅线、锅塘线、强亚村道等路段构成，合计约22公里，沿线还配备了六个公路驿站提供服务，而且将其分为四个主题线路，包括生态悠闲线、致富旅游线、美丽宜居乡村线、侨乡人文线，既为当地的旅游作出了卓越贡献，又大大便利了居民出行。[③]

同时，"交通运输＋特色产业"等扶贫新模式探索推进，县、乡、村三级农村物流体系不断健全，有效提升了贫困地区"造血功能"。交通扶贫工作机制进一步完善。与24个省份签订交通扶贫部省共建协议，形成了

---

① 乔雪峰、夏晓伦：《交通运输部：我国基本实现村村通公路缓解农民出行难》，人民网，2014年11月27日。

② 《中国交通发展综合报告》编委会：《中国交通发展综合报告（2015）》，中国铁道出版社有限公司2015年版。

③ 江门开平市交通运输局：《开平市"四好农村路"示范路建设获评"2020民生示范工程"》，江门开平市交通运输局网站，2020年12月22日。

部省联动、多方协作、合力攻坚的交通扶贫新局面。①

三、物流园区建设稳步发展

2012 年至今，基于交通运输体系的物流链建设不断优化，供需结构不断调整，科技赋能物流体系逐渐向数字化、智能化转型，供应链不断降本提效，为实体经济的发展作出了突出贡献。尤其是基于公路、港口和航空等交通方式的物流枢纽网络建设更是在 2019 年进入了实质性推进阶段。物流枢纽包括物流园区、物流中心、分拨中心以及配送网络等多个部分，融合了区位、交通、信息、金融等多方面优势，对优化资源整合，降低物流成本、提高物流效率起到了重要作用。尤其是物流园区作为物流链条中的基础设施之一，其建设一直备受政府关注。

物流园区由多种不同运输方式衔接，融合了装卸、配送、管理组织、信息集散等多种功能，集结了若干物流企业，能够发挥规模优势，利用其专业化的经营特点开展生产和经营活动。从 2015 年至今，政府出台了《关于推进国内贸易流通现代化建设法制化营商环境的意见》《关于进一步推进物流降本增效促进实体经济发展的意见》《国家物流枢纽网络建设实施方案（2019 – 2020 年）》《关于做好 2020 年降成本重点工作的通知》等多个文件，对物流园区的发展目标、建设要求、发展方案等作了进一步明确，力求物流园区规划布局与物流枢纽网络相适应，保障物流行业的稳定发展。

具体而言，如《关于推动物流高质量发展，促进形成强大国内市场的意见》中就详细提到应当加强联运转运衔接设施短板建设，加大对公铁、铁水、空陆等不同运输方式的转运场站和"不落地"装卸设施等的投入力

---

① 张道营：《新增通硬化路建制村超过 1.3 万个》，新华网，2016 年 12 月 26 日。

度，提高一体化转运衔接能力和货物快速换装的便捷性。同时应当加大物流大数据、云计算产品等的开发力度，打造以个性化定制、柔性化生产、资源高度共享为特征的虚拟生产、云制造等现代供应链模式。2012 年，中国共有 754 家物流园区，到 2018 年这一数据已经增长到了 1638 家。年均增长率超过了 10%，以公路为主的物流园区占比超过 80%，发展十分迅速。[①]

除了物流园区外，《交通运输部关于修改〈道路货物运输及站场管理规定〉的决定》等文件对道路货运和站场的运营要求进行了调整，对货运的装备、组织方式、管理等作出了详细规定，同时对货运站的管理、作业流程、安全标准、运营标准等进行了细化，规范了各个环节的监督体系，保障了物流链条中货运系统的规范高效。

第二节　运输服务水平稳步提升，管理运营日趋规范

一、客货运量大幅提升

公路运输本质上是一种服务。公路的规模是该体系发挥作用的基石，服务能力则可以直观展示出公路运输体系在经济社会中发挥的实际作用。若要衡量公路运输服务能力水平，应当从客货运量和运输装备结构切入，这两部分涵盖了公路提供服务的内容、对象以及工具，能够较好地反映公路运输体系的规模、质量以及在经济社会中发挥的实际效用。

---

① 　资料来源：《2020～2025 年中国物流园区行业市场深度研究及发展前景投资可行性分析报告》。

衡量运量主要依据两个指标，一是客货运量，二是客货周转量。2012年全年全国营业性客车完成公路客运量 355.70 亿人、旅客周转量 18467.55 亿人公里；全国营业性货运车辆完成货运量 318.85 亿吨、货物周转量 59534.86 亿吨公里。2019 年全年，公路完成营业性客运量 130.12 亿人、旅客周转量 8857.08 亿人公里；全国营业性货运车辆完成货运量 343.55 亿吨、货物周转量 59636.39 亿吨公里。① 由于高铁这一新兴交通方式的独特优势，部分旅客可能会选择高铁出行，因此会对客运量有些许影响。但是公路所承担的货运量有所提高、货物周转量略有下降表明了公路承担的货物运输更倾向于短途货物运输，这与它的灵活性和较高的可达性有密切的关系。由此可知，公路运输服务的类型有向货物运输为主导过渡的趋势。在未来，公路交通依旧会在促进商品流通上发挥中流砥柱的作用。

二、装备结构不断优化

运输装备的结构优化也是运输服务能力的重要组成部分，载客汽车拥有量和载货汽车拥有量两个指标能够对这一水平进行衡量。2012 年，全国拥有的载货汽车共 1253.19 万辆、8062.14 万吨位，其中，普通载货汽车 1184.58 万辆、6963.29 万吨位；专用载货汽车 68.60 万辆、1098.85 万吨位。到 2019 年末，载货汽车的数量有所下降，为 1087.82 万辆，但是重量上升至 13587 万吨位，相比于 2012 年有了大幅提升，其中普通货车 489.77 万辆，共 4479.25 万吨位，专用货车 50.53 万辆，共 592.77 万吨位，牵引

---

① 《2012 年公路水路交通运输行业发展统计公报》《2019 年公路水路交通运输行业发展统计公报》，中华人民共和国交通运输部网站。

车 267.89 万辆，挂车 279.63 万辆。可见，货运工具正朝着大吨位、专业化方向发展，运输装备更加多元化，运量小的装备正在被逐步淘汰，整体结构更加优化。在载客汽车方面，截至 2019 年底，我国拥有公路营运载客汽车 77.67 万辆，共 2002.53 万客位，相比于 2012 年有所下降。但其中大型客车 30.31 万辆，共 1334.35 客位，分别比 2012 年提高了 5.6% 和 9.1%。①

运输装备的优化在物流行业中也得到了良好的体现。2016 年之前，车辆非法改装、超限运输等现象屡禁不止，严重威胁着公路交通系统的安全，同时也对汽车整车物流市场的秩序造成了不良影响。因此，2016 年交通运输部联合多个国家部委印发了《车辆运输车治理工作方案》，针对这些违规运营现象提出了整改方案，力求在两到三年内消除车辆运输车的违规运营现象。2018 年，交通运输部继续深入推进车辆运输车治理工作，取得显著成效的同时也凸显了新的问题——很多地区出现了半挂车辆运输车在用于装卸的渡板上超长装载乘用车（行业俗称 "6 + 2" "7 + 2"）的违规现象，扰乱了整车物流的市场。为应对此类现象，2019 年 8 月，交通运输部印发了《关于进一步加强车辆运输车超长违法运输行为治理的通知》，从强化源头装载监管、严格进行路面执法检查、加强违法信息共享、实施信用联合惩戒四个方面加强治理，重点对 "6 + 2" "7 + 2" 等车辆违法违规行为进行查处，有效遏制了此类违规运载的行为。

总体而言，运量和运输装备拥有量虽然没有呈现稳定的上升趋势，但是公路承担的运输工作的方向重点正在逐渐转变，落后、违规、低运量、高污染的运输装备正被逐渐淘汰，运输装备的结构不断优化。国家政策的

---

① 《2012 年公路水路交通运输行业发展统计公报》《2019 年公路水路交通运输行业发展统计公报》，中华人民共和国交通运输部网站。

支持和交通部门的积极响应，使我国公路交通运输体系越来越能适应新时代发展的要求，并为经济发展提供持久、稳定的土壤环境。

三、居民出行更加便捷

近年来，信息化手段不断被应用到公路交通体系当中，为居民出行提供了更加多元和便利的渠道。下面将从定制公交、公铁联运、网上购票等方面进行介绍。

（一）定制客运

2016 年出台的《关于深化改革加快推进道路客运转型升级的指导意见》中提出，应当"充分发挥移动互联网等信息技术作用，鼓励开展灵活、快速、小批量的道路客运定制服务"。传统的客运公交无法实现"门到门""点到点"的服务，而定制公交应用了"互联网＋"技术，打造专车和专线平台，将"定线"转变为"随客而行"，将"定时"转变为"随客时间"，打通旅客上下车的"最后一公里"，满足乘客的个性化出行需求。

2020 年 2 月，川黔首条省际定制客运班线开通，起讫点为叙永和贵阳，180 元的票价即可实现"门到门""点对点"的定制客运服务。从6：30到18：30，乘客都可以通过泸州安通网约车服务平台线上订票或者通过汽车站线下订票来选择自己所需的客运服务。①

（二）公铁联运

公铁联运是近年来兴起的货物运送方式，顾名思义，就是公路和铁路

---

① 曹菲：《川黔首条省际定制客运班线开通》，载《华西都市报》2021 年 2 月 25 日。

两种运输方式的联合运输，能够充分发挥两种交通方式的固有优势，在国内的物流运输中扮演了重要的角色。铁路运输往往具有成本、速度、运量优势，而公路运输更加灵活，能够实现短线"点对点""门到门"的运输。两者除了竞争关系，在物流运输方面更是优势互补，将二者结合能够催生新业态，实现物流行业的降本增效。

2017 年，贵州独角兽货车帮与神华铁路货车公司、贵阳经开区管委会共同签署了三方公铁联运战略合作协议，共同开拓"大数据 + 公铁联运"新业态，代表物流行业在探索"大数据 + 产业"模式创新方面，实现了里程碑式的跨越。

（三）网上购票

近年来，居民公路出行的购票方式悄然发生变化。当前主流的购票方式已经从线下购票转为了"线上 + 线下"的模式，携程网、畅途网等都推出了公路客运的线上购票入口。居民能够足不出户查询客车的班次并线上支付，大大提高了居民出行的效率和便捷性。携程的汽车购票服务已经推出了多年，用户可以在线上选择想要乘坐的车型、时间、车站，服务涵盖了汽车票、机场巴士、景区巴士等，可以满足旅客出行的不同需求，大大便利了居民的生活。

第三节　治理体系逐步完善，各项改革持续深化

新中国成立以来，我国的交通运输体系不断发展和调整，实现了从最初作为瓶颈制约着我国经济的发展，到现在与我国经济社会的运行节奏相

适应的转变。党的十九大的召开标志着我国进入了经济高质量发展的全新时期，经济运行呈现出良好态势，这与基础设施的建设是分不开的。近年来，我国公路规模成长迅速，路网布局越来越完善，与其他交通方式分工协作、协调贯通，管理运营体制进一步优化，这与国家一直积极推进的公路改革密不可分。

一、供给侧结构性改革

供给侧结构性改革这一概念于 2015 年由习近平总书记提出，李克强总理在主持召开《"十三五"规划纲要》编制工作会议时也强调："未来的经济发展依赖的应当是供给侧和需求侧，要在供给侧和需求侧两端发力，双管齐下、共同发力，促进产业迈向中高端"。2015 年是"十二五"的收官之年，同时也是为"十三五"规划打好基础的一年，面对错综复杂的国内外环境，交通运输行业以"四个全面"战略布局为统领，坚持稳中求进的工作总基调，统筹稳增长、促改革、调结构、惠民生、防风险，狠抓改革攻坚，推动转型升级，进一步推进公路体制机制创新，公路交通各方面工作均取得显著成效。供给侧结构性改革是我国当前包括未来很长一段时间的经济发展主线，在交通运输体系的发展过程中也是主要任务之一。

（一）补足基础设施短板，提高公路运输能力

2015 年至今，供给侧改革不断深入推进，完善基础设施建设是一项重要任务。2016 年是落实供给侧结构性改革的第一年，取得了显著突破，包括农村在内的基础设施建设短板不断加强，公路运输能力提升显著。2016 年高速公路和普通干线公路待贯通路段的建设改造持续加快，新改建综合客运枢纽 20 个、货运枢纽（物流园区）30 个，全年新增高

速公路 6000 多公里，新增二级及以上公路 1.5 万公里，新改建农村公路超过 29 万公里。

2017 年改革继续推进，全年建成高速公路 5600 公里、普通国省干线公路 1.8 万公里，新改建农村公路 28.5 万公里，贫困地区新增 9063 个建制村通硬化路，完成公路安全生命防护工程 14.6 万公里，改造危桥 3543 座，完成普通干线公路灾害防治工程 741 公里，切实提高了公路运输服务水平。

2018 年交通运输供给侧结构性改革向纵深推进，综合交通运输网络加快完善，新增公路通车里程 8.6 万公里，其中高速公路 6000 公里，新建改建国省干线公路 2 万公里。服务设施也在不断完善，建设改造普通国省干线公路服务设施 1000 个，建成"司机之家"32 个。①

截至 2019 年底，国家高速公路总里程已经达到了 10.86 万公里，相比于改革开放前，我国公路交通服务能力已经有了质的提升。

（二）客运服务转型升级

2016 年，22 个省份初步实现省域道路客运联网售票，110 个城市实现一卡通互联互通。2018 年改革纵向深入推进，客运联网售票的服务范围进一步扩大，全国二级以上客运站联网售票覆盖率达 98%，225 个城市实现交通一卡通互联互通。截至 2020 年 7 月，客运联网售票已经覆盖了我国 31 个省份，实现交通一卡通互联互通的城市也已经有 279 个。同时，联程联运发展迅速，客运服务便捷化、个性化水平不断提高。② 此外，城市公

---

① 《中国交通发展综合报告》编委会：《中国交通发展综合报告（2017～2019）》，中国铁道出版社有限公司。

② 资料来源：全国道路客运联网售票服务网；中华人民共和国交通运输部网站。

交取得新发展，定制公交、商务快巴、社区巴士等多元化公交服务便利了城乡居民出行。

互联网技术的应用和多元化服务的出现，使得公路客运服务更加便利、舒适。这对于提高居民生活水平和促进人口要素的流动有着积极作用。

（三）物流业"降本增效"成果显著

物流业以交通运输为载体，保证着社会生产和人民生活的供给。近年来物流业发展迅速，第四方物流、即日达、智能无人配送等新兴模式的涌现，对物流的速度和精确度提出了更高的要求，同时也对交通体系这一承载体提出了更高的要求。

2016 年公路取消了多个政府还贷二级路收费站，落实"绿色通道"和重大节假日免费通行等政策措施，大力发展甩挂运输和取消营运车辆强制维护，累计减免通行费约 500 亿元、节约物流成本近 300 亿元。此外，还对收费要求进行了进一步规范。同时，还大力发展多式联运、无车承运，货运服务效率、水平显著提升。

2017 年，跨省大件运输并联被许可全国联网，各地建成大件运输网上许可系统。内蒙古自治区、甘肃、青海、宁夏回族自治区 4 个省份于 2017 年 5 月 31 日前全面取消了政府还贷二级公路收费，共撤销收费站点 243 个，减少收费公路 1.6 万公里，山西、浙江、河南、湖南 4 个省份实施了高速公路差异化收费试点工作，预计全年可减少货车车辆通行费收入 11.9 亿元。

2018 年，物流成本进一步降低，道路货运无车承运人试点进展顺利，车辆利用率提高 50%。同时，取消高速公路省界收费站试点工作有序推进，推广高速公路差异化收费，严格落实鲜活农产品运输"绿色通道"政策，通行费电子发票可抵扣税额已达 11 亿元。截至 2018 年 11 月底，降低物流成本 884 亿元。[①]

物流业的"降本增效"能够直接提高物流企业的收益，提高物流效率，切实提高经济社会的运行质量。

二、投融资体制改革

2014 年以来，国务院、发改委、财政部和交通运输部等陆续出台了一系列关于投融资机制改革的政策。2016 年 7 月，国务院印发并实施了第一份投融资体制改革文件——《中共中央　国务院关于深化投融资体制改革的意见》，为了充分发挥投资对稳增长、调结构、惠民生的关键作用，该文件对投融资体制改革的顶层设计作了明确说明：投融资改革的要求主要可以分为两个方面：其一是要在重点领域探索新的投融资机制，建立健全 PPP 模式（即政府与社会资本合作模式），既要充分发挥政府投资的带动作用，又要积极支持社会资本的参与；其二是在公共服务领域大力推广政府和社会资本合作模式，政府购买服务从而将公共服务事项逐渐交由社会力量承担。[②] 落实投融资改革，是完善社会主义市场机制的必要举措。

（一）收费公路政策

收费公路政策可以说是投融资改革的保障之一。该政策出台于 1984 年，有效拓宽了公路建设的资金来源，是一项对于我国公路发展有着深远

---

① 《中国交通发展综合报告》编委会：《中国交通发展综合报告（2017～2019）》，中国铁道出版社有限公司。

② 周国光：《投融资体制改革再思考》，载《中国公路》2016 年第 17 期。

意义的重大决策，有利于保障我国公路交通的可持续发展。据统计，1985年以来我国公路建设资金约 70% 来源于收费公路政策筹资，我国目前已建成的高等级公路中，几乎所有的高速公路、大约 60% 的一级公路和 40% 的二级公路都依赖于收费公路政策。①

在 2013 年末，全国的收费公路里程为 15.65 公里，而截至 2019 年末，这一数据攀升至 17.11 万公里，占总里程的 3.4%。2019 年末，全国收费公路共有主线收费站 1267 个，收入 5937.9 亿元，与 2013 年相比提高了将近 80%，②为公路的管理、运营和养护提供了可观的资金支持。

（二）投融资体制改革

2014 年，国务院印发的《关于创新重点领域投融资机制鼓励社会投资的指导意见》中明确指出，要"完善公路投融资模式。建立完善政府主导、分级负责、多元筹资的公路投融资模式，完善收费公路政策，吸引社会资本投入，多渠道筹措建设和维护资金。逐步建立高速公路与普通公路统筹发展机制，促进普通公路持续健康发展"。同年 9 月，全国推进普通公路发展现场交流会在安徽合肥召开，交通运输部党组书记、部长杨传堂在会议上强调，普通国省道发展要以全面深化改革为契机，积极探索和推广适应普通国省道公益属性的投融资方式。推进普通国省道发展，就需要积极破解资金难题，尽快建立公共财政投入长效机制，实现普通国省道建设发展由部门责任向政府责任、由行业行为向社会行为的转变。

2015 年，交通运输部印发了《交通运输部关于深化交通运输基础设施

---

① 《中国交通发展综合报告》编委会：《中国交通发展综合报告（2016）》，中国铁道出版社有限公司 2016 年版。

② 《2013 年公路水路交通运输行业发展统计公报》《2019 年公路水路交通运输行业发展统计公报》，中华人民共和国交通运输部网站。

投融资改革的指导意见》，全面部署了交通领域投融资体制改革工作的开展。同年，《公路建设项目代建管理办法》《公路工程设计施工总承包管理办法》《公路建设市场管理办法》等部门规章出台，落实并推进了公路的投融资改革。

2014年至今，公路交通部门一直认真贯彻落实党中央的要求，按市场化导向推进投融资改革，坚守住了不发生系统性金融风险的底线，一定程度上有效防范并化解了债务风险。以PPP模式为例，PPP模式是指政府和社会资本在基础设施或公共服务领域建立的合作关系。我国高速公路建设常采用这种模式，政府选择优质社会资本，双方平等协商、分担风险、利益共享，在签订协议的基础上对高速公路进行投资建设，并在建成后共同运营管理。这种模式很大程度上减轻了政府的财政压力，能够加快建设进度、提高建设质量，并且能够提高提供社会资本的项目公司的收益和经营效率。

投融资改革在很大程度上实现了政府和社会企业的双赢。通过对社会资本的分担，政府的财政负担得到了很大的缓解。同时，提高社会资本的参与度能够提高建设项目的市场化程度，提高运营效率和运营质量。这种模式有利于提高公路建设质量，增强服务能力，从而推动我国公路交通领域的高质量发展。

三、养护体制改革

公路养护即利用科学的手段对公路进行必要的维护和修补，保障公路的安全性和运营质量[①]，对保障运输服务质量、提高运输效率以及保障出行者的生命财产安全有着重要意义。为保障公路交通体系可持续健康发

[①] 李怀彬：《公路养护体制及运行机制改革研究》，载《中国设备工程》2019年第12期。

展，2012 年至今，国家对已有公路的养护办法进行了修订和调整，且颁布了新的相关政策文件。这些举措明确了公路养护的管理机制和运行机制，切实促进了公路交通的规范化、可持续化的运营。

近年来，国内外经济形势复杂多变，为了适应经济社会和公路运输行业的发展新趋势，交通运输部于 2018 年修订并印发了《公路养护工程管理办法》，用以指导公路养护工程的管理工作。该办法中对公路养护的概念和分类进行了进一步明确，并对包括前期工作、计划编制、工程设计、工程施工、工程验收在内的养护全过程的工作要求进行了细致说明，此外还对监督检查工作内容进行了阐述，以保证养护工作质量。该文件为之后一段时间内公路养护工作的规范和高效开展提供了标准，有助于搭建一套现代化养护工程管理体系，推动公路交通的高质量可持续发展。

2015 年，交通运输部颁布了《农村公路养护管理办法》，旨在加快推进农村公路养护朝着规范化、专业化、机械化和市场化的方向发展。这一阶段，农村公路的建设规模已经有了相当的突破，2017 年，建制村的通公路比例已由 2012 年的 99.55% 提高到了 99.98%，通硬化路面的建制村比例更是有了显著提升，由五年前的 86.46% 提高到了 98.35%。[①] 可见，我国农村基本实现了公路网络全覆盖，但是，"只建不养"是不科学的。建成的公路如果不做好养护，路网的损坏将会带来更大的损失，甚至影响经济社会的运行效率。交通运输部公路局农村公路处处长杨国峰也指出，必须继续坚持"建设是发展，养护管理也是发展"的理念。当前，我国全国农村公路列养比例已经基本达到了 100%，[②] 可以说达到了"有路必养"。

---

① 《2012 年公路水路交通运输行业发展统计公报》《2017 年公路水路交通运输行业发展统计公报》，中华人民共和国交通运输部网站。

② 《中国交通发展综合报告》编委会：《中国交通发展综合报告（2019）》，中国铁道出版社有限公司 2019 年版。

关于农村公路管理养护，2019年国务院还发布了《国务院办公厅关于深化农村公路管理养护体制改革的意见》，进一步深化农村公路养护体制改革。该意见紧紧围绕打赢脱贫攻坚战、实施乡村振兴战略和统筹城乡发展，提出到2022年要基本建立权责清晰、齐抓共管的农村公路管理养护体制机制，使农村公路列养率达到100%，年均养护工程比例不低于5%，中等及以上农村公路占比不低于75%；到2035年全面建成体系完备、运转高效的农村公路管理养护体制机制，实现治理体系全面完善的目标。这为今后改革的推进提供了明确的方向，有利于实现农村公路与农村经济社会的协调发展。

四、绿色监管体系建设

国家为尽快推动绿色交通发展，近年来坚持建章立制，建立起推动绿色交通发展急需且事关全局的关键制度，解决绿色交通发展的原生动力和支撑能力问题，全面建成以绿色发展为导向的监督管理体系，用最严格的制度、最严密的法治保护生态环境。根据《环境保护法》《大气污染防治法》《水污染防治法》等法律法规，交通运输主管部门负有行业环境保护、行业大气污染防治监督管理职责，海事管理机构对船舶污染水域的防治负有监管监测职责。交通运输部印发的《关于全面深入推进绿色交通发展的意见》提出，要"提升行业节能环保管理水平"，要求推动各级交通运输主管部门加强绿色交通管理力量配备；同时还提出"强化船舶污染物排放监测监管"，要求推动建立港口和船舶污染物排放、船舶燃油质量等方面的部门间联合监管机制，强化船舶大气污染物监测和执法能力建设。

首先，对车辆和船舶等运输方式进行严格把控是促进节能减排、优化能源结构、提升清洁化水平监管水平的重要领域。《中共中央 国务院关于加快推进生态文明建设的意见》（以下简称《生态文明意见》）中明确提出要"推广节能与新能源交通运输装备"，《大气污染防治法》和《水污染防治法》也对车船等运输装备清洁化提出了具体要求。近年来，国家颁布的相关管理政策也重点提出推进运输装备专业化标准化、推广应用新能源和清洁能源车船等任务，包括推进船型标准化、淘汰老旧船舶、鼓励新能源车辆应用、完善公路网充电设施和内河高等级航道加气设施等内容。

其次，在对交通运输污染防治工程监管的体制建设中，要以党的十九大报告提出的"着力解决突出环境问题"为战略目标，坚持全民共治、源头防控，持续实施大气污染防治行动，加快水污染防治。《大气污染防治法》《水污染防治法》《大气污染防治行动计划》《水污染防治行动计划》对船舶与港口污染防治、机动车尾气排放控制等提出了明确要求。总体来看，船舶排放控制区实施、船舶污染物接收处置等工作仍需加大监管力度；营运货车普遍存在的尾气超标排放问题越来越成为京津冀、长三角、珠三角等重点区域乃至全国大气污染治理工作关注的重点。交通运输部印发《关于全面深入推进绿色交通发展的意见》，针对绿色交通发展制约性强、群众反映突出的行业环境污染排放问题，以港口、船舶、营运货车为重点管控对象，进一步深化提出强化船舶和港口污染防治、强化营运货车污染排放的源头控制等任务，提出适时研究建立排放要求更严、控制污染物种类更全、空间范围更大的排放控制区政策，研究建立京津冀、长三角区域道路货运绿色发展综合示范区。

最后，在交通基础设施生态保护工程监管中，我国相关部门始终坚持"加大生态系统保护力度"，实施重要生态系统保护和修复重大工程，开展国土绿化行动。《生态文明意见》中明确要求，要"加大自然生态系统和环境保护力度，切实改善生态环境质量"。现阶段交通基础设施生态环保工作目标要以满足环评和环保验收等为重点，坚持改善部分地区历史遗留生态环保问题，加强对交通基础设施建设和运营的生态友好程度的监管力度。

为了保证指导意见、规章制度等能很好地落地实施，我国有关部门还进行了抓好组织落实的工作，加速对相关车辆及其他交通运输方式管理模式的创新。通过借鉴发达国家管理先进经验，结合我国道路运输技术管理实际，从科学发展的角度和顶层设计的高度，革新技术管理的原则和方针，明确提出道路运输技术管理要坚持"分类管理、预防为主、安全高效、节能环保"的原则，以此确定了道路运输经营者技术管理执行"择优选配、正确使用、适时更新"的方针，并在此基础上，创新了道路运输技术管理相关制度措施，包括道路运输车辆维护制度和车辆技术管理监管方式，以确保政策的落实质量。

第四节　绿色交通成效卓著，规划环评不断推进

党的十八大以来，以习近平同志为核心的党中央高度重视生态文明建设并作出一系列部署。在党的十九大报告中，习近平总书记也明确提出："生态文明建设是关系中华民族永续发展的千年大计。"党的十九大报告还对新时代加快生态文明体制改革、建设美丽中国作出了全面部署，要求推进绿色发展、着力解决突出环境问题、加快生态系统保护力度、改革生态环境监管体制，并对交通强国、绿色出行、污染防治攻坚战、国土绿化行动、构建生态廊道等进行了明确部署。近年来，交通运输行业深入贯彻落实以习近平同志为核心的党中央关于生态文明建设的新理念新

思想新战略，全力推动交通运输的科学发展，在绿色交通方面取得了积极成效。

一、绿色标准体系建设

党的十九大报告将"建设美丽中国"作为建设社会主义现代化强国的重要任务，指出"建设生态文明是中华民族永续发展的千年大计"。《交通强国建设纲要》要求"构建安全、便捷、高效绿色、经济的现代化综合交通体系"，并从促进资源节约集约利用、强化节能减排和污染防治、强化交通生态环境保护修复等方面提出了交通运输绿色发展的重点方向。绿色交通是行业加强生态文明建设和推动可持续发展的战略举措，是加快建设交通强国的关键任务，是建设美丽中国的重要领域。为深化改革，满足行业高质量发展需求，推进行业治理体系和治理能力现代化，交通运输部党组高度重视加强和改进标准化工作，在"十三五"期间积极建立了多个标准化体系。交通运输环境保护标准化作为绿色交通标准化的重要组成部分，深入贯彻国家和行业标准化工作战略部署，在提升技术、产品和服务质量方面发挥了积极作用，为交通运输行业持续快速发展提供了保障；在绿色循环低碳交通运输体系建设中，在有效促进交通运输经济持续健康发展和社会全面进步中，作出了基础性贡献；在支撑国家及行业环境保护和节能减排治理工作、提高交通运输绿色发展水平、推动交通环保标准化发展方面，描绘出新的蓝图[①]。

2013年交通运输部印发《关于加强交通运输标准化工作的意见》，首次提出"组织开展绿色交通标准体系研究工作"。2014年，交通部印发贯

---

① 岑晏青：《绿色标准支撑绿色交通建设与发展》，载《中国交通报》2020年第10期。

彻落实国务院《低碳发展行动方案的实施意见》，推进 17 个绿色交通区域性主题示范项目，编制完成《全国公路水路交通运输环境监测网规划》，在城市客运领域推广应用新能源汽车，组织水运行业开展应用液化天然气、码头油气回收试点示范。2016 年，交通运输部印发《交通运输标准化"十三五"发展规划》《交通运输节能环保"十三五"发展规划》，确定了绿色交通标准制修订的发展方向，提出"绿色交通制度和标准规范体系进一步完善"的发展目标，明确了"发布绿色交通标准体系"的工作任务。标准体系共包括标准 221 项，其中基础标准 3 项，节能降碳标准 48 项，生态保护标准 14 项，污染防治标准 52 项，资源循环利用标准 14 项，监测、评定与监管标准 54 项，国家节能环保相关标准 36 项。标准体系中已发布项目数为 126 项（包括国家标准 48 项，行业标准 78 项），拟制定项目数为 95 项（包括国家标准 15 项，行业标准 80 项）[1]。绿色交通标准体系结构如图 4–4 所示。

　　2016 年，交通运输部又正式公布了《道路运输车辆技术管理规定》（以下简称《规定》），旨在加强道路运输车辆技术管理，保持车辆技术状况良好，保障运输安全，发挥车辆效能，促进节能减排。《规定》按照"创新、协调、绿色、开放、共享"的发展理念，坚持"综合交通、智慧交通、绿色交通、平安交通"目标导向，制定符合行情民意、具有时代特征的政策措施；坚持问题导向，主动大胆作为，着力解决行业发展中的难点热点问题，满足道路运输行业转型升级、提质增效的需要。2017 年底，交通运输部结合中央相关要求、行业发展的阶段性特征和发展目标，印发《关于全面深入推进绿色交通发展的意见》，在重点领域和关键环节集中发力，从交通运输结构优化、组织创新、绿色出行、资源集约、装备升级、污染防

---

① 韩娟、王伟：《绿色交通标准体系建设现状与发展趋势探析》，载《交通世界》2018 年第 35 期。

治、生态保护等方面入手，抓重点、补短板、强弱项，推动形成绿色发展方式和生活方式，并进一步明确提出了要完善绿色交通制度标准体系的任务。

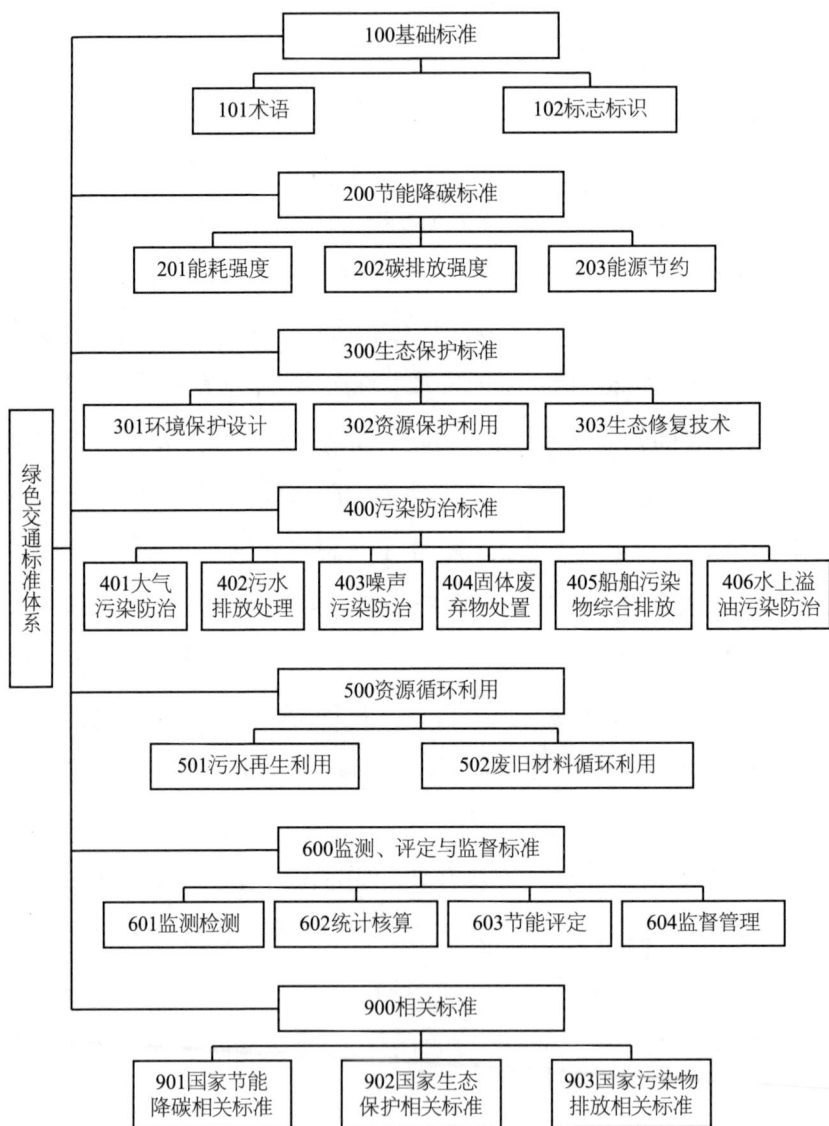

```
绿色交通标准体系
├─ 100基础标准
│   ├─ 101术语
│   └─ 102标志标识
├─ 200节能降碳标准
│   ├─ 201能耗强度
│   ├─ 202碳排放强度
│   └─ 203能源节约
├─ 300生态保护标准
│   ├─ 301环境保护设计
│   ├─ 302资源保护利用
│   └─ 303生态修复技术
├─ 400污染防治标准
│   ├─ 401大气污染防治
│   ├─ 402污水排放处理
│   ├─ 403噪声污染防治
│   ├─ 404固体废弃物处置
│   ├─ 405船舶污染物综合排放
│   └─ 406水上溢油污染防治
├─ 500资源循环利用
│   ├─ 501污水再生利用
│   └─ 502废旧材料循环利用
├─ 600监测、评定与监督标准
│   ├─ 601监测检测
│   ├─ 602统计核算
│   ├─ 603节能评定
│   └─ 604监督管理
└─ 900相关标准
    ├─ 901国家节能降碳相关标准
    ├─ 902国家生态保护相关标准
    └─ 903国家污染物排放相关标准
```

图4-4 绿色交通标准体系结构

在未来，我国的绿色交通发展将持续坚持资源节约、环境友好的目标，推动形成绿色交通发展方式和绿色出行方式，促进交通与生态环境的和谐统一。在加强生态环境保护方面，严守生态红线，推进生态选线选址，强化生态环保设计，加强生态系统保护和修复；在推进资源集约节约利用方面，统筹空间规划布局，大力开展施工材料、废旧材料再生和综合利用；在节能减排和污染防治方面，推进清洁能源应用，有效防治公路噪声、船舶和港口水气等污染物排放；在改进绿色交通发展模式方面，大力实施公交优先战略，积极推广绿色交通技术和产品，加快节能低碳先进适用技术、产品的创新和推广应用。

二、新能源交通推广

新能源车符合未来车辆发展的方向，已被证明是先进技术应用的代表①，具备了大规模应用的条件。新能源车作为已经投入使用的车辆类型之一，要与其他交通工具在综合交通中共同发挥作用，这也是交通工具综合利用的一部分②。

（一）新能源交通产业的发展

2012 年 7 月，国务院发布《节能与新能源汽车产业发展规划（2012 –

---

① Nagai，Masao. The Perspective of Research for Enhancing Active Safety Based on Advanced Control Technology. *Vehicle System Dynamics*：*International journal of vehicle mechanics and mobility*，Vol. 45，No. 5，May 2007，pp. 413 –431.

② Naoki A.，Hiroshi F. Yaw-rate Control for Electric Vehicle with Activefront/rear Steering and Driving/braking Force Distribution of Rear Wheels. The 11th IEEE International Workshop on Advanced Motion Control，Nagaoka，Japan，2010.

2020）》，开启发展新篇章，明确发展方向为"节能和新能源"，新能源聚焦"纯电动/插电混/燃料电池"。

"十二五"期间国家多管齐下，一是继续大力度给予购置补贴，截至2015 年，新能源汽车行业共补贴资金 334.35 亿元①；二是对购置新能源汽车免征车船税和购税；三是在"十二五"收官之际，国务院出台《关于加快新能源汽车推广应用的指导意见》，从顶层设计上继续维持大力度推广。新能源汽车产销在 2015 年达到了 50 万辆的规划目标②。同时自2015 年起，国家密集出台新能源汽车推广应用利好政策。3 月，《关于加快推进新能源汽车在交通运输行业推广应用的实施意见》明确城市公交、出租汽车和城市物流是新能源汽车推广的重要领域。5 月 19 日，国务院印发《中国制造 2025》，明确继续支持电动汽车、燃料电池汽车发展，掌握汽车低碳化、信息化、智能化核心技术，推动自主品牌节能与新能源汽车同国际先进水平接轨；同月，《关于节约能源 使用新能源车船车船税优惠政策的通知》提出对新能源车船免征车船税。5 月 22 日，工信部装备工业司发布《中国制造 2025》规划系列解读，强调大力发展节能与新能源汽车，实现低碳化、电动化、智能化，是从汽车大国到汽车强国的必由之路，明确提出 2020 年自主品牌新能源汽车年销量要达到100 万辆以上，市场占有率超 70%，首次提出 2025 年汽车平均油耗 4 升的严格要求，明确要求到 2020 年，电池、电机等核心零部件市场份额要超过 80%。10 月，《关于加快电动汽车充电基础设施建设的指导意见》指出，到 2020 年基本建成适度超前、车桩相随、智能高效的充电基础设

---

① 财政部新闻办公室：《关于地方预决算公开和新能源汽车推广应用补助资金专项检查的通报》，2016 年 9 月 8 日。
② 袁军成、范佳甲：《中国新能源汽车"十四五"政策法规展望》，载《质量与认证》2020 年第12 期。

施体系。到了 2016 年，在"两会"中，新能源汽车仍是关注的焦点。几乎与"两会"同一步调，各地也纷纷进入新能源地方补贴政策的密集出台期。截至 2016 年 3 月 16 日，已有近 20 个省份明确了新能源汽车补贴标准。

自 2012 年国务院印发并施行《节能与新能源汽车产业发展规划 (2012—2020 年)》以来，国家及地方政府的补贴政策逐步完善，新能源汽车的产销量连年攀升。根据中国汽车工业协会的统计，2013 年新能源汽车累计生产 1.75 万辆。2014 年新能源汽车累计生产 8.39 万辆，其中，纯电动乘用车 3.78 万辆，插电式混合动力乘用车 1.67 万辆。2015 年新能源汽车生产 34 万辆，其中纯电动汽车产量 25.4 万辆，插电式混合动力汽车产量 8.5 万辆。2016 年新能源汽车生产 51.7 万辆，其中纯电动汽车产量 41.7 万辆，插电式混合动力汽车产量 9.9 万辆。2017 年全年累计销量为 77.7 万辆，新能源汽车市场占整体市场的 2.7%，比 2016 年提高了 0.9 个百分点。2018 年我国新能源汽车全年累计产量 127 万辆、销量 125.6 万辆，占汽车整体销量的 4.5%，其中，新能源乘用车全年累计生产 107 万辆，占新能源汽车总产量的 84.3%；新能源乘用车全年累计销量 105.3 万辆，纯电动车占据了约 75% 的份额；新能源客车和货车的销量几乎全部来自纯电动车。2019 年，新能源汽车产销分别完成 124.2 万辆和 120.6 万辆，同比分别下降 2.3% 和 4.0%。其中纯电动汽车生产完成 102 万辆，同比增长 3.4%；插电式混合动力汽车产销分别完成 22.0 万辆和 23.2 万辆，同比分别下降 22.5% 和 14.5%；燃料电池汽车产销分别完成 2833 辆和 2737 辆，同比分别增长 85.5% 和 79.2%。[①]

推广应用电动汽车是实施能源安全战略、低碳经济转型、建设生态

---

① 资料来源：中国汽车工业协会官方网站统计数据。

文明的有效途径。近年来，交通运输部一直高度重视绿色交通发展，并大力推动新能源汽车在交通运输行业的更好应用。在有关政策推动下，截至 2018 年底，新能源汽车在各地交通运输领域的推广应用明显加快，交通运输行业新能源汽车推广应用总量超过 45 万辆，已提前实现交通运输部原定于 2020 年实现的推广应用目标，其中，新能源公交车从 2012 年的 1.3 万辆增长至 2018 年的 34.2 万辆。在基础设施方面，截至 2018 年底，全国已经在京沪、京哈、京港澳、京昆、京台、沈海、长深、连霍等高速公路对服务区投入运营充电站约 1800 个、充电桩约 7500 个，保证了电动汽车的安全运行，也为广大驾驶新能源汽车用户提供了更大的交通保障①。

2020 年 10 月 9 日，随着面向 2035 年的《新能源汽车产业发展规划》获得国务院常务会议通过，新能源汽车产业再次迎来重大利好。在全球汽车工业电动化、智能化、互联化的背景下，发展新能源汽车是目前我国汽车领域"弯道超车"的绝佳机遇。未来我国也将全面构建新能源汽车产业融合大格局，继续深化补齐充电基础设施短缺的发展短板，适度超前建设充电基础设施，提升新能源汽车整车充能的便利性。针对能源电力、道路交通以及信息通信基础设施建设等领域，企业制定一揽子财税政策支持体系，提升税收优惠政策的技术导向型和优惠精准性；继续完善国家新能源汽车安全监控平台功能，强化政府主导，善用、聚集企业及第三方机构力量，建立统一安全监控平台，设立数据标准，统一数据来源，建立健全故障预警机制、事故处理机制、事故上报机制；建立新能源汽车领域大数据平台，结合交通运行数据、基础设施数据、城市活动数据进行多维、多层

---

① 高润泽、李泉、庞知非：《交通运输行业新能源汽车推广应用现状研究》，载《交通节能与环保》2020 年第 16 期。

次集成，探索数据开放创新模式，助力新能源汽车产业发展；加快新能源汽车行业互联网、智能网联化发展；探索产学研各类机构的多元化合作，推动新能源汽车数据在交通、保险、电信等重点领域的融合应用，提升公共服务水平①。

（二）新能源汽车相关基础设施建设

2015 年 1 月 15 日，国内首个高速公路跨城际快充网络——京沪高速公路快充网络全线贯通，给电动汽车发展打了一针"强心剂"。京沪高速也成为国内首条具备电动汽车快充服务功能的高速公路。京沪高速全程1262 公里，国家电网公司在沿线建成 50 座快充站，平均单向每 50 公里就有一座快充站。② 京沪高速公路快充网络的全线贯通，实现了我国充电设施建设由点到面、由城市扩展到城际的发展，拓展了充电服务网络，完善了建设运营模式，为电动汽车走出城市、跨城际出行提供了绿色环保、方便快捷的充电服务，增强了消费者购买使用电动汽车的信心，必将推动国家大气污染治理、节能减排和电动汽车产业发展。

配备充电站的不仅仅是京沪高速。截至 2014 年底，国家电网已经累计建成 618 座充换电站、2.4 万个充电桩。2014 年，在京沪、京港澳（北京—咸宁）、青银（青岛—石家庄）共建设快充站 133 座、快充桩532 个，基本形成"两纵一横"高速公路快充网络，续行里程达 2900 公里。更为可贵的是，国家电网公司和有关单位通力合作，创新建立了具有自主知识产权、技术领先的中国充换电设施标准体系，累计发布 13 项国家标准、18 项行业标准和 39 项企业标准，中国标准已与美国标准、

---

① 俞晓凡：《新能源汽车行业突围之路》，载《第一财经日报》2020 年 12 月 7 日。

② 邓佳：《京沪高速快充网络全线贯通》，人民网，2015 年 1 月 18 日。

欧洲标准、日本标准并列成为当今世界 4 大标准体系，有力地提升了中国标准话语权。到 2020 年，规划建设以"四纵四横"（四纵即沈海、京沪、京台、京港澳；四横即青银、连霍、沪蓉、沪昆）为支撑的、覆盖公司经营区内所有示范城市的高速公路快充网络，续行里程达 1.9 万公里。①

作为与新能源汽车相配套的新型基础设施，新能源汽车充电桩被纳入新基建七大领域之一。2020 年《政府工作报告》明确提出"建设充电桩，推广新能源汽车，激发新消费需求，助力产业升级"。在政策激励与市场需求双重驱动下，我国新能源汽车行业快速发展，产销量连续五年位居全球首位，配套的充电桩产业也不断扩容并优化升级。中国汽车工业协会数据显示，截至 2020 年 7 月，我国累计推广新能源汽车超过 450 万辆，占全球 50% 以上②。

根据中国电动汽车充电基础设施促进联盟数据，截至 2020 年 7 月，全国已累计建设新能源汽车充电站 3.8 万座、换电站 449 座、各类充电桩 130 多万台。从充电桩种类来看，我国公共充电桩数量稳定增长，投资建设模式逐步成熟，由"超前投建"逐步转入良性的需求驱动增长模式，进入战略调整期；私人充电桩保有量近年来逐步赶超公共充电桩，提速明显。虽然我国新能源汽车充电桩建设成效显著，但车桩比尚未达到规划水平。③

2020 年国务院办公厅印发的《新能源汽车产业发展规划（2021—2035

---

① 资料来源：《2015～2020 年中国充电桩行业市场深度调研与发展战略研究分析报告》。

② 戚悦、张晓艳、袁嘉琳：《国资布局新基建新能源汽车充电桩篇》，载《企业管理》2020 年第 11 期。

③ 于扬：《我国新能源汽车产业规模全球领先产销量连续五年位居世界首位》，新华网，2020 年 7 月 24 日。

年)》（以下简称《规划》）中明确指出，大力进行充电桩建设是基础网络建设的首要任务，无论是《规划》中新增"经过 15 年努力，充换电服务网络便捷高效"的表述，还是新增"充换电服务便利性显著提高"的发展愿景，目标都指向基础设施建设，"推动充换电、加氢等基础设施科学布局、加快建设，对作为公共设施的充电桩建设给予财政支持"这样的新增表述，更给外界传递了明确的信号：充电、加氢设施建设将会继续加强。11 月 18 日召开的国务院常务会议也作出加强停车场、充电桩等设施建设的部署。在具体的充电方式上，《规划》新增内容的指导性也非常明确，即"积极推广智能有序慢充为主、应急快充为辅的居民区充电服务模式，加快形成适度超前、快充为主、慢充为辅的高速公路和城乡公共充电网络"，同时还要加强"无线充电"等技术研发。

三、绿色交通建设成效

"十三五"时期是交通运输行业推动绿色交通发展重要时期。相关交通运输部门始终深入贯彻落实习近平总书记重要讲话精神，推进交通运输生态文明建设，把节能降碳发展理念融入交通运输发展的各方面和全过程，健全制度标准体系，推进节能项目建设，优化结构、节能减排、推广节能低碳技术，推动节能减排服务水平和监管能力不断提升，绿色交通运输体系建设取得明显成效。

（一）制度标准更加完善

交通运输部先后印发《交通运输节能环保"十三五"发展规划》《交通运输行业"十三五"控制温室气体排放工作实施方案》《推进交通运输

生态文明建设实施方案》《交通运输部关于全面深入推进绿色交通发展的意见》《绿色出行行动计划方案（2018—2020 年)》《营运货车能效和二氧化碳排放强度等级及评定方法》《营运客车能效和二氧化碳排放强度等级及评定方法》《港口能耗在线监测系统技术要求》《港口设备能源消耗评价方法》《内河船舶能耗在线监测》等制度标准。

（二）节能项目成效明显

"十三五"期间建成 4 个绿色交通省、27 个绿色交通城市，20 条绿色公路、11 个绿色港口等节能减排项目，年度产生节能量达到 63.1 万吨标准煤、年度替代燃油 213.3 万吨标准油，助力完成行业节能减排目标，推动交通节能低碳技术获得广泛应用。①

（三）结构节能实现突破

大力推进大宗货物集疏港运输向铁路和水路转移。2019 年，长三角、环渤海重点地区港口的矿石、焦炭等大宗货物铁路和水路疏港比例为 51.97%，同比增长 2.3%。② 会同国家发展改革委组织开展多批次多式联运示范工程，以江海直达、江海联运、铁水联运等为重点，加快长江经济带多式联运发展，2018～2019 年，全国港口完成集装箱铁水联运量超过 900 万标准箱（TEU），减少了运输行业能源消耗。③

---

①② 环资司：《交通运输部：践行绿色交通理念 助力交通强国建设》，中华人民共和国国家发展和改革委员会网站，2020 年 6 月 27 日。

③ 《2018 年交通运输行业发展统计公报》，中华人民共和国交通运输部网站。

（四）节能低碳技术应用广泛

交通运输部定期发布交通运输行业重点节能低碳技术推广目录，并在节能减排项目中推广应用，成效明显。如港口码头 RTG "油改电" 技术应用率超过95%；截至2020年5月，全国 ETC 用户累计达到2.08亿，高速公路客车 ETC 平均使用率为71.13%，货车 ETC 平均使用率为35.75%，全国日均可节约燃油约1100吨，可减少氮氧化物排放约2.59吨、碳氢化合物排放约8.64吨、一氧化碳排放约300吨①。

（五）环保力度大幅增强

近年来我国的公路环保力度大幅增强，2012年公路环境保护投入152亿元，其中生态保护设施占75%，污染防治设施占14%。2013年公路环境保护投入125亿元，其中生态保护设施占75%，污染防治设施占11%。2014年公路环境保护投入129.67亿元，其中，生态保护设施占68%，污染防治设施占18%。2015年全年公路水路交通运输行业环境保护投入167.09亿元，其中公路环境保护投入140.50亿元，港口26.59亿元。公路环境保护投入中，生态保护设施占65.1%，污染防治设施占21.5%。2016年全年公路水路交通运输行业环境保护投入218.61亿元，其中公路环境保护投入163.60亿元，水路环境保护投入55.00亿元。公路环境保护投入中，生态保护措施投入111.51亿元，污染防治设施投入23.93亿元。2017年全年公路水路交通运输行业环境保护投入206.28亿元，其中公路

---

① 环资司：《交通运输部：践行绿色交通理念　助力交通强国建设》，中华人民共和国国家发展和改革委员会网站，2020年6月27日。

环境保护投入 165.65 亿元。公路环境保护投入中，生态保护措施投入 108.07 亿元，污染防治设施投入 31.07 亿元。[①]

第五节　数字化建设亮点频出，智慧 交通助力高质量发展

　　建设现代化经济体系离不开现代化交通运输体系的支撑。利用互联网、云计算、大数据、物联网、人工智能技术，发展安全、便捷、高效的智能交通，对于建设交通强国至关重要。数字经济正成为全球经济发展最快、创新最活跃、辐射最广的新经济活动。数字交通是时代的选择，也是国家的战略，它以"数据链"为主线，构建数字化的采集体系、网络化的传输体系、智能化的应用体系，实现出行服务便捷化、物流组织高效化、行业治理精准化。

　　交通运输部近年来高度重视智慧交通发展，提出了要建设交通基础设施和信息化基础设施两个体系，将信息化提升到和交通基础设施同等重要的地位。在国家八部委起草的《关于促进智慧城市健康发展的指导意见》中，智能交通被列为十大领域智慧工程建设之一。智慧交通扛起了引领交通现代化的大旗，是未来交通发展主要趋势之一。2019 年 9 月，中共中央、国务院印发了《交通强国建设纲要》，其中就明确提出要推动大数据、互联网、人工智能、超级计算等新技术与交通行业深度融合，推动

---

① 《中国交通发展综合报告》编委会：《中国交通发展综合报告（2012～2017）》，中国铁道出版社有限公司。

数据资源赋能交通发展，大力发展智能交通。在 2020 年 6 月举行的第四届世界智能大会"云智能科技展"上，智能交通板块也成为其中的亮点展区，展会让观众提前感受到轨道交通智能化的未来。中国智能交通近年来的发展越来越受到各界关注，各方统计数据也显示，近年来，我国智能交通行业已经取得长足进步，2020 年，智能交通行业市场规模已超过 1600 亿元。①

目前，我国的智慧交通建设亮点频现，科技重大专项攻关硕果累累，在可行的前提下实现了多种交通创新：行业重点科技项目清单管理及重大科技创新成果库建设启动实施，重点科研平台大型仪器开放共享平台建成，科技成果转化政策落地见效；交通运输成为北斗导航的民用主行业，第五代移动通信（5G）等公网和新一代卫星通信系统初步实现行业应用；交通运输大数据应用水平大幅提升，出行信息服务全程覆盖，行业治理和公共服务能力显著提升；交通信息网络化程度提高，物联网在公路网运行效率不断提升，"互联网＋"便捷交通、智慧交通等试点统筹推进，国家综合交通运输信息平台建设稳步开展，国家交通运输公共物流信息平台升级完善，物流服务平台化和一体化进入新阶段，网络安全监测预警平台发挥积极作用。"互联网＋"交通运输发展迅速，网络约车、智能物流、自动驾驶等新形态也蓬勃兴起。

交通运输部发布的《数字交通发展规划纲要》中指出，到 2025 年，交通运输基础设施和运载装备全要素、全周期的数字化升级迈出新步伐，数字化采集体系和网络化传输体系基本形成。到 2035 年，交通基础设施完成全要素、全周期数字化，天地一体的交通控制网基本形成，按需获取的

---

① 前瞻产业研究院：《2021 年中国智能交通行业市场规模与发展前景分析》，东方财富网，2021 年 5 月 12 日。

即时出行服务广泛应用。我国成为数字交通领域国际标准的主要制定者或参与者，数字交通产业整体竞争能力全球领先。

一、大数据应用

随着云时代的到来，大数据的应用越来越彰显其优势，深受各行各业的关注。它带来的巨大价值逐渐被市场认可，以全面感知、收集、分析、共享的方式为人们提供一种全新的看待世界的方法，促进各行业的创新发展。在交通领域，依据"大数据＋"思维方式，利用大数据技术不断发展新业务，创新运营服务新模式，提升其核心竞争力，助推智能交通建设。智能交通以全面感知、主动服务、科学决策、安全高效、融合创新为发展目标，利用云计算、大数据、物联网、5G、空间感知等新一代先进信息技术，通过深度挖掘数据信息和批量处理动态信息来实现交通资源的优化配置，提升规划决策能力、交通管制能力、运营服务能力，推进交通运输服务更安全、高效、环保，带动整个交通产业转型与升级[①]。目前新发展的物联网正是通过各类传感器、移动终端或电子标签，使信息系统对外部环境的感知更加丰富细致，这种感知为人、车、路、货、系统之间的相互识别、相互操作或智能控制提供了无限可能。据不完全统计，当前交通运输行业每年产生的数据量在百拍字节（PB）级别，存储量预计可达到数十PB。同时，随着移动互联网、智能移动终端大范围应用，信息服务向个性化、定制化发展。信息服务系统与交通要素的信息交互更加频繁，系统对用户的需求跟踪、识别更加及时准确，能够为用户提供交通出行或货物运输的全过程规划、实时导航和票务服务，基于位置的信息服务和主动推送

---

① 舒忠：《基于大数据的城市智能交通与新能源产业发展分析》，载《时代汽车》2020年第13期。

式服务水平大大改善。

（一）基于大数据的交通拥堵治理

随着中国经济社会的发展和人民生活水平的提高，汽车保有量快速增长，部分人口密集型城市的人均行车面积不足 0.03 平方公里，城市交通拥堵越来越严重，由此引起的出行时间增加、燃油浪费、尾气污染也愈加严重，社会公众的抱怨也越来越多。为解决交通拥堵问题，不少城市限量发放车辆牌照，限制汽车通行，引起社会负面反响且导致矛盾急剧恶化。

在无法多修路以增加路网密度的情况下，利用大数据分析预测并治理拥堵便成为一条有效途径。通过交通外围感知设备实时获取道路占有率、流量、速度、饱和度等指标，及时感知道路拥堵指数；运用交通专业模型及算法，在地理信息空间上进行相关路网承载能力计算，判定拥堵情况是常态化拥堵还是临时性瓶颈拥堵，找出交通组织的差距，然后对相关的路网及路口进行分析及关联，找出拥堵问题的解决策略。在大数据分析的基础上，找出造成拥堵的关键因素，如外地车流量及货车通行比例过高，可通过制定限行策略进行限流；如遇路口通行不畅，可通过改变信号机配时方案，提升路口的通行能力；如路网局部承载的交通流过高时，可通过实时智能分流策略，进行诱导与信号同步，有效引导交通流向；常发性交通拥堵，可通过仿真软件和智能算法，对路网及车流量的关系模型进行匹配，预测和推演大型交通流的生成、造成交通拥堵的时间节点、交通拥堵的形成和疏散位置等；通过仿真计算，预测下一个周期或者下一阶段的交通拥堵行为，为交通疏导和交通控制提供辅助决策建议。

基于实时大数据分析的方法，可解决交通拥堵识别、拥堵形成机理、拥堵调控策略、拥堵疏散影响分析、交通流恢复环节严重脱节的问题，可取得良好的、可操作实施的有效解决拥堵的方案。

（二）基于大数据的客流统计

交通出行调查是上至制定交通出行规划，下至公交车辆排班的基础。在过去，交通费调查每年都需花费大量的人力、物力和财力。因此，利用手机在移动通信网络中的定位信息来分析推算动态客流状态，作为一种广域动态客流探测技术，不但可以节省经费，还可获得实时的客流数据。利用时间序列的手机数据分析，可以得到手机用户的出行链信息。

系统将手机的所有信令数据匹配到道路交通网络上，即获得手机用户在道路交通网络中位置的电子脚印。在手机数据的准备过程中，可采用寻找次级出行链并通过定义空间阈值和时间阈值的方法，识别出用户停留位置。分析网络中各手机用户出行行为，可以持续把握出行者位置变化信息的特征，进而推断出出行者的出行起讫点、出行时间、使用什么交通工具等出行特征数据[①]。在城市交通系统中，高德地图和百度地图等系统软件通过在平台显示各个路段的拥堵状况，实时为人们分析出省时快捷的出行路线与方案信息。

（三）基于大数据的车联网应用

此外，我国车联网市场也蕴含着巨大的发展空间。2009 年，G－Book 和 Onstar 同时引入中国，标志着我国正式进入车联网商用时代。目前国家政府已经明确相关政策，"十二五"规划已将车联网作为物联网十大重点部署领域之一，大力支持车联网发展。车联网有关项目已被列为我国重大专项的重要项目，首期资金投入达百万亿级别。工信部将从产业规划、技术标准等多方面着手，加大对车载信息服务的支持力度，全力推进车联网

---

① 杨琪、刘冬梅：《交通运输大数据应用进展》，载《科技导报》2019 年第 6 期。

产业全面发展。"十三五"期间，随着国家层面对车联网政策红利的逐步释放，技术水平的不断提升，互联网思维的逐步渗透，车联网迎来爆发式增长期。智研咨询发布的《2019—2025年中国车联网行业市场供需预测及发展前景预测报告》显示，中国车联网市场规模将从2017年的114亿美元增长到2022年的530亿美元，复合年均增长率（CAGR）为36.0%，高于全球平均增长速度，中国市场规模在全球占比也将从2017年的21.7%增长到2022年的32.5%。

云计算、大数据、移动互联网、社交网络媒体以及物联网等新兴技术的普及和应用将极大地提升公路交通信息服务水平，公路交通管理的预见性、主动性、及时性、协同性、合理性将大幅提升，公路交通出行将更加方便快捷。

二、交通运输信息平台建设

随着信息技术的发展、大数据时代的来临和社会经济的快速发展，交通行业迎来了更大的挑战，这也加快了交通行业吸收最新信息技术、充分利用交通大数据、提高信息服务效率的进度。为了适应新形势下交通行业管理和公共信息服务的需要，构建智慧交通综合管理信息服务平台成了交通行业发展的重点。以解决城市交通拥堵，提高交通行业的效率而建设的综合交通管理系统，实现了交通运输基础设施智能化，促进了交通运输业及其相关产业的可持续发展①。

---

① 刘紫燕、帅旸、罗超：《"互联网＋"和大数据时代智慧交通的发展》，载《科技视界》2015年第33期。

（一）城市交通信息服务平台

智能交通业务平台主要基于交通管理业务基础信息，通过数据仓库、高性能计算、主题模型、多维度分析、可视化等关键技术，获取隐藏在交通管理大数据中的趋势性、预判性信息，最终在云计算环境下形成城市的大数据平台，实现数据存储、数据挖掘、数据共享等功能。如博康智能交通大数据服务平台、滴滴交通大数据平台、阿里"城市数据大脑"及中兴软创大数据治堵综合平台等。

与传统智能交通企业不同，互联网企业占据了有商业价值的数据资源流量入口。一站式出行服务平台深耕海量数据分析处理技术、人工智能算法，进而实现精准的供需预测、蜂窝动态调价、智能派单、路径规划、智能拼车、矩阵式服务评价体系；交通大数据平台根据交通度量体系设定，分析海量数据，让分析结果为乘客、司机、交通主管部门等所有出行参与方都带来价值，如利用智能调度优势帮助改善城市交通拥堵问题、协助设计智能交通管控方案、提高道路利用率、为城市的路网优化提供决策依据等。

（二）交通物流公共信息平台

交通物流公共信息平台作为国家重要的交通公共设施工程，已经被列为国家交通事业发展的重中之重。2012年，交通部在杭州召开了全国交通运输物流公共信息平台建设联库会议，要求在全国全面推进平台建设。为扎实推进交通运输物流公共信息平台建设，促进物流信息系统之间的互联互通，不断提升行业信息化应用水平和服务能力，交通运输部于2013年印发了《交通运输物流公共信息平台建设纲要》《交通运输物流公共信息平台国家级管理服务系统建设方案》《交通运输物流公共信息平台区域交换节点建设指南》三个指导性文件。

"十二五"期间，国家已重点建设了1个国家级管理服务系统，即设在杭州的国家交通运输物流公共信息平台，32个区域交换节点，开展了多个互联应用。国家级管理服务系统构建了一套标准和安全保障体系，建设基础交换网络管理系统，部署一批国家交换节点，通过国家平台门户提供行业管理部门的物流信息服务。而各省交通部门正在积极进行区域交换节点建设，主要包括部署交换服务器，提供区域交换服务，推动企业物流信息系统间互联应用项目的建设。[1]

据统计，国家交通运输物流公共信息平台的平台标准已经覆盖了全国70%以上的运输管理系统（TMS系统），成了国内最大的物流信息交换标准制定者和物流互联网服务器。平台已有服务对象40多万家，其中制造业占28%，商贸业占17%，交通运输及仓储业占55%，年服务物流货值13.5万亿元。[2]

（三）农村交通运输综合信息服务平台

随着互联网技术的不断发展，为更好地服务农村交通运输发展，助力数字乡村建设，服务乡村振兴战略，交通运输部于2019年印发《农村交通运输综合信息服务平台推广实施指南》，指导农村交通运输综合信息服务平台（以下简称"农村运输信息平台"）建设。在农村地区交通基础设施、运营线路、运输车辆等资源线上化的大背景下，涌现出以贵州"通村村"为代表的一批农村运输信息平台，有效解决了农村交通运输群众出行难、企业经营难、物流发展难、部门监管难问题，成为农村交通运输发展

---

①② 智能交通前沿科技：《国家交通运输物流公共信息平台建设调查》，搜狐网，2016年11月28日。

的新动能。

除此之外，全国客运联网售票系统也始终积极坚持建设，根据《交通运输部办公厅关于进一步做好道路客运联网售票有关工作的通知》的部署，广东、山东、江苏、河北、吉林、湖北、陕西、黑龙江、山西、重庆、江西、云南、辽宁、宁夏回族自治区、新疆维吾尔自治区等省份纷纷进入项目招标建设阶段，积极开展客运联网售票系统的建设。从用户的角度来看，联网售票系统不受时间地域限制，节省了排队购票的时间，同时可以查询余票，有利于用户调整出行；从"互联网＋"的角度来看，联网售票系统是推动行业改革升级的主要途径之一。2018 年，交通运输部又正式启动"交通运输行业节能减排数据管理平台"建设，进一步提升节能减排决策分析、绿色发展评估、项目跟踪监管等能力，提升行业绿色发展工作效率与精细化管理水平。

三、智 慧 运 输

（一）"无车承运人"下的智慧物流

随着我国社会经济以及交通运输方式的不断发展，我国传统物流模式已经不能满足其带来的新挑战和新变化，为了降低和消除这种环境下传统物流运输存在的高成本、低效率问题，我国正在逐步实行一种新型的"无车承运人"的智能物流模式。2015 年《国务院关于加快构建大众创业万众创新支撑平台的指导意见》提出"推动无车承运物流运营组织模式"，2016 年《国务院办公厅关于深入实施"互联网＋流通"行动计划的意见》明确提出"组织开展道路货运无车承运人试点工作"。为贯彻落实国务院文件要求，健全完善无车承运人管理的法规制度和标准规范，鼓励无车承运人创新发展，推进货运物流行业的转型升级，交通运输部办公厅于2016年8月26日印发《关于推进改革试点加快无车承运物流创新发展的意见》，提出将在全国范围内开展道路货运无车承运人试点工作，并在全国筛选企业进行试点。具体分为：启动阶段：2016年10月~11月。省级交通运输主管部门编制试点实施方案，按照要求进行试点企业的筛选，并将确定的试点的283家企业名单及试点方案于2016年11月底前报交通运输部；实施阶段：2016年12月~2017年11月。试点企业按照试点方案认真组织实施，省级交通运输主管部门加强跟踪督导，协调解决相关问题；总结评估阶段：2017年12月。省级交通运输主管部门和试点企业要分别对试点工作进行总结评估，并在试点实施阶段结束后编制试点工作总结报告，将试点工作开展情况报交通运输部。

无车承运人是以承运人身份与托运人签订运输合同，承担承运人的责任和义务，通过委托实际承运人完成运输任务的道路货运经营者，具有资源整合能力强、品牌效应广、网络效应明显等特点，利用互联网手段和组织模式创新，有效促进货运市场的资源集约整合和行业规范发展，对于促进物流货运行业的转型升级和提质增效具有重要意义。无车承运人试点的启动，将完善无车承运人分级资质管理制度、规范无车承运人管理、健全物流运输管理信息系统。试点工作开展以来，取得了较为显著的成效，对于带动行业转型升级、促进物流"降本增效"发挥了重要作用。该模式将通过交通运输的智能信息平台，实时获取车联网、船联网、铁路系统的动态数据，筛选出最优的物流方案，相应地降低运输成本。交通部的数据显示，试点企业的车辆里程利用率较传统运输企业提高50%，平均等货时间由2~3天缩短至8~10小时，交易成本下降6%~8%。[①]

---

① 交通运输部：《关于进一步做好无车承运人试点工作的通知》，2017年11月15日。

为深入贯彻落实党中央、国务院有关工作部署，深化物流供给侧结构性改革，进一步巩固和拓展试点成果，充分发挥试点企业的引领带动作用，推动货运物流新业态、新模式创新发展，有关部门一直在持续推进改革试点，加快无车承运物流创新发展。

（二）智慧公路建设

智慧公路是基于对海量数据的实时获取和分析而实现的，位置信息、交通流量、速度、占有率、排队长度、行程时间、区间速度等等是最为重要的交通数据。它的突出特点是以信息的收集、处理、发布、交换、分析、利用为主线，为交通参与者提供多样性的服务。基础设施数字化是新一代国家交通控制网和智慧公路试点工程的基础支撑之一，为各个业务系统提供数字化成果及高精度地图服务。与传统的地图相比，三维高精度地图不仅能更直观地展示设备外观及位置，还能实时呈现设备的状态，达到可见即可控的效果，提升公路精细化管理水平。

智慧公路应用于高速场景中，可通过在高速岔道口、直行道、隧道、拐弯口部署摄像头和雷达传感器以及边缘计算单元，实现对目标的识别和数据融合，通过 V2X 技术与车辆进行交互，或者接入多接入边缘计算（MEC）跟边缘计算和云后台结合，进行大数据的处理，实现对路况的监控运营和安全效率把控，如交通事件的智能监测、交通信息的发布、前向碰撞预警、盲区预测、变向辅助等。

应用于城市场景，主要通过在主干道拥堵路段及路口布置传感和边缘计算单元，加上大数据和人工智能的算法，有效实现了对交通流量的优化。在高峰时段以排堵为主要目标，防止车辆溢出；而在平峰时段以降低红灯等待时间为目标。另外，还可实现对一些特种车辆的优先通行，比如公交、救护车辆和救急车辆的通行。

四、自 动 驾 驶

2018 年 4 月，交通运输部、工业和信息化部、公安部联合印发《智能网联汽车道路测试管理规范（试行）》（以下简称《规范》），首次从国家层面就规范自动驾驶道路测试作出规定。《规范》对测试主体、测试驾驶人及测试车辆、测试申请及审核、测试管理、交通违法和事故处理等方面作了详细规定，适用于在我国境内进行的智能网联汽车道路测试，测试范围包括有条件自动驾驶、高度自动驾驶和完全自动驾驶。2018 年 7 月 10 日，交通运输部为首次认定的交通运输部公路科学研究院、长安大学和重庆车辆检测研究院三家"自动驾驶封闭场地测试基地"授牌，支持自动驾驶技术发展。

截至 2019 年底，全国共有 22 个城市（包括所有直辖市）发布了自动驾驶测试政策，如国家智能网联汽车应用（北方）示范区、国家智能汽车与智慧交通（京冀）示范区等，基本集中在东部沿海地区和中部地区，既包括北上广这样的一线城市，也包括长沙、杭州等二线城市。此外，还有 5 个省份发布了省级自动驾驶测试政策，以推动本区域智能化交通发展。可预计，在之后的几年，将会有更多的省份及城市发布自动驾驶测试政策，服务于智能化交通发展，推动智能型数字经济建设。各地区正形成各具特色的智能驾驶产业聚合区，呈现出典型的智能驾驶区域特色，如长沙注重"智能驾驶生态建设"、广州深圳重视"智能交通应用优化"等。①

据各地的公开资料统计，截至 2019 年 11 月，北京、长沙、上海等多

---

① 资料来源：《2019 年度中国城市交通报告》。

个城市发布的自动驾驶路测牌照已超过 250 余张，其中北京（77 张）最多，长沙次之；全国多个城市开放了自动驾驶测试道路，其中北京、长沙、深圳占据自动驾驶测试道路里程前三位置，合计超过 760 公里。在自动驾驶路测牌照获取方面，企业类型覆盖面较广，既有传统的车企、物流企业，也有互联网科技企业、自动驾驶创业公司等新兴科技企业。互联网科技企业在自动驾驶领域技术优势明显，也十分重视其技术测试应用和市场发展。随着技术的完善与推广，传统车企、物流等企业将会迎来巨大的发展机会①。

除了北京、上海等地发放第一批自动驾驶测试号牌之外，重庆、河北保定也相继发布道路测试实施细则，百度阿波罗和金龙客车更是率先落地自动驾驶巴士，自动驾驶的光逐渐从理想照进现实。公共道路测试是企业开展智能网联汽车技术研发和应用的必然需求，《规范》的出台对于企业未来加速技术研发和产品推广、政府及时调整完善管理方式和要求影响深远。

2020 年，相关部委和地方的自动驾驶政策法规标准呈现集中发布的趋势，从顶层规划到城市落地细则均大量密集出台。伴随着十一部委联合发布的产业顶层规划《智能汽车发展战略》（以下简称《战略》），标准体系建设有序推进，配套生态环境加速完善，测试示范工作持续推动，逐步形成各相关领域协同推进的良好局面。《战略》指出，自动驾驶政策需与新基建、交通强国等国家战略深度融合。新基建是新时期稳经济、稳增长、稳就业以及应对新冠肺炎疫情影响的重要战略举措，交通强国更是瞄准未来 15 年交通领域的重要战略决策。新基建之所以"新"，交通强国之所以

---

① 舒忠：《基于大数据的城市智能交通与新能源产业发展分析》，载《时代汽车》2020 年第 13 期。

"强"，就在于其前端连着新动能，末端连着新消费，而自动驾驶是重要场景。从新基建布局看，七大领域中有五个（5G基建、人工智能、大数据中心、工业互联网、新能源汽车充电桩）与自动驾驶直接相关；各试点地区交通强国落地方案也都基本囊括了自动驾驶的规划内容。可以说，自动驾驶是新基建和交通强国建设的内在要义和重要内容，反过来看，新基建和交通强国在战略层面的布局又会大力促进自动驾驶产业和技术的突破。

五、ETC系统推广

全自动电子收费系统（electronic toll collection，ETC）是智能交通系统的服务功能之一，适合在高速公路或交通繁忙的桥隧环境下使用。安装ETC的车主只要在车辆前挡风玻璃上安装感应卡并预存费用，通过收费站时便不用人工缴费，也无须停车，通行费将从卡中自动扣除，即实现自动收费。这种收费系统每车收费耗时不到两秒，其收费通道的通行能力是人工收费通道的 5 ~ 10 倍。

ETC行业是近4年来智能交通领域中发展最快的细分行业。大大提高了单位时间机动车的通行能力，减少了人工重复劳动，降低了运营成本。此外，互联网信息技术的升级使公路人工收费转向ETC收费成为必然趋势，在信息共享和信用体系建立起来以及车载多设备标准完善后，ETC系统具备的车辆自动识别和中心管理的功能是建成车联网的最重要入口，带动了ETC市场及产业的大规模发展。

（一）ETC系统联网的进展

交通运输部在2014年启动了ETC全国联网工作，并于2015年9月28日实现了ETC的全国联网。全国只要有收费公路的省份，都被纳入ETC联网体系之中，使收费公路分省运行的格局被彻底地改变，从而进入纵贯南北、互通东西的全国"一张网"新时代。根据《国务院关于印发"十三五"现代综合交通运输体系发展规划的通知》，"十三五"智能交通发展的主要目标是到 2020 年车辆安装使用 ETC 的比例大幅提升，公路客车 ETC 使用率不低于 50%。2019 年 5 月，为贯彻落实党中央、国务院决策部署，进一步深化收费公路制度改革，加快取消全国高速公路省界收费站，实现不停车快捷收费，国务院办公厅印发了《深化收费公路制度改革取消高速公路省界收费站实施方案》。

截至 2019 年 6 月 5 日 15 时，河北、广西、安徽等 29 个省份已研究起草 ETC 电子不停车快捷收费系统推广发行方案，海南、西藏自治区 2 个省份正在起草中，这意味着 ETC 的推广应用正迈向全覆盖①。

截至 2019 年 12 月 18 日，全国 ETC 客户累计达到 19223.44 万，完成发行总目标 19085.56 万的 100.72%。全国新增 ETC 客户 574.25 万（日均 82.04 万），完成周任务的 375.99%。29 个联网收费省份中，北京、辽宁、江苏、浙江、安徽、福建、江西、湖北、广东、重庆、贵州和云南等 12 个省份上周已完成发行任务。按照本籍车本周超发量排名，前 3 名依次是：广东（44.61 万）、江苏（37.75 万）和浙江（35.96 万）。全国高速公路入口客车 ETC 平均使用率为 71.3%，环比上升了 1.31 个百分点。29 个联网省份中，仅福建省达到 80% 以上。全国高速公路出口客车 ETC 平均使用率为 61.47%，环比上升了 1.77 个百分点。29 个联网省份中，福建和江苏均达到 80% 以上。此外，全国高速公路省界收费站正线改造总计划为 487

---

① 《中国交通发展综合报告》编委会：《中国交通发展综合报告（2015 蓝皮书）》，中国铁道出版社有限公司 2015 年版。

个，截至 12 月 18 日，也已全部完工。^①

截至 2020 年，高速公路 ETC 使用率达到 65.93%，其中货车使用率由 25.90% 提高到 55.16%。总的来看，取消高速公路省界收费站工作，目前已经从联网收费系统转换磨合逐步转入常态化运行的新阶段。^②

（二）ETC 系统联网的重要贡献

近两年，随着 ETC 全国联网工程的落地完成，我国 ETC 用户呈现"井喷式"增长。自 2015 年全国高速公路 ETC 联网实现以来，ETC 用户发展由慢到快、由点及面，进度和成果超出预期，不仅标志着 ETC 发展迈上了联网运营和联网服务的新台阶，还带来了显著的社会效益和经济效益。ETC 的快速发展带来了社会效益和经济效益双丰收，进一步提升了高速公路通行能力和出行服务质量，有效缓解了收费站交通拥堵。

实验证明，ETC 使车辆减少了因排队而频繁启动、刹车的次数，平均每辆车通过 ETC 车道比通过人工收费车道的油耗节省量为 0.0314 升/车次，碳氢化合物排放量降低约 0.7 克/车次，碳氧化合物排放量降低 4.7 克/车次，氮氧化合物排放量降低 0.3 克/车次。据此估算，我国 ETC 耗油节省量约为 6500 万升，平均每年能源节约效益约为 4.3 亿元；平均每辆车通过 ETC 车道比通过人工收费车道能够节约治理污染性气体投资 1.3 万元/吨，以 2019 年的交易量预估，每年治理环境污染的投资建设费用可节约 1.5 亿元。一棵成年树木平均每年能吸收 18.3 千克二氧化碳，而以目前全网 19223.44 多万用户通行比例测算，年均减排量约为 96000 吨，相当于种植约 520 万棵成年树木。据统计，全国 ETC 联网 18 个月内，在节能减排方面成效显著，减少氮氧化合物排放约 304 吨、碳氢化合物排放约 1013 吨、

---

①② 资料来源：笔者根据中华人民共和国交通运输部官方网站公开资料整理。

一氧化碳排放约3.8万吨；节约车辆燃油约12.8万吨，能源节约效益约为10.9亿元。[①]

此外，采用ETC还可有效减少因停车收费造成的延误及拥挤，提高高速公路收费效率、车辆运行效率。据统计，普通轿车通过人工收费站的平均时间为14秒，采用ETC缴费通过收费站的平均时间仅为3秒，即每车次可节约11秒的时间，[②]极大缓解了收费站区的拥堵现象。随着用户量的持续增长，实际效果将越来越显著，可极大程度上解决收费站拥堵，节约出行时间。同时ETC系统的使用大大地提高了高速公路收费站通行效率，可减少收费车道的数量，从而缩小收费站的规模，节约基建费用和管理费用。收费站规模的缩小节省了土地使用成本、收费站建设成本等。

第六节　安全与标准化建设齐头并进，风险管控机制日渐成熟

一、生命安全防护工程持续推进

早在"十五"时期，全国在普通国省干线公路上就已开展实施了公路安全保障工程，改善了公路行车的安全条件。但我国幅员辽阔、公路点

---

① 《中国交通发展综合报告》编委会：《中国交通发展综合报告（2019）》，中国铁道出版社有限公司2019年版。

② 《中国交通发展综合报告》编委会：《中国交通发展综合报告（2016）》，中国铁道出版社有限公司2016年版。

多、线长、面广、各地交通环境差异较大，道路交通事故易发多发，故为适应工业化、城镇化和农业现代化快速发展的要求，全面提升公路安全水平，切实维护人民群众生命财产安全，国务院于 2014 年 11 月 28 日发布《同意在全国实施公路安全生命防护工程的意见》（以下简称《意见》）。公路安全生命防护工程的目标主要分为三个阶段：第一，2015 年底前，全面完成公路安全隐患的排查和治理规划工作，健全完善严查车辆超限超载的部门联合协作机制，并率先完成通行客运班线和接送学生车辆集中的农村公路急弯陡坡、临水临崖等重点路段约 3 万公里的安全隐患治理。第二，2017 年底前，全面完成急弯陡坡、临水临崖等重点路段约 6.5 万公里农村公路的安全隐患治理。第三，2020 年底前，基本完成乡道及以上行政等级公路安全隐患治理，实现农村公路交通安全基础设施明显改善、安全防护水平显著提高、公路交通安全综合治理能力全面提升。

自《意见》发布以来，交通运输部根据历年的目标要求制定了相应的政策方案，全国各省、自治区、直辖市积极配合完成相应的工作目标，经过几年的建设，取得了丰硕的成果，成果主要体现在以下两个方面。

（一）安全生命防护工程任务基本完成

为完成安全生命防护工程的目标，交通运输部在各阶段分别提出相应政策，持续推进工程的实施。首先于 2015 年发布《现有公路安全生命防护工程示范省建设实施方案》，确定了安徽、河北等 6 个省份的安防工程示范路段建设实施细节，涉及 24 个路段共 4100 公里[1]，以示例作为引导，推进各省各市安全防护工程的实施。又于 2016 年下发了《关于加快实施

---

[1] 《中国交通发展综合报告》编委会：《中国交通发展综合报告（2016）》，中国铁道出版社有限公司 2016 年版。

公路安全生命防护工程危桥改造普通国省道地质灾害处治等三件民生实事的通知》，持续推进工程更好更有效进行。安全防护这一工程的实施给人民带来了获得感、幸福感、安全感，使人们的出行和生活更加充实、更有保障、更可持续。

在国家、各省、各市、各部门的共同努力下，安全生命防护工程在各个阶段完成了相应的目标，取得了丰硕的成果。分别在 2015 年底完成 3 万公里任务①、在 2017 年完成 12.2 万公里任务②，远超出目标所制定的公里数。与此同时完成了危桥改造、公路地质灾害处置；加强了国省干线公路状况检测，包括国道、重点桥梁、重点隧道检测以及安防工程的技术状况监测。对技术状况不佳路段和安全隐患桥梁、隧道进行挂牌督办，确保桥隧运营安全。加强公路交通应急抢通保通管理。在 2019 年和 2020 年，安全生命防护工程持续推进，继续加强对干线公路的隐患排查，努力完成实现《国务院办公厅关于实施公路安全生命防护工程的意见》所提出的安防目标。

（二）突发事件应对能力不断增强

自安全防护工程提出以来，我国公路交通体系事故件数和死亡人数明显下降；应对暴雨洪灾和台风等极端天气对交通运输影响的能力不断增强；不断完善海上搜救与应急抢险能力。紧急事故处理能力的增强具体体现在各年度突发事件的处理过程中：2016 年圆满完成"两会"、春运、G20 峰会等特殊时段交通运输安全服务保障工作；2017 年完成了"6·24"

---

① 《中国交通发展综合报告》编委会：《中国交通发展综合报告（2016）》，中国铁道出版社有限公司 2016 年版。

② 《中国交通发展综合报告》编委会：《中国交通发展综合报告（2018）》，中国铁道出版社有限公司 2018 年版。

四川茂县特大山体滑坡、"8·8"九寨沟地震、南方洪灾、台风"卡帕"等灾害的抢通保通应对工作，并于 11 月底完成了在福建省举办的以应对台风自然灾害为重点内容的公路交通军地联合应急演练；2018 年积极应对台风"山竹"等极端恶劣天气和自然灾害，妥善处置"桑吉"轮碰撞燃爆事故、京沪高铁彩钢板侵限、重庆万州公交车坠江、国道 318 川藏公路金沙江大桥灾毁等突发事件。

二、安全生产工作从严落实

（一）平安交通创建活动取得显著成效

为进一步完善安全生产规章制度，进一步提高安全生产保障能力，提升安全生产队伍素质，加强安全生产长效机制，交通运输部于 2013 年 2 月 7 日印发了交通运输系统"平安交通"创建活动实施方案，明确了"平安交通"创建活动的指导思想、基本原则、总体目标等，并对创建活动的主题和内容作出了解释，明确了创建工作的要求。"平安交通"创建活动实施方案发布的第二年，交通运输部安全委员会印发了《2014 年"平安交通"建设工作目标任务》，对 2014 年"平安交通"创建活动的深入有序开展作出了明确说明。随后，交通运输部安全委员会于 2015 年发布了全国推进"平安交通"各项建设工作的通知，总结公路及桥梁隧道养护管理、治理货运车辆超限超载等工作，并制定了"平安公路"考核评价指标。2018 年 7 月 12 日，交通运输部办公厅印发了《平安交通三年攻坚行动方案（2018 － 2020 年）》，指明了到 2020 年全面建成小康社会阶段"平安交通"创建活动的总体要求和主要任务。

自"平安交通"创建活动开始以来，各项建设工作大力推进。根据示范性实施方案，分别从东中西部选取具有代表性的省、市、县交通运输主管部门，并在部直属单位、行业中央企业、地方交通运输企业、大型综合交通运输枢纽、工程项目中选取部分单位作为示范建设单位培养典型、总结经验。在示范性建设单位的带领下，平安公路、平安车船、平安港站、平安渡口、平安工地等建设工作扎实开展，建设取得显著成效。未来，我国还将继续建设更高水平的平安交通，贯彻总体国家安全观；深化完善交通运输安全体系；提升交通运输安全管理能力。

（二）安全生产工作全面推进

自 2014 年 8 月起，交通运输部进行安全生产集中整治工作，在半年内共对 10826 条隧道进行了排查，查出隐患隧道 3568 道，完成整治 2035 道，占总数的 57%。高速公路隧道机电和附属设施方面的问题已基本修复。全国共检查在建公路项目 5200 余个，查出现场施工隐患 13822 个，安全管理问题 4606 个，下发整改意见书 1341 份，通报和挂牌督办 786 家从业单位。客运方面，全部停止审批新的 800 公里以上长途客运线路和卧铺客车，对已有 800 公里以上的线路开展了安全风险评估。危险货物运输方面，查出全国"两客一危"车辆 79.38 万辆，入网 65.67 万辆，入网率 82.73%[1]。

除进行安全生产集中整治工作外，新时代交通运输安全生产工作牢固树立"生命至上、安全第一"理念，坚持人民利益至上，牢固树立红线和底线意识，从细从严从实抓好安全生产工作。在该时期不断完善和落实安全生产责任与管理制度，严格落实"党政同责、一岗双责、失职追责"的

---

[1] 《中国交通发展综合报告》编委会：《中国交通发展综合报告（2015）》，中国铁道出版社有限公司 2015 年版。

责任制度；持续推进"安全生产标准化、安全管理信息化"建设，探索实施安全生产风险管理，及时排查化解安全隐患；扎实推进安全生产基础设施设备建设，加强安全教育培训，筑牢基层基础，强化预防治本；继续推进"平安交通"建设示范、安全生产风险管理试点和平安交通科技创新示范区，提升交通运输安全发展水平。除此之外，根据各年度安全生产特点的不同，交通运输部于2016年全面推进了交通运输安全体系建设，持续开展"6+1"平安交通专项行动、"安全生产月"和"道路运输平安年"以及危险货物港口作业安全治理等活动。2018年地方机关开展金沙江堰塞湖灾毁公路应急抢通及灾后重建专项行动、提升公路桥梁安全防护和连续长陡下坡路段安全通行能力专项行动、营运客运汽车安全监控及防护装置整治专项行动、营运客车和货车驾驶员安全文明驾驶教育培训专项行动、文明交通文明出行宣传教育专项行动，积极推进城市轨道交通运营管理体系建设。

三、标准规范建设日臻完善

标准规范建设包含多个方面，从整个标准化体系来说，其内容包括政策制度体系、技术标准体系、标准国际化体系、实施监督体系和支持保障体系五个方面，这五个方面全面覆盖了交通运输各领域标准化工作的全部过程。2012~2020年，为促进各种交通运输方式标准化工作协调衔接和融合发展，交通运输部发布了《交通运输标准化体系》与《交通运输标准化"十三五"发展规划》，从宏观层面把控今后一段时间整个交通运输业的标准化政策制度建设、标准制修订、标准国际化活动、标准实施监督以及支持保障工作。《交通运输标准化体系》与《交通运输标准化"十三五"发展规划》的发布对于实现交通运输治理体系和治理能力现代化、构建现代综合交通运输体系、推动交通运输行业转型发展、提质增效，具有重要意义。

在公路工程方面，对原《公路工程标准体系》进行了更新，形成了新的《公路工程标准体系》。新体系立足于公路交通发展实际，对原体系进行了全面调整，以符合公路"建、管、养、运"协调发展的总体思路。同时在公路工程技术方面，交通运输部于 2014 年 9 月 30 日发布了《公路工程技术标准》（以下简称"新标准"）以适应公路建设的快速发展，满足今后一个时期我国公路建设和管理的需要。"新标准"主要在 12 个方面进行了修订和完善，对理念、服务水平、技术要求等多个方面进行了修正。标准修订是对实际工程经验的高度总结，与国外代表性国家的标准对比来看，"新标准"技术指标的确定充分考虑了与我国国情、经济社会发展阶段、土地资源现状和建设条件的适应和协调，整体特点是安全、实用、经济，在国际标准体系中属于技术先进、特色突出的公路工程建设标准。同时，为贯彻落实《交通强国建设纲要》，进一步推进公路工程标准化工作，规范公路工程标准管理，交通运输部于 2020 年 5 月 27 日制定了《公路工程建设标准管理办法》，对整个公路工程建设的标准作了总体上的规划布局，并将公路工程建设标准分为强制性标准和推荐性标准。《公路工程建设标准管理办法》的发布为进一步规范交通运输标准化工作、提升产品和服务质量、促进交通运输行业高质量发展提供了切实可行的办法。

四、信用体系建设日益加强

我国之前的信用体系建设主要从市场和企业两个方面进行规划管理，交通部于 2006 年和 2009 年分别发布了《关于建立公路建设市场信用体系的指导意见》和《公路建设市场信用信息管理办法（试行）》，并组织开发了全国公路建设市场信用信息管理系统，以加强公路建设市场管理，维护统一开放、竞争有序的市场秩序。企业方面的信用管理主要体现在交通运输部分别于 2009 年和 2013 年发布的《公路施工企业信用评价规则》和《公路设计企业信用评价规则（试行）》，其中明确了施工企业和设计企业的信用评价规则、评价程序等，以加强对公路企业的管理。

新时代我国对信用体系建设有了更加全面、系统的把握。为贯彻落实国务院《社会信用体系建设规划纲要（2014—2020 年）》和中央文明委《关于推进诚信建设制度化的意见》精神，切实加强交通运输行业信用体系建设，推动交通运输科学发展，交通运输部于 2015 年 5 月 12 日制定了《关于加强交通运输行业信用体系建设的若干意见》。并于同年12 月印发《交通运输行业信用体系建设重点工作方案》，强调了交通运输信用体系建设中的工作目标、重点任务、工作步骤和工作要求。并于2016 年 3 月 9 日决定成立交通运输部信用体系建设领导小组，以加快交通运输行业信用体系建设。领导小组的主要任务为：第一，贯彻落实党中央、国务院有关信用体系建设精神和社会信用体系建设部际联席会议办公室的工作部署。第二，负责行业信用体系建设工作的顶层设计、统筹协调、整体推进。第三，研究行业信用体系建设重大问题。第四，指导、督促、检查行业信用体系建设的组织落实。第五，指导行业信用文化建设。

除此之外，自 2018 年起，交通运输部每年发布《交通运输信用体系建设工作要点》，以表明新的阶段对于交通运输信用体系的建设要求。2018 年和 2019 年信用体系建设的要点为：第一，加快推进信用数据归集共享公开及实际应用，充分发挥全国交通运输信用信息平台的"总枢纽"作用。第二，加强信用法规制度和标准规范建设，加强行业信用评价工作。第三，加强守信联合激励和失信联合惩戒，进一步推进信用治理工作。第四，推动社会多方参与行业治理，鼓励支持第三方信用服务机构和行业协会参与信用考核评价，加强信用服务商品创新。在有关规定的范围内推广使用信用信息和信用产品。第五，加强诚信教育和诚信文化建设。第六，推动交通运输政务诚信建设。第七，持续推动"信用交通省"建设，推动、鼓励各地开展创建工作，交通运输部门加强统筹指导、推动落实，打造"信用交通省"城市范例。第八，加强信用体系建设工作合力。从信用体系建设要点中可以看出新时代信用体系的建设涵盖范围更广，包含了制度、基础建设、信息应用、创新试点、宣传教育和诚信文化等各项工作。

第七节　多项重大工程建设运营，
国之重器彰显大国风范

一、建 设 概 况

（一）服务国家"三大战略"，建设交通运输强国

优化经济发展空间布局，是经济进入新常态后的一项重要任务。对交通运输工作而言，就是要服务好国家战略。我国现阶段实现的国家战略最重要的就是"一带一路"、京津冀协同发展、长江经济带"三大战略"。要充分认识"三大战略"在国家经济发展全局和全面对外开放新格局中的重要地位，牢牢把握"三大战略"带来的新的增长点和新的发展机遇，超前

谋划，统筹推进，实化抓手，细化措施，做到规划落地，项目、政策、资金要"三个跟上"，充分发挥好交通运输在支撑"三大战略"中的先导性作用。而公路作为一种重要的交通运输方式，必将在我国"三大战略"的实施过程中发挥重要作用。

2014 年，交通运输部会同国家发展改革委编制了《京津冀协同发展交通一体化规划》和交通一体化率先突破方案。京昆高速公路京冀段建成，位于京津冀交界处的北京新机场工程正式开工，一批示范性强、作用显著的重大公路交通项目加快推进。交通运输部还发布了《国务院关于依托黄金水道推动长江经济带发展的指导意见》和《长江经济带综合立体交通走廊规划（2014—2020 年)》，根据规划，到 2020 年，我国将建成横贯东西、沟通南北、通江达海、便捷高效的长江经济带综合立体交通走廊，公路建设依然是这一交通走廊的重要组成部分。

2015 年，国家发改委发布《关于当前更好发挥交通运输支撑引领经济社会发展作用的意见》（以下简称《意见》），提出将适时启动中国现代交通发展战略研究，这一战略就是"中国交通 2050"。《意见》提出，要加快实施交通重大项目，积极推进"三大战略"重大项目，加大中央预算内投资对交通基础设施，特别是"三大战略"交通重大项目建设的支持力度；提出京津冀交通一体化以及"一带一路"交通走廊、长江经济带综合立体交通走廊两大走廊。"一带一路"整体规划提出，基础设施互联互通是"一带一路"建设的优先领域。《意见》明确指出，将打造"一带一路"交通走廊，推进互联互通交通基础设施建设，依托京津冀、长江三角洲、珠江三角洲，以沿海港口为节点，构建海上丝绸之路走廊。京津冀方面，交通一体化也是该《协同发展规划纲要》的重要内容和京津冀协同发展的先行目标。京津冀一体化将建设首都地区环线高速公路，开通国家高速公路"断头路"，改造普通国道"瓶颈路段"。①

1. 共建"一带一路"，推进互联互通

2016 年 8 月，习近平总书记就推进"一带一路"建设提出八项要求，其中明确了要重点支持基础设施互联互通等战略性优先项目，并强调以基础设施互联互通等领域为抓手，实施好一批示范性项目。在基础设施互联互通方面，交通运输成为最重要的领域之一，是"一带一路"建设的先行官。交通运输部主动服务国家对外开放新格局，加快推进交通基础设施互联互通和大通道建设，积极开辟多式联运跨境交通走廊，不断提升对"一带一路"倡议的支持力度，在各方面都取得了重要进展。

（1）六大经济走廊建设成果显著。2016 年，交通运输部完成了中俄蒙《沿亚洲公路网政府间国际道路运输协定》商签工作并成功组织试运行，助力"一带一路"与俄罗斯欧亚经济联盟建设、与蒙古国"草原之路"倡议相对接；完成了《上合组织成员国政府间国际道路运输便利化协定》的生效程序；签订了《中哈俄国际道路临时过境货物运输协议》并组织开展试运行活动；推进中巴经济走廊"两大"公路建设项目正式开工，确定了后续优先项目工作安排，实现了走廊建设的可持续滚动发展；基本实现《大湄公河次区域交通发展战略规划（2006—2015）》确定的目标，初步形成了该区域九大交通走廊，推进相关国家就全面实施和修订《大湄公河次区域便利货物及人员跨境运输协定》达成了时间表和具体安排，推动该区域互联互通向纵深拓展。②

（2）各地区交通大通道建设稳步推进。云南省委省政府提出综合交通

---

① 《中国交通发展综合报告》编委会：《中国交通发展综合报告（2015 蓝皮书）》，中国铁道出版社有限公司 2015 年版。

② 刘芳奇：《服务"一带一路"参与全球治理建设交通强国》，中国交通新闻网，2017 年 1 月 19 日。

建设 5 年大会战（2016～2020 年）目标，全省所有州市通高速公路，50 万人口以上经济大县、滇中城市经济圈县县通高速公路，"七出省五出境"高速公路主骨架网基本建成，初步适应云南跨越式发展的综合交通保障需要。到 2020 年，全省公路网总规模达到 25 万公里，高速公路通车里程达到 6000 公里。2020 年，云南省人民政府办公厅印发了《云南省参与中缅经济走廊建设实施方案（2020—2030 年）》（以下简称《实施方案》），发挥区位优势，彰显云南在中缅经济走廊建设中的主体省地位，推进中缅经济走廊向纵深发展的具体行动。围绕国家有关文件精神，云南省根据实际提出了交通、能源、农业、产能与投资合作、数字丝绸之路、金融、旅游合作、生态环保、人文交流合作，以及与曼德勒、仰光地方合作机制建设等 10 个重点领域的合作事项。①

近年来，黑龙江省黑河市紧紧抓住国家"一带一路"和黑龙江省"龙江丝路带"建设的有利契机，做好做足沿边开放开发工作，全面实施对俄合作转型升级工程，贸易、能源、基础设施建设、农林合作、人文交流等重点领域合作交流不断向纵深发展，打造了一条面向东北亚地区全方位对外开放的大通道。2016 年 12 月 24 日，黑龙江（阿穆尔河）公路大桥开工建设，2019 年 5 月 31 日完成合龙，11 月 28 日，大桥中方境内工程交工。该大桥是中俄界江黑龙江上首座现代化公路大桥，建成后将形成一条新的国际公路大通道，实现中俄两个地级市直接互通互联，为"一带一路"中蒙俄经济走廊以及黑龙江丝路带建设增添重要跨境基础设施。②

内蒙古自治区交通运输厅制定了国有林区道路建设初步方案，全力推动"一带一路"建设。继续紧抓国家大力推进"一带一路"建设和自治区

---

① 《云南 2020 年底全省高速公路通车里程将达 6000 公里》，搜狐网，2015 年 7 月 20 日。

② 林徽东：《"一带一路"上的桥与路，你了解多少？》，中国一带一路网，2020 年 6 月 19 日。

"向北开放"建设充满活力的沿边经济带的机遇，积极发挥内蒙古自治区向外联通俄蒙的地缘优势，加快推进中蒙俄国际道路运输大通道建设，发挥在"一带一路"建设中先行官作用。2016 年底已经建成绥满高速海拉尔至经棚段等 6 条高速公路、扎兰屯至金边壕等 7 条与东北三省联通的一级通道以及海拉尔至满洲里等与俄蒙联通的特一级公路。2019 年，中蒙俄三方代表团和联合国亚太经社会代表在内蒙古自治区满洲里市举行了《关于沿亚洲公路网国际道路运输政府间协定》（以下简称《协定》）联委会第一次会议，推动"一带一路"倡议与蒙古国"发展之路"计划和俄罗斯"欧亚经济联盟"计划对接，支撑中蒙俄经济走廊建设，宣布中蒙俄国际道路运输正式启动。①

中国—中东欧国家合作框架下首个落地的基础设施项目，也是中国企业在欧洲承建的第一条高速公路——塞尔维亚 E763 高速公路（见图 4 - 5），全长约 300 公里，连接塞尔维亚首都贝尔格莱德至黑山共和国边境城市比耶洛波列，是泛欧 11 号走廊的重要组成部分。2019 年 8 月 18 日，这一项目正式完工。该项目的建成通车，是中塞双方通力合作的结晶，也必将成为中塞传统友谊的新象征。

（3）筹建"一带一路"公路交通联盟。2016 年 10 月，为积极策应"一带一路"建设，中国科协就已正式批准中国公路学会组织筹建"一带一路"交通联盟。就国内而言，联盟的成立将积极服务"一带一路"建设，促进国内外交通运输（特别是公路）技术创新、融合与发展，促进国内外交通科技成果的传播、转化与推广，发挥引领作用，增强中国交通运输行业的国际地位与话语权。就国际而言，联盟将形成与"一带一路"沿

---

① 《中国交通发展综合报告》编委会：《中国交通发展综合报告（2017）》，中国铁道出版社有限公司 2017 年版。

图 4 - 5　塞尔维亚 E763 高速公路

资料来源：中国一带一路网。

线国家和地区交流与合作的长效机制，强化各方合作基础和共识，逐步成为各国参与的交流合作平台，有助于推动"一带一路"交通运输基础设施互联互通的实施。[①]

（4）共建"一带一路"坚定前行。2020 年，在新冠肺炎疫情冲击下，全球经济低迷，中国与"一带一路"沿线国家和地区经贸合作却未冷反热。商务部的统计数据显示，2020 年，我国与中东欧 17 国贸易额达到 1034.5 亿美元，首次突破千亿美元，增长了 8.4%。随着"一带一路"建设的深入，我国的"一带一路"朋友圈越来越大。

2. 京津冀一体化，公路建设率先突破

（1）多条高速公路互联互通。根据我国京津冀一体化发展战略，"京

[①] 《中国交通发展综合报告》编委会：《中国交通发展综合报告（2017）》，中国铁道出版社有限公司 2017 年版。

津冀一体化"发展已成大势所趋。三地连通，交通先行。根据《北京交通发展纲要（2014—2030 年)》，北京将着力打造京津冀"一环六放射二航五港"的交通一体化体系。计划到 2020 年，形成京津冀 9000 公里的高速公路网。"一环六放射"指高速路网方面的三地互通，而一环是指环绕北京的大外环绕城公路，含张涿高速、张承高速、承平高速、密涿高速、廊涿高速等，规划总里程约 940 公里，经过河北省境内约 850 公里，大部分路段位于河北省境内。按照规划，北京大外环高速将争取于 2015 年、最迟 2016 年全部建成通车，届时京冀交通一体化进程将全面提速。

京津冀已有多条高速公路互联互通，其中河北与北京已有 6 条高速公路接口，与天津有 9 条高速公路接口，天津有津蓟、京津、京津塘、京哈 4 条高速公路与北京相连。京台、京新、京秦及首都大外环等高速公路项目正在加快推进。京昆高速北京段和河北段已经竣工通车，京港澳高速河北段完成了 8 车道拓宽改造，国道 111 线北京怀柔—河北承德段一级公路也已全线通车，这三大通道将切实加强京津冀间的交通联系。但从国家规划路网的落实情况来看，在河北和北京之间仍存在不少的"断头路"。相关部委此前已经同京、冀两地区多次协调沟通，共同推进"断头路"建设。①

2020 年，京津冀区域交通基础设施规划、建设、运营将实现同步，京、津、石间均有 3 条高速路线连接，环京津周边县（市、区）与京津间至少有一条一级公路连接，与京津公路、高速公路对接口分别达 12 个和 15 个，普通干线公路均达 32 条。②

（2）公路助力"3 小时交通圈"建设。大津将进一步加快与京津冀对

---

① 资料来源：《北京交通发展纲要（2014—2030 年)》。

② 刘伟：《到 2020 年环京津地区交通将率先实现全面对接》，长城网，2014 年 2 月 18 日。

接公路网建设。到 2020 年，天津市通过高速公路，将实现中心城区 1 小时内到达北京，3 小时内到达河北省主要城市，天津市各区县至少有一条高速公路和一条一级公路通往周边相邻县市。据悉，京津之间将形成 3 条高速主通道（京津高速、京津塘高速、京台—京沪—津晋高速），同时，各区县均将有高速公路直达北京，津冀之间将实现全方向多通道紧密联系。①

河北省计划以北京为中心，建成"六个方向"的经济大通道，即京秦、京廊沧、京衡、京石、京张、京承大通道，服务区域经济大局，带动沿线地区发展。

河北省还将围绕北京城市功能疏解，使河北成为北京产业转移的首选地，逐步形成京津与环京津市县城际快速直达客运体系。推进旅客运输的"零距离换乘"和货物运输的"无缝衔接"，完成河北省首都经济圈 7 个国家公路运输枢纽和 4 个中心城市公路运输枢纽建设。②

北京 2015 年有多条高速路与河北同期开工建设。"京石二通道，实际上是所谓的京昆高速，今年力争通车；国道 111 去往河北丰宁方向今年也要力争开通。"通车后，北京正南方向就有京石高速公路、京昆高速公路两条高速通道；以天津方向作为主轴，已有京津唐和京津两条高速路辐射。北京、天津、河北也准备同期开建京台高速。

按照规划，到 2020 年，三地客运将形成 1 小时交通圈，环京津地区各城市与北京、天津之间 1 小时通达，主要相邻城市间 1 小时通达；货运形成 12 小时通达圈，环京津地区货流实现 12 小时送达各市县级节点，京津与环京津地区货流实现 6 小时送达市县级节点。③

---

① 张清：《京津冀将打造 3 小时公路圈天津中心城区 1 小时内到达北京》，天津网，2014 年 4 月 30 日。

② 侯哲：《京津冀一体化：三地连通交通先行》，华夏经纬网，2014 年 5 月 30 日。

③ 郭超：《京津冀交通规划正在编制 将形成 3 小时公路交通圈》，载《新京报》2014 年 4 月 9 日。

3. 助力长江经济带发展，公路运输立体化

2014 年国务院印发了《关于依托黄金水道推动长江经济带发展的指导意见》（以下简称《意见》），部署将长江经济带建设成具有全球影响力的内河经济带、东中西互动合作的协调发展带、沿海沿江沿边全面推进的对内对外开放带和生态文明建设的先行示范带。随《意见》一并印发了《长江经济带综合立体交通走廊规划（2014–2020 年)》（以下简称《规划》），提出按照全面建成小康社会的总体部署和推动长江经济带发展的战略要求，加快打造长江黄金水道，扩大交通网络规模，优化交通运输结构，强化各种运输方式衔接，提升综合运输能力，到 2020 年，建成横贯东西、沟通南北、通江达海、便捷高效的长江经济带综合立体交通走廊。

实现长江经济带发展的战略要求，需要率先建成网络化、标准化、智能化的综合立体交通走廊。在公路方面，以上海至成都、上海至重庆、上海至昆明等横贯东西的国家高速公路为重点，建成了连通重点经济区、中心城市、主要港口和重要边境口岸的高速公路网络。形成以沪蓉、沪渝、沪昆、杭瑞高速公路为骨架的国家高速公路网和覆盖所有县城的普通国道网，实现具备条件的乡镇、建制村通沥青（水泥）路；形成以快速铁路、高速公路等为骨干的城际交通网，建成中心城市之间以及中心城市与周边城市之间 1 ~ 2 小时交通圈。[1]

《规划》明确了优化公路运输网络。积极推进国家高速公路建设。以上海至成都、上海至重庆、上海至昆明、杭州至瑞丽等国家高速公路为重点，统筹推进高速公路建设，消除省际间"断头路"，尽快形成连通 20 万人口以上城市、地级行政中心、重点经济区、主要港口和重要边境口岸的高速公路网络。在科学论证和规的划基础上，建设必要的地方高速公路，

---

[1] 《长江经济带将建综合立体交通走廊》，中央政府门户网站，2014 年 9 月 26 日。

作为国家高速公路网的延伸和补充。

加大普通国省道改造力度。加快普通国道建设，消除瓶颈路段制约，提高技术等级和安全水平，使东中部地区普通国道二级及以上公路比重达到90%以上，西部地区普通国道二级及以上公路比重达到70%以上。配套完善道路安全防护设施和交通管理设施设备。加强省际通道和连接重要口岸、旅游景区、矿产资源基地等的公路建设，实现主要港口、民航机场、铁路枢纽、重要边境口岸、省级以上工业园区基本通二级及以上公路。

加强集疏运体系建设。以航运中心和主要港口为重点，加快铁路、高等级公路等与重要港区的连接线建设，强化集疏运服务功能，提升货物中转能力和效率，有效解决"最后一公里"问题。增强长江干线过江能力。统筹规划、合理布局过江通道，做好隧道桥梁方案比选、洪水影响评价等论证工作，充分利用江上和水下空间，着力推进铁路、公路、城市交通合并过江，节约集约利用土地和岸线资源。

建设国际运输通道。建设孟中印缅通道、中老泰通道和中越通道，加快基础设施互联互通；推进昆明至缅甸铁路、公路和油气管道建设，形成至南亚的国际运输通道。推进昆明至越南、老挝的铁路和公路建设，形成至东南亚的国际运输通道。

以快速铁路和高速公路为骨干，以国省干线公路为补充，建设长江三角洲、长江中游、成渝、滇中和黔中城市群城际交通网络，实现城市群内中心城市之间、中心城市与周边城市之间的快速通达，完善城市公共交通和乡村交通网络，促进新型城镇化有序发展。①

2020年构建长江经济带综合立体交通走廊取得阶段性成果。世界首座

---

① 《长江经济带综合立体交通走廊规划（2014—2020年）》，载《中国水运》2014年第10期，第21~25页。

突破千米级的公铁两用斜拉桥——常泰长江大桥主航道桥主塔首节钢沉井成功就位。国内在建最长湖底隧道——苏锡常南部高速公路太湖隧道 2020 年顺利完成首次"回水"。苏锡常南部高速公路计划于 2021 年底全线通车，项目建成后将在沪宁间新增一条高速通道。① 江苏省至 2020 年过江通道达 17 座，至 2035 年，将形成功能完善、安全可靠的过江通道系统，长江两岸相邻县级节点基本实现直连快通。②

（二）多项国家重点交通工程项目建设取得重大进展

2017 年 7 月 15 日，京（北京）新（新疆维吾尔自治区）高速公路实现全线通车。京新高速公路是我国高速公路网规划的第七条放射线，编号为 G7，是亚洲投资最大的单体公路建设项目，也是"一带一路"标志性工程，总里程约 2768 公里。因横跨北京、河北、山西、内蒙古、甘肃、新疆 6 省（区、市），被誉为"神奇的中国 7 号天路""世界上最长的沙漠公路"。该公路中 500 公里是无人区，要穿越沙漠戈壁、穿越各种艰苦地形，修建难度极大，施工环境异常恶劣，是继青藏铁路后又一具有典型艰苦地域特点的代表性工程，为了确保按期完工，由中国交建、中国中铁、中国建筑三家央企的数万建设者分段陆续完成。京新高速全线贯通后，从北京通往新疆乌鲁木齐的路程将比现有路程缩短 1300 多公里。该高速将开辟从新疆霍尔果斯口岸至天津港的最快捷出海通道，成为"一带一路"建设中新亚欧大陆桥的重要组成部分。这条路在内蒙古自治区、甘肃、新疆维吾尔自治区北部开辟了一条东西向的新的大通道，是北京连接内蒙古自治区西北部、

---

① 《江苏构建长江经济带综合立体交通走廊成果丰硕》，人民网，2020 年 1 月 22 日。
② 江苏省交通运输厅：《江苏省长江经济带综合立体交通运输走廊规划（2018—2035 年）》，2018 年 10 月 10 日。

甘肃北部和新疆维吾尔自治区最为便捷的公路通道，将进一步加强我国北方地区东、中、西部的联系，更好地服务于"一带一路"倡议和西部大开发战略，促进沿线地区经济社会协调发展和民族团结。[①]

2020 年 10 月 1 日，我国首座跨海公铁两用桥——平潭海峡公铁两用大桥公路面世通车，距离大桥正式开通运营又近了一步。平潭海峡公铁两用大桥起于福建省福州市长乐区松下镇，全长 16.34 公里，大桥总共分为两层，上层属于公路部分，下层属于双线 I 级铁路。大桥所处的福建平潭海峡是与百慕大、好望角齐名的世界三大风口海域，被称为"建桥禁区"。即将完工的这座桥是一座创新型的世界级桥梁，设计荷载承受了两线铁路和六线高速公路，是目前世界上海峡公铁两用大桥中最重的荷载。预计年底正式通车，通车后，福州与平潭将形成半小时"生活圈"和"经济圈"。

2020 年 10 月 1 日，G6 京藏高速公路羊八井至拉萨段正式通车试运行，并对社会小型车辆和经审批的特种车辆免费开放。G6 京藏高速公路是交通运输部和西藏自治区"十三五"公路发展规划中的重点项目，羊八井至拉萨段全长 68 公里，路面双向四车道，设计时速为 100 公里。

被誉为"京唐铁路连续梁第一跨"的潮白新河特大桥跨越潮阳东路、导流河连续梁，于 2020 年 10 月 1 日凌晨顺利合龙。京唐铁路是服务于环渤海及京津冀地区的一条具有重要意义的城际高速铁路，起点位于北京站，终点位于河北省唐山市唐山站，线路长 148.74 公里。潮白新河特大桥全长 290.9 米，是京唐铁路全线跨度最大、混凝土方量最大、节段最多的连续梁。工程建设施工方——中铁二十四局集团京唐铁路五标项目部项目经理曹金胜表示，该连续梁的合龙为年底全部完成标段桥梁架设、全面展

---

① 《中国交通发展综合报告》编委会：《中国交通发展综合报告（2018）》，中国铁道出版社有限公司 2018 年版。

开无砟轨道施工奠定了坚实基础。①

2020 年，京雄高速公路（北京段）工程可行性研究报告正式获北京市发展改革委批复。作为直接连通北京和雄安新区的交通干道，京雄高速公路全长约 100 公里，其中京雄高速公路（北京段）长约 27 公里，北起南五环路，南至京冀界，与京雄高速公路（河北段）相接，途经北京市丰台区、大兴区、房山区。项目建成后，北京到雄安新区将实现 1 小时通达。此外，该项目还将与大兴国际机场北线高速、首都地区环线高速等共同形成多节点、网络化的京津冀高速公路网，进一步推动京津冀交通一体化发展。

二、港珠澳大桥

2017 年 7 月 7 日，港珠澳大桥海底隧道贯通，港珠澳大桥是在"一国两制"框架下、粤港澳三地首次合作建设的超大型跨海交通工程。这是国内首条外海沉管隧道，也是当今世界上最长、埋深最深、综合技术难度最高的沉管隧道。这意味着港珠澳大桥海中桥隧主体贯通。港珠澳大桥全长 55 公里，是连接香港、珠海和澳门的超大型跨海通道，包括海中桥隧主体工程，以及香港、珠海、澳门三地口岸和连接线。大桥建成后，往来珠海与香港国际机场时间将由 4 小时缩减至约 30 分钟，并将珠三角西部纳入香港 3 小时车程范围内。珠三角将形成世界瞩目的超级城市群。港珠澳大桥从动工建设到海中桥隧主体贯通，八年间攻克了一个又一个难关。港珠澳大桥是中国建设史上历程最长、投资最多、施工难度最大的跨海桥梁，被业界誉为桥梁界的"珠穆朗玛峰"。

2018 年 10 月 23 日，习近平总书记亲自宣布港珠澳大桥开通并巡览大

---

① 《一批国家重点交通工程项目建设取得重大进展》，搜狐网，2020 年 10 月 1 日。

桥。在开通仪式上，习近平总书记强调："港珠澳大桥的建设创下多项世界之最，非常了不起，体现了一个国家逢山开路、遇水架桥的奋斗精神，体现了我国综合国力、自主创新能力，体现了勇创世界一流的民族志气。这是一座圆梦桥、同心桥、自信桥、复兴桥。大桥建成通车，进一步坚定了我们对中国特色社会主义的道路自信、理论自信、制度自信、文化自信，充分说明社会主义是干出来的，新时代也是干出来的！对港珠澳大桥这样的重大工程，既要高质量建设好，全力打造精品工程、样板工程、平安工程、廉洁工程，又要用好管好大桥，为粤港澳大湾区建设发挥重要作用。"[1]

港珠澳大桥学习借鉴国内外先进技术，消化吸收再创造，力求集世界之大成。面对技术空白，我国自主研发出大直径深插钢圆筒快速成岛技术、"半刚性"沉管新结构、复合地基处理、深水深槽沉管安装施工等多项核心技术，克服了隧道处理与沉降控制、隧道管节沉放对接等多项世界级难题。坚持以供给侧结构性改革为主线，坚持深化市场化改革，扩大高水平开放，坚定自主创新的信心和骨气，加快增强自主创新能力和实力，在关键领域、核心技术上大胆创新、大胆突破，不断发挥聪明才智，克服技术难题，推动经济发展质量变革、效率变革、动力变革，显著增强了我国经济质量优势。[2]

港珠澳大桥打破了海上桥梁工程极限，打破了国内通常的"百年惯例"，制定了120年的设计标准。为达到当今世界最高的建设标准，在新技术、新工艺、新材料、新设备等方面积极开展科技攻关，确定了国际一流的工程混凝土耐久性设计指标、建设了全球第一条智能化钢箱梁板单元

---

①② 广东省交通运输厅：《开通一周年！港珠澳大桥车流量突破 150 万车次》，中华人民共和国交通运输部网站，2019 年 10 月 24 日。

生产线、研制了"GMA 浇筑式沥青"技术、打造了集成创新的交通工程系统等一系列探索创新，使我国路桥建设技术和能力达到世界领先水平。弘扬勇创世界一流的民族志气，敢想敢干、敢为人先、敢于碰硬，瞄准科技前沿、产业前沿，不断破解发展难题、闯出发展新路。通过补短板、挖潜力、增优势，促进要素高效流动和资源优化配置，推动产业链再造和价值链提升，勇于攻坚克难、追求卓越、赢得胜利，抢占科技竞争和未来发展制高点。

港珠澳大桥建成开通，有利于三地人员交流和经贸往来，有利于促进粤港澳大湾区发展，有利于提升珠三角地区综合竞争力，对于支持香港、澳门融入国家发展大局、全面推进内地、香港、澳门互利合作具有重大意义。要坚持以人民为中心的发展思想，在一流桥梁、一流口岸的基础上提供一流运营服务，将港珠澳大桥打造成为联结粤港澳三地的"民心桥"。要进一步简化审批流程、缩短通关时间，将港珠澳大桥打造成为香港、澳门和内地协同创新、融合发展的纽带。要把工程建设关键技术转化为行业标准和规范，将港珠澳大桥打造成为中国桥梁"走出去"的靓丽名片。①

港珠澳大桥正式通车以来，其主体工程、三地连接线和口岸设施运营管理力量配置科学，各项设施设备运转良好，工作机制持续完善，服务质量稳步提高，有效保障了旅客和车辆经大桥顺利来往粤港澳三地。

截至 2019 年 10 月 23 日，经港珠澳大桥往来三地口岸的旅客总数共计2443.45 万人次，日均约 6.69 万人次，已超出预测客运量（预测大桥开通初期客运量约 4.8 万人次/日），最高日客流量约 17.56 万人次。大桥珠海、

---

① 中国交通新闻网：《习近平出席开通仪式并宣布港珠澳大桥正式开通 韩正出席仪式并致辞》，中华人民共和国交通运输部网站，2018 年 10 月 24 日。

香港和澳门三个口岸出入境旅客共计 4886.91 万人次，其中珠海口岸出入境旅客约 1418.14 万人次，占 29%；香港口岸出入境旅客约 2140 万人次，占 44%；澳门口岸出入境旅客约 1328.77 万人次，占 27%。[①]

港珠澳大桥收费站总车流达 153.72 万车次，日均约 4212 车次。通行车辆以客车为主，其中穿梭巴士和小客车占比较大，分别为 31.16% 和 48.05%。东、西行车流基本平衡，周末、节假日高峰特征明显，每日通行高峰主要集中在 10～12 时、17～19 时，单日最高峰为 2019 年 4 月 19 日（香港复活节假期第一天），车流量达 7106 车次。[②]

截至 2019 年 9 月底，累计 21.58 万吨、价值 84.45 亿美元货物经港珠澳大桥进出口，范围覆盖 26 个省、自治区、直辖市的 152 个收发货地，其中珠江口西岸城市货物货值占九成以上。[③]

第八节 "交通强国"战略方兴未艾，高质量基建引领新时代发展

一、发 展 目 标

中共中央、国务院印发的《交通强国建设纲要》中提到，到 2020 年，完成决胜全面建成小康社会交通建设任务和"十三五"现代综合交通运输

---

①② 资料来源：广东省交通运输厅公开数据。

③ 《交通运输部 国务院国资委 中华全国总工会关于开展向港珠澳大桥建设者学习的决定》，中华人民共和国交通运输部网站，2019 年 2 月 11 日。

体系发展规划各项任务，为交通强国建设奠定坚实基础。

从2021年到21世纪中叶，分两个阶段推进交通强国建设。2021年到2035年，基本建成交通强国。现代化综合交通体系基本形成，人民满意度明显提高，支撑国家现代化建设能力显著增强；拥有发达的快速网、完善的干线网、广泛的基础网，城乡区域交通协调发展达到新高度；基本形成"全国123出行交通圈"（都市区1小时通勤、城市群2小时通达、全国主要城市3小时覆盖）和"全球123快货物流圈"（国内1天送达、周边国家2天送达、全球主要城市3天送达），旅客联程运输便捷顺畅，货物多式联运高效经济；智能、平安、绿色、共享交通发展水平明显提高，城市交通拥堵基本缓解，无障碍出行服务体系基本完善；交通科技创新体系基本建成，交通关键装备先进安全，人才队伍精良，市场环境优良；基本实现交通治理体系和治理能力现代化；交通国际竞争力和影响力显著提升。2035年到21世纪中叶，全面建成人民满意、保障有力、世界前列的交通强国。基础设施规模质量、技术装备、科技创新能力、智能化与绿色化水平位居世界前列，交通安全水平、治理能力、文明程度、国际竞争力及影响力达到国际先进水平，全面服务和保障社会主义现代化强国建设，人民享有美好交通服务。①

二、建设规划

基础设施布局完善、立体互联。建设现代化高质量综合立体交通网络，要以国家发展规划为依据，发挥国土空间规划的指导和约束作用，统筹铁路、公路、水运、民航、管道、邮政等基础设施规划建设，以多中

---

① 《中共中央　国务院印发〈交通强国建设纲要〉》，新华网，2019年9月19日。

心、网络化为主形态，完善多层次网络布局，优化存量资源配置，扩大优质增量供给，实现立体互联，增强系统弹性。强化西部地区补短板，推进东北地区提质改造，推动中部地区大通道大枢纽建设，加速东部地区优化升级，形成区域交通协调发展新格局。

构建便捷顺畅的城市（群）交通网。建设城市群一体化交通网，推进干线铁路、城际铁路、市域（郊）铁路、城市轨道交通融合发展，完善城市群快速公路网络，加强公路与城市道路衔接。尊重城市发展规律，立足促进城市的整体性、系统性、生长性，统筹安排城市功能和用地布局，科学制定和实施城市综合交通体系规划。推进城市公共交通设施建设，强化城市轨道交通与其他交通方式衔接，完善快速路、主次干路、支路级配和结构合理的城市道路网，打通道路微循环，提高道路通达性，完善城市步行和非机动车交通系统，提升步行、自行车等出行品质，完善无障碍设施。科学规划建设城市停车设施，加强充电、加氢、加气和公交站点等设施建设，全面提升城市交通基础设施智能化水平。

形成广覆盖的农村交通基础设施网。全面推进"四好农村路"建设，加快实施通村组硬化路建设，建立规范化可持续管护机制。促进交通建设与农村地区资源开发、产业发展有机融合，加强特色农产品优势区与旅游资源富集区交通建设。大力推进革命老区、民族地区、边疆地区、贫困地区、垦区林区交通发展，实现以交通便利带动脱贫减贫，深度贫困地区交通建设项目尽量向进村入户倾斜。推动资源丰富和人口相对密集贫困地区开发铁路建设，在有条件的地区推进具备旅游、农业作业、应急救援等功能的通用机场建设，加强农村邮政等基础设施建设。

构筑多层级、一体化的综合交通枢纽体系。依托京津冀、长三角、粤港澳大湾区等世界级城市群，打造具有全球竞争力的国际海港枢纽、航空枢纽和邮政快递核心枢纽，建设一批全国性、区域性交通枢纽，推进综合交通枢纽一体化规划建设，提高换乘换装水平，完善集疏运体系，大力发展枢纽经济。

三、建 设 意 义

综合交通运输体系是现代交通运输业的重要标志。随着我国工业化、新型城镇化水平不断提高，对交通运输的质量、效率、成本等方面要求越来越高，迫切需要发展综合交通运输来提升运输体系的整体效能。从发展实际看，当前我国综合交通运输体系建设虽然取得了长足进展，但各种运输方式融合不深、衔接不畅、协同不够的问题依然存在，必须下大力气促进各种运输方式一体化融合发展。

习近平总书记强调，综合交通运输进入了新的发展阶段，各种运输方式都要融合发展，要调整运输结构，加快形成安全、便捷、高效、绿色、经济的综合交通体系。这为加快构建现代化综合交通体系提供了科学指引。安全是交通运输发展的永恒主题，是综合交通运输发展的本质要求和基本前提。便捷是交通运输不断满足人民群众出行需要的内在要求，必须不断提高综合交通供给能力和质量。高效是对提高综合交通供给效率的要求，要充分发挥各种运输方式的比较优势和组合效率。绿色是对促进交通与自然和谐共生的要求，要加强节能减排和生态环境保护。经济是对交通运输投入产出比率的要求，也是综合交通运输保持竞争力的优势所在。[①]

铁路、公路、水运、民航、管道、邮政等各种运输方式具有不同的技术经济特征，只有各展其长，才能发挥好比较优势。加快建设交通强

---

① 中共交通运输部党组：《加快建设交通强国》，求是网，2020 年 2 月 1 日。

国，必须按照高质量发展要求，推动各种运输方式平衡协调发展，着力提高交通运输发展的质量效益。建设交通强国的重点是优化运输结构，推进中长距离大宗货物运输向铁路和水运有序转移，发挥公路货运"门到门""户对户"优势，完善航空物流网络，加快构建宜水则水、宜陆则陆、宜空则空的综合交通运输体系，发挥整体最大优势，提高综合效能。

综合交通运输不是各种运输方式的简单叠加，而是不同运输方式的深度融合和系统集成。实现由各种交通方式相对独立发展向更加注重一体化融合发展转变，是建设现代化综合交通体系的方向和路径。为此，要紧紧围绕建设现代化综合交通体系这个发展任务，统筹制定交通发展战略、规划和政策，强化规划协同，实现"多规合一""多规融合"，不断健全适应综合交通一体化发展的体制机制，加快建设现代化高质量综合立体交通网络，构筑多层级、一体化的综合交通枢纽体系，推动旅客联程运输和货物多式联运发展。[1]

我国公路交通正处于扩大规模、提高质量的快速发展时期。但是，由于基础十分薄弱，我国公路建设总体上与发达国家的先进水平相比还有一定差距，运输服务水平亟待提升。随着建设投入的不断增加和科技水平的不断进步，未来我国公路交通设施将向体系化、网络化不断演进，管理水平、服务水平也将得到较大幅度的提升。

（1）单一运输逐步向换乘便捷、换装高效的综合运输体系转变。

未来，我国将统筹各种运输方式发展，加快综合运输体系建设，强化基础设施优化衔接，优化综合运输基础设施网络布局，加快综合运输枢纽

---

① 米建伟：《我国公路交通发展存在的主要问题及发展趋势》，国家信息中心网站，2014 年 5 月 27 日。

建设，发挥综合运输的整体优势。重点是加强高速公路与运输枢纽、运输枢纽之间通道的规划衔接；加强城际轨道与客运枢纽规划衔接，推进城际轨道交通与城市轨道、城市公共交通系统的衔接；以高速铁路、轨道交通等建设为契机，重点建设一批集多种运输方式于一体的综合客运枢纽。

（2）公路里程持续增加，逐步形成通达的公路交通网络。

按照中央提出的"适度超前"的要求，交通运输仍处于大建设、大发展的关键时期，未来若干年，我国将继续推进国家高速公路建设，加快高速公路网剩余路段、瓶颈路段的建设，基本完成国家高速公路网，逐步形成横连东西、纵贯南北高速公路网；积极推进国家公路网规划中的国家高速公路新增路线建设；支持纳入国家区域发展规划、对加强省际、区域和城际联系具有重要意义的高速公路建设；继续完善疏港高速公路和大中城市绕城高速公路等建设。国省道改造仍是重点，要加大国省道改造力度，提升技术等级，重点提高国省道二级及以上公路比例，加快实施县通二级公路建设。农村公路建设、口岸公路等专项建设步伐不断加快，推进农村公路建设，为广大农村地区提供更完善的公共交通服务成为未来公路建设的一个重要内容。

此外，为响应国家尽快形成对外开放格局，应推动口岸公路建设，构建国际大通道，支持亚洲公路网、上海合作组织、东盟区域合作以及中俄地区合作规划等涉及的口岸公路建设，使通往国家重要陆路口岸的公路基本实现高等级化。

（3）车辆逐步向专业化、标准化、清洁化方向发展，运输组织模式进一步优化，运输服务水平不断提升。

未来我国将进一步引导营运车辆向专业化、标准化、清洁化方向发展。鼓励发展大中型高档客车，在创新运输组织模式方面，鼓励企业间广泛开展协作与联营，引导运输市场向市场主体集约化和运输经营网络化方向发展。新能源汽车作为公路交通发展的一个重要方向，城市公交、出租汽车和城市物流是新能源汽车推广的重要领域，未来必将成为引导公路交通进一步发展的强大动力。

（4）融资需求越来越大，需积极拓展融资渠道、加强资金保障。

随着高速公路越来越多地向偏远地区和山区发展，复杂的地质条件、桥隧比例上升、运输成本增加等将更加导致建设成本不断提高。高速公路建设成本的不断攀升导致建设资金需求越来越大。为保障我国公路建设的顺利开展，必须积极拓展融资渠道，利用好金融市场，继续发挥银行贷款等间接融资渠道的功能，促进交通基础设施建设。

（5）交通运输信息化逐渐向数字化、网络化、智能化发展，数字交通体系不断优化。

2019 年 7 月 25 日，交通运输部发布《数字交通发展规划纲要》（以下简称《纲要》），《纲要》指出，到 2025 年，交通运输基础设施和运载装备全要素、全周期的数字化升级迈出新步伐，数字化采集体系和网络化传输体系基本形成。交通运输成为北斗导航的民用主行业，第五代移动通信（5G）等公网和新一代卫星通信系统初步实现行业应用。交通运输大数据应用水平大幅提升，出行信息服务全程覆盖，物流服务平台化和一体化进入新阶段，行业治理和公共服务能力显著提升。交通与汽车、电子、软件、通信、互联网服务等产业深度融合，新业态和新技术应用水平保持世界先进水平。到 2035 年，交通基础设施完成全要素、全周期数字化，天地一体的交通控制网基本形成，按需获取的即时出行服务广泛应用。我国将成为数字交通领域国际标准的主要制定者或参与者，数字交通产业整体竞争能力全球领先。

（6）交通运输逐渐转向高质量发展阶段。

2018 年全国交通运输工作会议提出，交通运输已由高速增长阶段转向高质量发展阶段。推动高质量发展是未来一个时期交通运输工作的根本要求。以习近平新时代中国特色社会主义思想为指导，推动交通运输高质量发展，实现由交通大国向交通强国跃升，是我国建设现代化经济体系的内在要求，是建设现代化强国的战略任务之一。交通强国意味着在交通运输各领域拥有世界领先的基础设施、技术装备、运输服务和制度文明，这将是一个具有更高质量、更有效率、更加公平、更加文明、更可持续和更强支撑带动的现代化交通运输体系。而研究表明，可以通过优化调整交通运输结构、建立完善的交通运输高质量发展指标体系、深化交通运输供给侧结构性改革、加快智慧交通发展、推动交通运输科技创新、推进交通运输一体化进程等措施，从功能维度、结构维度和运作维度实现交通运输高质量发展。①

---

① 国家发展改革委一带一路建设促进中心：《共建一带一路坚定前行》，载《人民日报》2021 年 2 月 5 日。

第五章

交通强国新征程

交通运输是国民经济中基础性、先导性、战略性产业，是重要的服务性行业。经过 40 多年改革发展，特别是党的十八大以来，在以习近平同志为核心的党中央领导下，我国交通运输发展取得了举世瞩目的成就。基础设施网络基本形成，综合交通运输体系不断完善；运输服务能力和水平大幅提升，人民群众获得感明显增强；科技创新成效显著，设施建造、运输装备技术水平大幅提升；交通运输建设现代化加快推进，安全智慧绿色发展水平持续提高；交通运输对外开放持续扩大，"走出去"步伐不断加快。交通运输发展有效促进国土空间开发保护、城乡区域协调发展、生产力布局优化，为经济社会发展充分发挥基础性、先导性、战略性和服务性作用，为决胜全面建成小康社会提供了有力支撑，为迈进"交通强国"奠定了坚实的基础。

与此同时，我国交通运输发展还存在一些短板，不平衡不充分问题仍然突出。综合交通网络布局仍需完善，结构有待优化，互联互通和网络韧性还需增强；综合交通统筹融合亟待加强，资源集约利用水平有待提高，交通运输与相关产业协同融合尚需深化，全产业链支撑能力仍需提升；综合交通发展质量效率和服务水平不高，现代物流体系有待完善，科技创新能力、安全智慧绿色发展水平还要进一步提高；交通运输重点领域关键环节改革任务仍然艰巨。

我国发展仍处于重要战略机遇期，但机遇和挑战都有新的发展变化。当今世界正经历百年未有之大变局，新一轮科技革命和产业变革深入发展，国际力量对比深刻调整，和平与发展仍是时代主题，人类命运共同体理念深入人心。国际环境日趋复杂，不稳定性不确定性明显增加，新冠肺炎疫情影响广泛深远，经济全球化遭遇逆流，世界进入动荡变革期。而我国已转向高质量发展阶段，制度优势显著，经济长期向好，市场空间广阔，发展韧性增强，社会大局稳定，全面建设社会主义现代化国家新征程开启，但发展不平衡不充分问题仍然突出。

国内国际新形势对加快建设交通强国、构建现代化高质量国家综合立体交通网提出了新的更高要求，必须更加突出创新的核心地位，注重交通运输创新驱动和智慧发展；更加突出统筹协调，注重各种运输方式融合发展和城乡区域交通运输协调发展；更加突出绿色发展，注重国土空间开发和生态环境保护；更加突出高水平对外开放，注重对外互联互通和国际供应链开放、安全、稳定；更加突出共享发展，注重建设人民满意的交通，满足人民日益增长的美好生活需要。要着力推动交通运输更高质量、更有效率、更加公平、更可持续、更安全发展，发挥交通运输在国民经济扩大循环规模、提高循环效率、增强循环动能、降低循环成本、保障循环安全中的重要作用，为全面建设社会主义现代化国家提供有力支撑。

公路是综合交通运输体系的重要组成部分，交通强国，公路先行。预计到 2030 年，全社会公路客运量、旅客周转量、货运量和货物周转量将分别是当前的 2.7 倍、3.2 倍、2.2 倍和 2.4 倍，主要公路通道平均交通量将超过 10 万辆/日，达到目前的 4 倍以上，京沪、京港澳等繁忙通道交通量将达到 20 万辆/日以上[1]。

未来国家将加快实施区域发展总体战略和主体功能区战略，加快推进城镇化和城乡一体化发展，继续加大对革命老区、民族地区、边疆地区、贫困地区的扶持力度，要求发挥公路引导区域空间布局的作用，优化东部地区公路网络结构，加强中部地区东引西联通道建设，扩大西部地区路网覆盖，统筹城乡协调发展，提升公路交通公共服务水平。

为有效应对重大自然灾害、突发事件，要从国家层面统筹考虑重要通道及其辅助路线、迂回路线的布设，提高公路网的安全性、可靠性和应急

---

[1] 《国家公路网规划（2013 年 – 2030 年）》，中国公路网，2015 年 11 月 10 日。

保障能力。

　　加快转变交通运输发展方式，优化运输组织结构，合理配置和优化利用交通资源，发挥各种运输方式的比较优势和综合运输的组合效率，促进综合运输协调发展，要发挥普通公路的基础作用和高速公路的骨干作用，加强与各种运输方式的衔接。

　　为实现公路可持续发展的要求，发挥公路网络的整体效率和效益，进而实现可持续发展，要求做好路网顶层设计，明确各层次路网的功能定位，促进国家公路与其他层次路网的协调发展，并为科学制定公路行业发展政策，更好地开展公路建设、管理和养护奠定规划基础。

　　在交通强国新征程的背景下，未来国家发展需求对公路提出了新的更高要求，更加注重基础设施、交通装备、运输服务、科技创新、安全保障、绿色发展、开放合作、人才队伍、治理体系等建设，为社会和公众提供便捷、通畅、高效、安全的公路运输服务。

第一节　公路运输基础设施网络布局更加完善

一、构建国家综合立体交通网

　　为加快建设交通强国，构建现代化高质量国家综合立体交通网，支撑现代化经济体系和社会主义现代化强国建设，2021 年 2 月 24 日，中共中央、国务院印发了《国家综合立体交通网规划纲要》。规划纲要目标为，到 2035 年，基本建成便捷顺畅、经济高效、绿色集约、智能先进、安全可靠的现代化高质量国家综合立体交通网，实现国际国内互联互通、全国主要城市立体畅达、县级节点有效覆盖，有力支撑"全国123出行交通圈"（都市区1小时通勤、城市群2小时通达、全国主要城市3小时覆盖）和"全球123快货物流圈"（国内1天送达、周边国家2天送达、全球主要城市3天送达）；交通基础设施质量、智能化与绿色化水平居世界前列；交通运输全面适应人民日益增长的美好生活需要，有力保障国家安全，支撑我国基本实现社会主义现代化。到21世纪中叶，全面建成现代化高质量国家综合立体交通网，拥有世界一流的交通基础设施体系，交通运输供需有效平衡、服务优质均等、安全有力保障；新技术广泛应用，实现数字化、网络化、智能化、绿色化；出行安全便捷舒适，物流高效经济可靠，实现"人享其行、物优其流"，全面建成交通强国，为全面建成社会主义现代化强国当好先行者。

到2035年，国家综合立体交通网实体线网总规模合计70万公里左右（不含国际陆路通道境外段、空中及海上航路、邮路里程），其中铁路20万公里左右，公路46万公里左右，高等级航道2.5万公里左右。沿海主要港口27个，内河主要港口36个，民用运输机场400个左右，邮政快递枢纽80个左右。①

依据国家区域发展战略和国土空间开发保护格局，结合未来交通运输发展和空间分布特点，将重点区域按照交通运输需求量级划分为3类。将京津冀、长三角、粤港澳大湾区和成渝地区双城经济圈4个地区作为极，长江中游、山东半岛、海峡西岸、中原地区、哈长、辽中南、北部湾和关中平原8个地区作为组群，呼包鄂榆、黔中、滇中、山西中部、天山北坡、兰西、宁夏沿黄、拉萨和喀什9个地区作为组团。按照极、组群、组团之

---

① 《中共中央 国务院印发〈国家综合立体交通规划纲要〉》，新华网，2021年2月24日。

间交通联系强度，打造由主轴、走廊、通道组成的国家综合立体交通网主骨架。国家综合立体交通网主骨架实体线网里程 29 万公里左右，其中国家高速铁路 5.6 万公里、普速铁路 7.1 万公里；国家高速公路 6.1 万公里、普通国道 7.2 万公里；国家高等级航道 2.5 万公里。

加快构建 6 条主轴。加强京津冀、长三角、粤港澳大湾区、成渝地区双城经济圈 4 极之间联系，建设综合性、多通道、立体化、大容量、快速化的交通主轴。拓展 4 极辐射空间和交通资源配置能力，打造我国综合立体交通协同发展和国内国际交通衔接转换的关键平台，充分发挥促进全国区域发展南北互动、东西交融的重要作用。

加快构建 7 条走廊。强化京津冀、长三角、粤港澳大湾区、成渝地区双城经济圈 4 极的辐射作用，加强极与组群和组团之间的联系，建设京哈、京藏、大陆桥、西部陆海、沪昆、成渝昆、广昆等多方式、多通道、便捷化的交通走廊，优化完善多中心、网络化的主骨架结构。

加快构建 8 条通道。强化主轴与走廊之间的衔接协调，加强组群与组团之间、组团与组团之间联系，加强资源产业集聚地、重要口岸的连接覆盖，建设绥满、京延、沿边、福银、二湛、川藏、湘桂、厦蓉等交通通道，促进内外连通、通边达海，扩大中西部和东北地区交通网络覆盖。

国家高速公路网是国家综合立体交通网的重要组成部分，按照"实现有效连接、提升通道能力、强化区际联系、优化路网衔接"的思路，补充完善国家高速公路网：保持原国家高速公路网规划总体框架基本不变，补充连接新增 20 万以上城镇人口城市、地级行政中心、重要港口和重要国际运输通道；在运输繁忙的通道上布设平行路线；增设区际、省际通道和重要城际通道；适当增加有效提高路网运输效率的联络线。要重点完善 7 条首都放射线（北京—哈尔滨、北京—上海、北京—台北、北京—港澳、北京—昆明、北京—拉萨、北京—乌鲁木齐）、11 条北南纵线（鹤岗—大连、沈阳—海口、长春—深圳、济南—广州、大庆—广州、二连浩特—广州、呼和浩特—北海、包头—茂名、银川—百色、兰州—海口、银川—昆明）、18 条东西横线（绥芬河—满洲里、珲春—乌兰浩特、丹东—锡林浩特、荣成—乌海、青岛—银川、青岛—兰州、连云港—霍尔果斯、南京—洛阳、上海—西安、上海—成都、上海—重庆、杭州—瑞丽、上海—昆明、福州—银川、泉州—南宁、厦门—成都、汕头—昆明、广州—昆明），以及 6 条地区环线、并行线、联络线等。[①]

二、强化高效率的普通干线网

推进普通国道提质改造，加快普通国道提质改造，基本消除无铺装路面，全面提升保障能力和服务水平，重点加强西部地区、集中连片特困地区、老少边穷地区低等级普通国道升级改造和未贯通路段建设。推进口岸公路建设。加强普通国道日常养护，科学实施养护工程，强化大中修养护管理。推进普通国道服务区建设，提高服务水平。完善城市群快速公路网络，加强公路与城市道路衔接。尊重城市发展规律，立足促进城市的整体性、系统性、生长性，统筹安排城市功能和用地布局，科学制定和实施城市综合交通体系规划。推进城市公共交通设施建设，强化城市轨道交通与其他交通方式衔接，完善快速路、主次干路、支路级配和结构合理的城市道路网，打通道路微循环，提高道路通达性，完善城市步行和非机动车交通系统，提升步行、自行车等出行品质，完善无障碍设施。

---

① 《中共中央　国务院印发〈国家综合立体交通网规划纲要〉》，新华网，2021 年 2 月 24 日。

三、拓展广覆盖的基础服务网

以普通省道、农村公路等为主体，构建覆盖空间大、通达程度深、惠及面广的综合交通基础服务网络。一方面，合理引导普通省道发展，积极推进普通省道提级、城镇过境段改造和城市群城际路段等扩容工程，加强与城市干道衔接，提高拥挤路段通行能力。构建由12条首都放射线（北京—沈阳、北京—抚远、北京—滨海新区、北京—平潭、北京—澳门、北京—广州、北京—香港、北京—昆明、北京—拉萨、北京—青铜峡、北京—漠河、北京环线）、47条北南纵线（鹤岗—大连、黑河—大连、绥化—沈阳、烟台—上海、秦皇岛—深圳、威海—汕头、乌兰浩特—海安、二连浩特—淅川、苏尼特左旗—北海、满都拉—防城港、银川—榕江、兰州—龙邦、策克—磨憨、西宁—澜沧、马鬃山—宁洱、红山嘴—吉隆、阿勒泰—塔什库尔干、霍尔果斯—若羌、喀纳斯—东兴、东营—深圳、同江—哈尔滨、嘉荫—临江、海口—三亚（东）、海口—三亚（中）、海口—三亚（西）、张掖—孟连、丹东—东兴、饶河—盖州、通化—武汉、嫩江—双辽、牙克石—四平、克什克腾—黄山、兴隆—阳江、新沂—海丰、芜湖—汕尾、济宁—宁德、南昌—惠来、正蓝旗—阳泉、保定—台山、呼和浩特—北海、甘其毛都—钦州、开县—凭祥、乌海—江津、巴中—金平、遂宁—麻栗坡、景泰—昭通、兰州—马关）、60条东西横线（绥芬河—满洲里、珲春—阿尔山、集安—阿巴嘎旗、丹东—霍林郭勒、庄河—西乌珠穆沁旗、绥中—珠恩嘎达布其、黄骅—山丹、文登—石家庄、青岛—兰州、连云港—共和、连云港—栾川、上海—霍尔果斯、乌鲁木齐—红其拉甫、西宁—吐尔尕特、长乐—同仁、成都—噶尔、上海—聂拉木、高雄—成都、上海—瑞丽、广州—成都、瑞安—友谊关、瑞金—清水河、福州—昆明、广州—南宁、秀山—河口、连云港—固原、启东—老河口、舟山—鲁山、洞头—合肥、丹东—阿勒泰、萝北—额布都格、三合—莫力达瓦旗、龙井—东乌珠穆沁旗、承德—塔城、天津—神木、黄骅—榆林、海兴—天峻、滨州港—榆林、东营港—子长、胶南—海晏、日照—凤县、大丰—卢氏、东台—灵武、启东—那曲、上海—安康、南京—德令哈、武汉—大理、察雅—萨嘎、利川—炉霍、台州—小金、张家界—巧家、宁德—福贡、南昌—兴义、福州—巴马、湄洲—西昌、东山—泸水、石狮—水口、佛山—富宁、文昌—临高、陵水—昌江）和 81 条联络线组成的普通国道网，总规模约26.5 万公里。[①] 按照"主体保留、局部优化，扩大覆盖、完善网络"的思路，调整拓展普通国道网：保留原国道网的主体，优化路线走向，恢复被高速公路占用的普通国道路段；补充连接地级行政中心和县级节点、重要的交通枢纽、物流节点城市和边境口岸；增加可有效提高路网运行效率和应急保障能力的部分路线；增设沿边沿海路线，维持普通国道网相对独立。另一方面，全面加快农村公路建设，除少数不具备条件的乡镇、建制村外，全面完成通硬化路任务，有序推进较大人口规模的撤并建制村和自然村通硬化路建设，加强县乡村公路改造，进一步完善农村公路网络。加强农村公路养护，完善安全防护设施，保障农村地区基本出行条件。全面推进"四好农村路"建设，加快实施通村组硬化路建设，建立规范化可持续管护机制。

---

① 《国家公路网规划（2013 年~2030 年）》，中国公路网，2015 年 11 月 10 日。

第二节 公路运输装备体系先进、可控

交通运输装备体系是交通强国建设的关键环节，也是交通现代化发展的关键要素。公路运输装备主要是运输的车辆，可分为载客汽车和载货汽车。

2019 年末，全国拥有公路营运汽车 1165.49 万辆。拥有载客汽车 77.67 万辆，共计 2002.53 万客位，其中大型客车 30.31 万辆，共计 1334.35 客位。图 5-1 表明了近五年全国载客汽车数量和汽车客位量的变化情况。

全国拥有载货汽车 1087.82 万辆，共计 13587.00 万吨位。其中，普通货车 489.77 万辆，共计 4479.25 万吨位；专用货车 50.53 万辆，共计 592.77 万吨位；牵引车 267.89 万辆；挂车 279.63 万辆。近几年，全国载货汽车数量波动下降，载货吨位平稳上升，图 5-2 大致反映了载货汽车数量和吨位的变化。

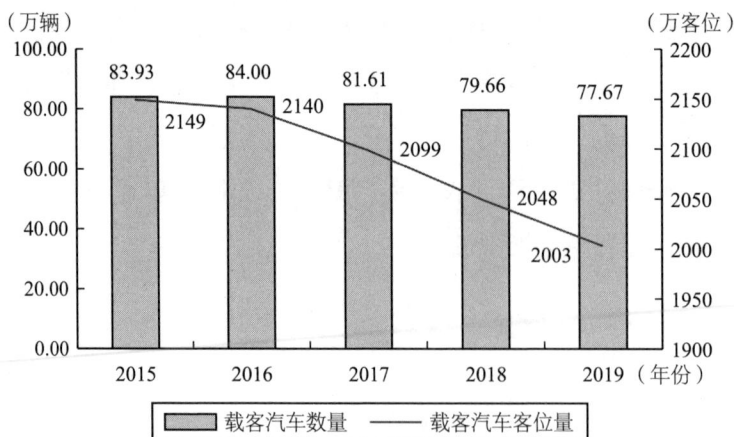

图 5-1 全国载客汽车数量与客位量

资料来源：交通运输行业发展统计公报。

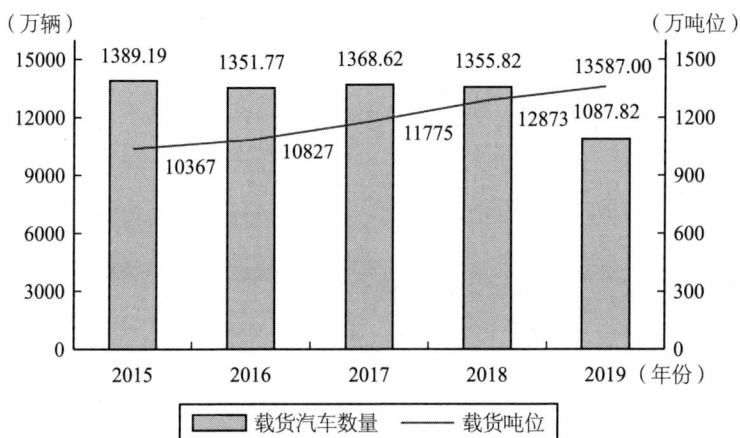

图 5 - 2　全国载货汽车数量与吨位

资料来源：交通运输行业发展统计公报。

在公路交通运输装备行业的细分领域，载客汽车市场需求偏紧，载货汽车数量逐步下降但载货吨位平稳上升。近年来，随着技术创新与商业模式创新不断加强，公路交通呈现多元化发展，网约车、分时租赁、共享单车等"互联网＋"出行服务模式为满足群众个性化需求发挥了积极作用；新能源、清洁能源车辆广泛应用，绿色交通建设成效显著；智慧交通、高效物流加快推进，有效提升了顾客乘车、购物体验；大数据、物联网和人工智能技术得到推广应用，辅助自动驾驶技术在车辆中逐步推广。

当前，世界范围内新一轮的科技革命和产业变革正在加速，我国社会经济发展也进入新阶段，尤其是，随着人工智能、大数据等新一代信息技术与交通行业深度融合，自动驾驶、车路协同等技术的逐步推广，在智能、平安、绿色、共享交通的发展水平不断进步的同时，人民生活的幸福感也随之提升。而这些无疑给交通强国建设带来了新的战略机遇。

在这样的背景之下，更要加强新型运载工具研发和公路运输装备技术升级，构建自主研制、先进精良、绿色智能、标准协同的公路交通运输装备体系。

一、加强智能网联汽车（智能汽车、自动驾驶、车路协同）研发，形成自主可控完整的产业链

智能网联汽车是搭载先进的车载传感器、控制器、执行器等装置，并融合现代通信与网络技术，实现车与人、车、路、云端等智能信息交换、共享，具备复杂环境感知、智能决策、协同控制等功能，可实现"安全、高效、舒适、节能"行驶，并最终可实现替代人来操作的新一代汽车。

智能汽车是在普通车辆的基础上增加了先进的传感器（雷达、摄像）、控制器、执行器等装置，通过车载传感系统和信息终端实现与人、车、路等的智能信息交换，使车辆具备智能的环境感知能力，能够自动分析车辆行驶的安全及危险状态，并使车辆按照人的意愿到达目的地，最终实现替代人来操作的目的。

车联网从车的角度、车路协同是以道路的角度分别阐述车的通信网络。在我国，车联网是工信部主推的方案，而车路协同是交通运输部主推的方案。但二者都是借助车与外界交互通信技术（V2X），实现驾驶的安全和高效。在车路协同的环境下，智能网联车可以在不同的自动化水平上发展，而且这正是车路协同和智能汽车发展最现实的道路。先期建设车路协同的框架和服务系统为配置车载电子标签（OBU）的车辆提供驾驶信息、远程遥控驾驶等服务，待到车路协同技术发展到一定阶段，智能汽车将本身自主驾驶和车路协同辅助驾驶统一协同后，才有望最终达成的 L5 级全自动化驾驶。2020 年是车联网行业发展的重要时间窗口，车联网产业链的车端研发和路侧测试都已经初具规模，尤其在路侧的基础设施建设环节，我国的车联网路侧基础设施建设性极强，早在 2016 年，即有各类车联

网示范区开始建设，并保持了快速的增长。展望未来，近两年有望启动车联网行业的大规模路侧建设，一方面基于车联网产业的发展阶段，另一方面基于科技基础设施建设需求、5G 网络建设布局的需求。在建设模式上，因各地的财政实力、基础设施水平、发展目标有所差别，短期内仍会以示范区建设和扩大的模式展开，先期项目集中在汽车产业资源更为丰富的一线和二线城市，起到更好的产业孵化和带动作用。

二、推广智能化、数字化、轻量化、环保型交通装备及成套技术装备

新能源包括太阳能、风能、生物质能、氢能、地热能、海洋能、小水电、化工能（如醚基燃料）、核能等。清洁能源即绿色能源，是指不排放污染物、能够直接用于生产生活的能源，它包括可再生能源和非可再生能源。（1）可再生能源。消耗后可得到恢复补充，不产生或极少产生污染物。如太阳能、风能、生物能、水能、地热能、氢能等。中国目前是国际洁净能源的巨头，是世界上最大的太阳能、风力与环境科技公司的发源地。（2）非可再生能源。在生产及消费过程中尽可能减少对生态环境的污染，包括使用低污染的化石能源（如天然气等）和利用清洁能源技术处理过的化石能源，如洁净煤、洁净油等。

智能化是指事物在网络、大数据、物联网和人工智能等技术的支持下，所具有的能动地满足人的各种需求的属性。比如无人驾驶汽车，就是一种智能化的事物，它将传感器物联网、移动互联网、大数据分析等技术融为一体，从而能动地满足人的出行需求。它之所以是能动的，是因为它不像传统的汽车，需要被动的人为操作驾驶。

数字化是指将任何连续变化的输入如图画的线条或声音信号转化为一串

分离的单元，在计算机中用 0 和 1 表示。通常用模数转换器执行这个转换。

轻量化这一概念最先起源于赛车运动，重量轻操控性更好，能够产生更高的加速度，起步时加速性能更好，刹车时的制动距离更短。

节能环保体现为提高操控性的同时还能有出色的节油表现。汽车的油耗主要取决于发动机的排量和汽车的总质量，在保持汽车整体品质、性能和造价不变甚至优化的前提下，降低汽车自身重量可以提高输出功率、降低噪声、提升操控性、可靠性，提高车速、降低油耗、减少废气排放量、提升安全性。

智能道路的开发和使用过程依托多种技术，包括智能材料、分布式光纤、智能薄膜、压电器件和传统传感器等。智能道路依靠智能材料或传感器来主动感知状态、性能、环境和行为，然后进行自动的校验、集成、管理、分析、诊断和评估等处理。依托感知信息和辨析结果，道路能够针对温度、湿度和交通量等变化进行主动调控，并可对道路损伤进行自我修复。同时，道路能在感知和辨析的基础上，与外部进行动态交互。实现这些能力离不开持续不间断的能量供应。智能道路的信息组织需要构建与车联网（V2X）同等的路联网（R2X）系统，并融合形成车—路联网（VR2X）系统，以支撑车路一体系统。中国已经提出了为智能联网车和自动驾驶车而设计的一种超级高速公路的概念，并启动了试点项目。

第三节　公路运输服务体系便捷舒适、经济高效

运输服务是交通提供的最终产品，应不断提高服务品质，提升运输效率，更好满足人民群众美好交通需求。在新时期交通强国战略下，对公路运输服务体系提出了新的要求。

一、推进出行服务快速化、便捷化

在下一个革命性的交通方式出现之前，要降低出行的时间成本，除了尽力把现有交通工具的速度提升到极致，另一个有效思路则是减少出行过程中浪费的无效时间。其措施有：一是增加直达线路、减少绕路。要构建便捷顺畅的城市交通网，完善城市群快速公路网络，加强公路与城市道路衔接。二是压缩联程换乘的中继时间。降低联程出行过程中等待、换乘的时间，让公交、地铁、高铁、民航实现无缝对接和便利换乘，出行的时间成本必将得到有效压缩。

旅客联程：统筹规划建设综合客运枢纽。按照"统一规划、统一设计、统一建设、统一运营管理"的要求，统筹考虑不同运输方式网络结构结点，优化完善综合客运枢纽布局。加快推进综合客运枢纽一体化建设，积极引导立体换乘、同台换乘。统筹规划布设枢纽内不同运输方式的到发区、换乘通道以及安检票务等设施，实现枢纽功能布局紧凑、集约高效、空间贯通、客流衔接有序、换乘方便快捷。鼓励共建共享联运设施设备，鼓励各种运输方式共建共享售票、取票、乘降、驻车换乘（P＋R）等联运设施设备。鼓励枢纽站场设置封闭、连续的联运旅客换乘通道，并通过跨方式安检标准互认，在保证运输安全的前提下，减少旅客换乘过程中的重复安检。

二、加速新业态新模式发展

发挥公路货运"门到门"优势。推进电商物流、冷链物流、大件运输、危险品物流等专业化物流发展，促进城际干线运输和城市末端配送有机衔接，鼓励发展集约化配送模式。

深化交通运输与旅游融合发展，推动旅游专列、旅游风景道、旅游航道、自驾车房车营地、游艇旅游、低空飞行旅游等发展，完善客运枢纽、高速公路服务区等交通设施旅游服务功能。

大力发展共享交通，打造基于移动智能终端技术的服务系统，实现出行即服务。共享交通把城市交通和公共交通更紧密地结合起来，建设公交都市，既解决交通拥堵问题又能调整城市发展形态、促进城市可持续发展。共享出行将带来汽车行业的商业关系变革，由消费者对汽车制造商模式转变为消费者对共享出行模式，消费者将与交通即服务提供商建立首要关系。目前，已有的共享单车、共享汽车、网约车等共享出行方式已经在一定程度上缓解了交通拥堵，无人驾驶也正在测试阶段，选择共享的出行方式是解决交通拥堵、提高资源利用率的有效途径，但目前的交通基础设施在一定程度上降低了公众共享出行的品质，比如非机动车道的路权尚未得到保障、共享单车或自行车乱停放和停放难等对步行和自行车出行不友好的问题，此外，网约车出行安全管理方面的法律法规也尚未得到严格的完善，要解决这些问题，除了相关法律法规的制定外，还需转变观念，借助大数据分析和科技手段规范车辆停放、规划更符合公众需求的非机动车道等，建设绿色、共享出行的友好城市。

第四节　公路运输安全保障体系可靠、快速

一、提升安全水平

完善交通基础设施安全技术标准规范，持续加大基础设施安全防护投

入，提升关键基础设施安全防护能力。构建现代化工程建设质量管理体系，推进精品建造和精细管理。强化交通基础设施养护，加强基础设施运行监测检测，提高养护专业化、信息化水平，增强设施耐久性和可靠性。

完善交通安全生产体系，将安全生产体系建设内容纳入相关规划和建设工程。在交通运输网规划过程中，公路交通运输基础设施在各规划阶段要考虑规划方案的安全性。建立健全公路基础设施设计安全评价制度；加强工程建设项目施工安全监管能力建设，建立施工安全信息化管控体系，全面推行现代工程管理，切实加强公路实行施工现场标准化管理；不断完善交通运输安全生产法律法规，加强载运工具和运输装备的安全生产标准化建设，从而提高公路运输的安全水平。

二、建设运营管理安全保障体系

推进公路基础设施安全保障工程工作。重点完善事故多发地点的安保工作，对事故多发地点处置决策、设计、施工、运行及安全管理工作及其变化的成因进行全面的跟踪、调查、分析和评价；完善公路维护安全管理的相关制度及考核办法，加强安全管理人员以及工作人员的培训；加大运输安全保障力度，从交通运输企业、从业人员和运输工具安全三方面来保障交通运输安全。强化公路运输企业准入管理，建立车辆保养维护制度，提高企业安全准入门槛，并严把交通运输行业从业人员资质准入关；加强道路交通运输安全监管能力建设，形成覆盖重要公路基础设施的监测体系。

三、强化交通应急救援能力

建立健全公路运输应急管理体制机制、法规制度和预案体系，加强应急救援专业装备、设施、队伍建设，积极参与国际应急救援合作。强化应急救援社会协同能力，完善征用补偿机制。

第五节　科技创新富有活力、智慧引领

一、强化前沿关键科技研发

瞄准新一代信息技术、人工智能、智能制造、新材料、新能源等世界科技前沿，加强对可能引发交通产业变革的前瞻性、颠覆性技术研究。

强化汽车等装备动力传动系统研发，突破高效率、大推力/大功率发动机装备设备关键技术。加强区域综合交通网络协调运营与服务技术、城市综合交通协同管控技术、基于船岸协同的内河航运安全管控与应急搜救技术等研发。

二、完善科技创新机制

建立以企业为主体、产学研用深度融合的技术创新机制，鼓励交通行业各类创新主体建立创新联盟，建立关键核心技术攻关机制。建设一批具有国际影响力的实验室、试验基地、技术创新中心等创新平台，加大资源开放共享力度，优化科研资金投入机制。构建适应交通高质量发展的标准体系，加强重点领域标准有效供给。

第六节　绿色发展、低碳环保

一、强化节能减排和污染防治

优化交通能源结构，推进新能源、清洁能源应用，促进公路货运节能减排，推动城市公共交通工具和城市物流配送车辆全部实现电动化、新能源化和清洁化。

打好柴油货车污染治理攻坚战，统筹油、路、车治理，有效防治公路运输大气污染。打赢蓝天保卫战，将柴油货车污染治理作为攻坚目标。随着货运行业和物流行业的快速发展，柴油货车成为横跨东西、纵贯南北，穿梭于大街小巷的主力军。虽然柴油货车缩小了城市间的距离，但也带来了不小的污染问题。此外，还要降低交通沿线噪声、振动，妥善处理好大型机场噪声影响。开展绿色出行行动，倡导绿色低碳出行理念。

二、强化交通生态环境保护修复

严守生态保护红线，严格落实生态保护和水土保持措施，严格实施生态修复、地质环境治理恢复与土地复垦，将生态环保理念贯穿交通基础设施规划、建设、运营和养护全过程。推进生态选线选址，强化生态环保设计，避让耕地、林地、湿地等具有重要生态功能的国土空间。建设绿色交通廊道。

第七节　人才队伍精良专业、创新奉献

一、培育高水平交通科技人才

坚持高精尖缺导向，培养一批具有国际水平的战略科技人才、科技领军人才、青年科技人才和创新团队，培养交通一线创新人才，支持各领域各学科人才进入交通相关产业行业。

二、推进交通高端智库建设，完善专家工作体系

国家高端智库，是国家最高水平的决策咨询机构。高端智库的决策影响力、社会影响力、国际影响力不断扩大，为探索中国特色新型智库建设积累了重要经验。面对新使命新要求，要始终秉持咨政报国的情怀，不断增强善谋远谋的本领，大力弘扬求实创新的精神，努力做国家发展进步的瞭望者、助推者、守护者。

三、打造和建设素质优良的公路交通人才队伍

弘扬劳模精神和工匠精神，造就一支素质优良的知识型、技能型、创新型劳动者大军。大力培养支撑中国制造、中国创造的交通技术技能人才队伍，构建适应公路交通发展需要的现代职业教育体系。

建设高素质专业化公路交通干部队伍，落实建设高素质专业化干部队伍要求，打造一支忠诚干净担当的高素质干部队伍。注重专业能力培养，增强干部队伍适应现代综合交通运输发展要求的能力。加强优秀年轻干部队伍建设，加强国际交通组织人才培养。

第八节　公路运输现代治理体系完善、有效

当前，中国特色社会主义进入新时代，经济高质量发展、新时代改革开放等对推进交通运输治理体系和治理能力现代化提出了更高要求。完备有效的交通运输治理体系和现代化治理能力是交通强国的重要基石之一，是建设交通强国的软件条件。公路运输是交通运输的重要组成部分，在交通运输中扮演着重要角色。

目前，党中央、国务院深入推进综合交通运输体制改革，赋予交通运输部统筹推进综合交通运输体系建设的职责，为综合交通运输发展提供了有力的体制机制保障。在国家层面，已经建立了综合交通运输管理体制机制，基本形成了门类齐全、层次清晰、协调统一的综合交通运输法规体系、政策体系、标准体系和规划体系。地方综合交通运输改革发展取得新进展，17个省区市基本建立了综合交通运输管理体制和协调机制。

然而我国公路交通运输领域仍然存在显著问题和矛盾，归根结底仍是治理体系不够完善。为了从根本上解除制约公路交通运输进一步发展的各种制度性障碍、支撑引领经济社会高质量发展，需要重视公路运输治理，提升治理水平和效率。

一、深化行业改革

坚持法治引领和运输监管，完善公路交通法规体系，推动重点领域法律法规制定修订，对违规车辆、人员采取法律手段依法治理。统筹制定交通发展战略、规划和政策，加快建设现代化综合交通体系。强化规划协同，实现"多规合一""多规融合"。

二、优化营商环境

健全市场治理规则，深入推进简政放权，破除区域壁垒，防止市场垄断，完善运输价格形成机制，构建统一开放、竞争有序的现代交通市场体系。全面实施市场准入负面清单制度，构建以信用为基础的新型监管机制。

三、扩大社会参与

健全公共决策机制，实行依法决策、民主决策。鼓励交通行业组织积极参与行业治理，引导社会组织依法自治、规范自律，拓宽公众参与交通治理渠道。推动政府信息公开，建立健全公共监督机制。

四、培育交通文明

推进优秀交通文化传承创新，加强重要交通遗迹遗存、现代交通重大工程的保护利用和精神挖掘，讲好中国交通故事。弘扬以"两路"精神、青藏铁路精神、民航英雄机组精神等为代表的交通精神，增强行业凝聚力和战斗力。全方位提升交通参与者文明素养，引导文明出行，营造文明交通环境，推动全社会交通文明程度大幅提升。

五、强化技术创新

在公路运输管理体系中，要充分利用大数据、物联网、现代电子信息工程等计算机技术，突破和创新原有的管理模式，提高公路运输管理工作水平。

公路运输现代化治理体系是交通强国建设的制度保障，要加快建成政府、市场、社会等多方协作的现代治理体系，全面提升行业治理能力，形成协同高效、良法善治、共同参与的良好局面。

参考文献

［1］北京市人民政府网站：《京雄高速（北京段）获批 1 小时到雄安》，国家发展和改革委员会，2020 年 7 月 21 日。

［2］财政部新闻办公室：《关于地方预决算公开和新能源汽车推广应用补助资金专项检查的通报》，2016 年 9 月 8 日。

［3］蔡桂林：《国家大道——中国高速公路发展史》，载《中国作家》2008 年第 23 期。

［4］曹菲：《川黔首条省际定制客运班线开通》，载《华西都市报》2021 年 2 月 25 日。

［5］《册府元龟·令长部总序》，中华书局 1960 年版。

［6］岑晏青：《绿色标准支撑绿色交通建设与发展》，载《中国交通报》2020 年第 10 期。

［7］《长江经济带综合立体交通走廊规划（2014－2020 年）》，载《中国水运》2014 年第 10 期。

［8］陈引社：《我国公路客运市场的发展现状》，载《商用汽车》2001 年第 6 期。

［9］《从"贷款修路"到"政资分离"　粤大手笔打造"大交通"》，南方网，2004 年 10 月 3 日。

［10］《第二届世界农村公路大会在济南召开》，中国公路网，2010 年 10 月 27 日。

［11］段里仁、毛力增：《我国道路交通安全意识建设迫在眉睫》，载《综合运输》2012 年第 8 期。

［12］冯正霖：《认真落实科学发展观 努力提高公路交通网络的公共服务能力——在全国公路养护管理工作会议上的讲话》，载《公路》2006年第6期。

［13］高润泽、李枭、庞知非：《交通运输行业新能源汽车推广应用现状研究》，载《交通节能与环保》2020年第16期。

［14］广东省交通运输厅：《开通一周年！港珠澳大桥车流量突破150万车次》，中华人民共和国交通运输部官网，2019年10月24日。

［15］郭超：《京津冀交通规划正在编制将形成3小时公路交通圈》，载《新京报》2014年4月9日。

［16］郭荣章、李星：《褒斜道石门》，载《光明日报·中华大地》1984年第39期。

［17］国家发展改革委一带一路建设促进中心：《共建一带一路坚定前行》，载《人民日报》2021年2月5日。

［18］韩娟、王伟：《绿色交通标准体系建设现状与发展趋势探析》，载《交通世界》2018年第35期。

［19］《汉书·西域传》卷九十六，中华书局1962年版。

［20］侯哲：《京津冀一体化：三地连通交通先行》，华夏经纬网，2014年5月30日。

［21］胡希捷、赵旭峰：《中国交通40年》，载《中国公路》2018年第15期。

［22］环资司：《交通运输部：践行绿色交通理念助力交通强国建设》，国家发展和改革委员会官网，2020年6月27日。

［23］《货车帮携手神华开拓"互联网＋"公铁联运新业态》，搜狐网，2017年5月25日。

［24］贾康、孙洁、陈新平、程瑜：《PPP机制创新：呼唤法治化契约

制度建设——泉州刺桐大桥 BOT 项目调研报告》，载《经济研究参考》2014 年第 13 期。

[25] 翦伯赞：《中国史纲要》（第一册），人民出版社 1979 年版。

[26] 江门开平市交通运输局：《开平市"四好农村路"示范路建设获评"2020 民生示范工程"》，江门开平市交通运输局网站，2020 年 12 月 22 日。

[27]《江苏省长江经济带综合立体交通运输走廊规划（2018－2035 年)》，江苏省交通运输厅，2018 年 10 月 10 日。

[28] 交通部中国公路交通史编审委员会：《中国公路运输史》（第二册），人民交通出版社 1996 年版。

[29] 交通部综合规划司、交科院统计信息中心：《二〇〇三年公路水路交通统计分析报告》，2004 年 5 月 11 日。

[30] 解吕达：《我国高速公路客运现状、发展趋势及相关政策》，载《交通企业管理》1999 年第 12 期。

[31] 解吕达：《我国公路客运现状及发展趋势和对客车的需求》，载《客车技术与研究》1999 年第 2 期。

[32] 经济参考报《长江经济带将建综合立体交通走廊》，中央政府门户网站，2014 年 9 月 26 日。

[33]《旧唐书·职官志》卷四十三，中华书局 1975 年版。

[34] 昆明信息港：《云南 2020 年底全省高速公路通车里程将达 6000 公里》，搜狐网，2015 年 7 月 20 日。

[35] 李怀彬：《公路养护体制及运行机制改革研究》，载《中国设备工程》2019 年第 12 期。

[36] 李兴华、范振宇：《中国农村公路发展历程回顾及展望》，载《交通世界》2006 年第 10 期。

［37］李遇春、姜开任：《汉代长安遗址》，载《文物》1981 年第 1 期。

［38］廖芊：《国家综合立体交通网规划纲要》，载《中国交通报》2021 年 2 月 25 日。

［39］林徽东：《"一带一路"上的桥与路，你了解多少?》，中国一带一路网，2020 年 6 月 19 日。

［40］刘安：《淮南子》，中华书局 1956 年版。

［41］刘芳奇：《服务"一带一路"参与全球治理建设交通强国》，中国交通新闻网，2017 年 1 月 19 日。

［42］刘伟：《到 2020 年环京津地区交通将率先实现全面对接》，长城网，2014 年 2 月 18 日。

［43］刘紫燕、帅旸、罗超：《"互联网＋"和大数据时代智慧交通的发展》，载《科技视界》2015 年第 33 期。

［44］米建伟：《我国公路交通发展存在的主要问题及发展趋势》，国家信息中心，2014 年 5 月 27 日。

［45］《明史·地理志》卷四十，中华书局 1974 年版。

［46］戚悦、张晓艳、袁嘉琳：《国资布局新基建新能源汽车充电桩篇》，载《企业管理》2020 年第 11 期。

［47］前瞻产业研究院：《2021 年中国智能交通行业市场规模与发展前景分析》，东方财富网，2021 年 5 月 12 日。

［48］乔雪峰、夏晓伦：《交通运输部：我国基本实现村村通公路缓解农民出行难》，人民网，2014 年 11 月 27 日。

［49］《清史稿》，中华书局 1998 年版。

［50］《三国志·蜀书·先主传》，中华书局 1959 年版。

［51］《三国志·魏书·武帝纪》，中华书局 1959 年版。

［52］舒忠：《基于大数据的城市智能交通与新能源产业发展分析》，

载《时代汽车》2020 年第 13 期。

[53]《隋书·百官志》，中华书局 1997 年版。

[54] 汪鸣：《辉煌交通 中国交通运输改革与探索（1978 – 2018 年)》，载《中国经贸导刊》2019 年第 5 期。

[55] 王壁、丘恒典：《中国驿传史话》，载《人民中国》1982 年第 2 期。

[56] 文乐：《交通强国建设纲要》，新华网，2019 年 9 月 19 日。

[57] 吴果行、周黎明等：《我国高速公路投融资方式探讨——兼论四川高速公路建设》，载《经济体制改革》2004 年第 3 期。

[58] 吴琼、刘萍萍：《公路养护机制改革的探索》，载《科技信息》2011 年第 21 期。

[59]《江苏构建长江经济带综合立体交通走廊成果丰硕》，人民网，2020 年 1 月 22 日

[60] 杨传堂：《推进农村公路建设更好保障民生——深入学习习近平总书记关于农村公路建设重要指示精神》，载《中国公路》2014 年第 11 期。

[61] 杨琪、刘冬梅：《交通运输大数据应用进展》，载《科技导报》2019 年第 6 期。

[62]《一年来之公路建设》，《道路月刊》第五十二卷第三号，1937 年 1 月，中华全国道路建设协会版。

[63]《一批国家重点交通工程项目建设取得重大进展》，搜狐网，2020 年 10 月 1 日。

[64] 于杨：《我国新能源汽车产业规模全球领先产销量连续五年位居世界首位》，新华网，2020 年 7 月 24 日。

[65] 俞晓凡：《新能源汽车行业突围之路》，载《第一财经日报》2020 年 12 月 7 日。

［66］袁军成、范佳甲：《中国新能源汽车"十四五"政策法规展望》，载《质量与认证》2020 年第 12 期。

［67］张道营：《新增通硬化路建制村超过 1.3 万个》，新华网，2016 年 12 月 26 日。

［68］张清：《京津冀将打造 3 小时公路圈天津中心城区 1 小时内到达北京》，天津网，2014 年 4 月 30 日。

［69］郑玄：《周礼注疏》，上海古籍出版社 2010 年版。

［70］智能交通前沿科技：《国家交通运输物流公共信息平台建设调查》，搜狐网，2016 年 11 月 28 日。

［71］中共交通运输部党组：《加快建设交通强国》，求是网，2020 年 2 月 1 日。

［72］中共交通运输部党组：《加快建设交通强国》，搜狐网，2020 年 2 月 3 日。

［73］《中共中央国务院印发〈交通强国建设纲要〉》，新华社，2019 年 9 月 19 日。

［74］中国道路运输编辑部：《〈道路运输条例〉的立法背景和重要制度》，载《中国道路运输》2004 年第 6 期。

［75］中国公路交通史编审委员会：《中国公路运输史》（第一册），人民交通出版社 1990 年版。

［76］《中国交通发展综合报告》编委会：《中国交通发展综合报告（2015 蓝皮书）》，中国铁道出版社有限公司 2015 年版。

［77］《中国交通发展综合报告》编委会：《中国交通发展综合报告（2017）》，中国铁道出版社有限公司 2017 年版。

［78］《中国交通发展综合报告》编委会：《中国交通发展综合报告（2018）》，中国铁道出版社有限公司 2018 年版。

［79］中国社会科学院考古研究所：《甲骨文编》，中华书局 1965 年版。

［80］中华人民共和国交通运输部：《习近平出席开通仪式并宣布港珠澳大桥正式开通　韩正出席仪式并致辞》，中国交通新闻网，2018 年 10 月 24 日。

［81］中华人民共和国交通运输部《中国交通运输改革开放 30 年》丛书编委会：《中国交通运输改革开放 30 年·公路卷》，人民交通出版社 2009 年版。

［82］中华人民共和国交通运输部《中国交通运输改革开放 40 年》丛书委员会：《中国交通运输改革开放 40 年》，人民交通出版社 2018 年版。

［83］周国光：《投融资体制改革再思考》，载《中国公路》2016 年第 17 期。

［84］《抓住机遇　迎难奋进　推动交通运输安全生产工作再上新台阶——李盛霖部长在 2010 年全国交通运输安全工作暨全国海事工作电视电话会议上的讲话》，载《交通标准化》2010 年第 24 期。

［85］《总结经验继续前进——黑龙江省召开二级公路建设问题座谈会》，载《公路》1981 年第 7 期。

［86］Joseph Needham. *Science and Civilization in China*, Cambridge University Press Chapter 28, 1954.

［87］Nagai, Masao. The Perspective of Research for Enhancing Active Safety Based on Advanced Control Technology. *Vehicle System Dynamics*：*International Journal of Vehicle Mechanics And Mobility*, Vol. 45, No. 5, May 2007.

［88］Naoki A., Hiroshi F. Yaw-rate Control for Electric Vehicle with Activefront/rear Steering and Driving/braking Force Distribution of Rear Wheels. The 11th IEEE International Workshop on Advanced Motion Control, Nagaoka, Japan, 2010.